Gerhard Jelinek
Schöne Tage. 1914

Gerhard Jelinek

Schöne Tage. 1914

Vom Neujahrstag bis zum
Ausbruch des Ersten Weltkrieges

Mit 30 Abbildungen

AMALTHEA

Besuchen Sie uns im Internet unter: www.amalthea.at

1. Auflage Oktober 2013
2. Auflage Dezember 2013

© 2013 by Amalthea Signum Verlag, Wien
Alle Rechte vorbehalten
Umschlaggestaltung: Silvia Wahrstätter, vielseitig.co.at
Umschlagmotiv: Anonym © Imagno/Öst. Volkshochschularchiv
Herstellung und Satz: Gabi Adébisi-Schuster, Wien
Gesetzt aus der Elena 10,6/14
Printed in the EU
ISBN 978-3-85002-840-0

Inhalt

Vorwort

Am Beginn des Jahres 1914 haben sich die Menschen in Berlin, Paris und London, in St. Petersburg oder Rom, besonders aber die in Wien, sicher gefühlt. Stefan Zweig stellt dieses vorherrschende Grundgefühl so vieler ins Zentrum seiner Erinnerungen *Die Welt von Gestern*: »Es war das goldene Zeitalter der Sicherheit. Jeder wußte, wie viel er besaß oder wie viel ihm zukam, was erlaubt und was verboten war. Alles hatte seine Norm, sein bestimmtes Maß und Gewicht. An barbarische Rückfälle, wie Kriege zwischen den Völkern Europas, glaubte man so wenig wie an Hexen und Gespenster ... Die Städte wurden schöner und volkreicher von Jahr zu Jahr ... Nie war Europa stärker, reicher, schöner, nie glaubte es inniger an eine noch bessere Zukunft ... Alles in unserer fast tausendjährigen Monarchie war auf Sicherheit gegründet. Dieses Gefühl der Sicherheit war der erstrebenswerteste Besitz von Millionen, das gemeinsame Lebensideal. Immer weitere Kreise begehrten ihren Teil an diesem kostbaren Gut. Erst waren es nur die Besitzenden, die sich dieses Vorzugs erfreuten, allmählich aber drängten die breiten Massen heran; das Jahrhundert der Sicherheit wurde das goldene Zeitalter des Versicherungswesens. Man assekurierte sein Haus gegen Feuer und Einbruch, sein Feld gegen Hagel und Wetterschaden, seinen Körper gegen Unfall und Krankheit.«

Nur gegen einen Weltkrieg konnte sich niemand versichern lassen, er galt als »höhere Gewalt«.

So vertrauten die Eliten und »das Volk« auf die Weisheit der Politiker, die Erfahrung der Diplomatie und die engen wirtschaftlichen Verflechtungen, die Europa jenseits aller Nationalismen zusammengebunden hatten. Ein großer europäischer Krieg galt praktisch als unmöglich. Die Fürsten- und Königshäuser waren miteinander vielfach verwandt und verschwägert. Der deutsche Kaiser Wilhelm II. war ein Enkel der englischen Queen Victoria. Und im republikanischen Frankreich regierten radikale Sozialisten. Ein Krieg schien nicht mehrheitsfähig.

Das »Fin de Siècle« war in den schlafwandlerischen Fortschrittsglauben des beginnenden 20. Jahrhunderts übergegangen. Wachstum, Wissen, Wirtschaft und Wohlstand versprachen ein gutes neues Jahr. Die zwei Balkankriege zwischen 1911 und 1913 hatten nicht zur befürchteten Konfrontation der europäischen Mächte geführt. Auch die zwei Marokko-Krisen, bei denen es um die Ausweitung der Kolonialmacht ging, konnten das Sicherheitsgefühl der Europäer kaum erschüttern. Krieg wegen Marokko? Krieg wegen einiger »Zwetschkenbäume in Serbien«, wie der österreichische Thronfolger Franz Ferdinand abschätzig spottete? In Mexiko starben Tausende in einem blutigen Bürgerkrieg, bei dem die Vereinigten Staaten ihre Finger im Spiel hatten, England hatte Mühe, die gewaltsamen Proteste der irischen Nationalisten in der Provinz Ulster unter Kontrolle zu halten, da und dort gab es Aufstände am Rand der Kolonialimperien.

Die wirtschaftliche und soziale Lage breiter Bevölkerungsschichten hatte sich seit Ende des 19. Jahrhunderts Schritt für Schritt verbessert. Immer mehr Menschen strömten in die Schmelztiegel der Städte. In der Reichshaupt- und Residenzstadt Wien lebten mehr als zwei Millionen Menschen. Wien war die Hauptstadt eines komplizierten Reichs mit 52 Millionen Bürgern. Wien war die siebtgrößte Stadt der Welt.

Der technologische Fortschritt schien grenzenlos. »Aeroplane« stiegen immer höher, flogen weiter. Der Mensch begann den Himmel zu erobern. Die Männer in ihren fliegenden Konstruktionen aus Holz und Leinwand avancierten zu den neuen Helden einer futuristischen Moderne. Das Automobil hatte seinen Siegeszug längst angetreten. Das beginnende 20. Jahrhundert lebte die Beschleunigung. Der Film als neues Unterhaltungsmedium flimmerte über immer mehr Leinwände. Die Elektrizität brachte die Städte zum Leuchten. In der Kunst wurden Konventionen abgeschüttelt, alte Formen zertrümmert, es wurde Neuland betreten.

Aber es war eine Zeit unterschiedlicher Geschwindigkeiten. Der

Boden, auf dem die Gesellschaft stand, schwankte. Die Kluft zwischen der wissenschaftlich-technisch-künstlerischen Moderne und einem restfeudalen Gesellschafts- und Sozialsystem wurde immer breiter. Wie bei tektonischen Verwerfungen bewegten sich die Fundamente der Gesellschaften und der Nationen in unterschiedlichem Tempo und in gegensätzliche Richtungen. Der scheinbar so feste Boden brach ein und brachte einen Kontinent, mehr noch, große Teile der Welt, zum Einsturz.

Haben die Menschen in den europäischen Hauptstädten zu Silvester 1913/14 geahnt, wie sich ihr Leben innerhalb von wenigen Monaten verändern würde? Spürten sie das Ende einer fast fünf Jahrzehnte währenden Friedensperiode? Mussten die Gewitterwolken am Horizont gesehen, konnte das Ausmaß der bevorstehenden Katastrophe erspürt werden?

Nur wenige Hellsichtige deuteten die Zeichen der Zeit.

1914 begann als schönes Jahr. Die Zeichen standen gut. Die Ballsaison verlief »äußerst animiert«. Nie waren die Wiener Feste festlicher. In Schönbrunn war der alte Kaiser von einer wochenlangen fiebrigen Bronchitis genesen. Der Frühling ging – nach einem Kälteeinbruch im Mai – nahtlos in den schönsten Sommer des noch jungen Jahrhunderts über. Berlin plante Olympische Spiele und fieberte der Moderne entgegen. In Paris wurden Ideen für einen Tunnel unter dem Ärmelkanal vorgelegt. In London kämpften Frauen mit allen Mitteln um gleiche Rechte. Ja, in Albanien bekämpften muslimische Freischärler den soeben erst von den europäischen Mächten eingesetzten deutschen Fürsten von Wied und vertrieben ihn. Wirren in den Zerklüftungen des Balkans. Seit Jahren schon langweilten die Stellvertreterkriege der Großmächte in den von türkischer Vorherrschaft befreiten Regionen die Zeitungsleser in Wien, Berlin, Paris, London und Rom. Die Gespräche in den Wiener Salons kreisten um die eskalierenden Streitereien zwischen Tschechen und Deutsch-Böhmen. Die politische Klasse antichambrierte und intrigierte und raunzte über den Stillstand und die Obstruktion. Die Krankheit Seiner Majestät im Frühjahr 1914 hatte Befürchtungen und bei einigen Hoffnungen auf sein Hinscheiden geweckt. Insgeheim begann sich die politische Klasse mit dem Abschied des alten Kaisers Franz Joseph I. zu arrangieren. Generäle und Hofräte schwankten zwischen einer Neuorientierung hin zum wenig geliebten Thronfolger Franz Ferdinand, der im Bahnhof Beneschau nächst seinem Landschloss im böhmischen Konopischt die Dampflokomotive des Hofzuges befeuern ließ, um, wie man berichtete, im Fall des Falles schnell in Wien die Macht vom alten Kaiser übernehmen zu können.

Der österreichisch-ungarische Vielvölkerstaat mit seinem Dutzend Sprachen und fast zwei Dutzend Völkern war in seinen Grundfesten durch den Nationalismus, besonders den slawischen Nationalismus, bedroht. Seit der De-facto-Teilung der Habsburgermonarchie in einen westlichen und einen östlichen Landesteil im Zuge des sogenannten »Ausgleichs« mit Ungarn 1867 drängten die slawischen Völker unter der Habsburgerkrone auf eine vergleichbare Lösung. Doch die Konzentration der Machtverteilung auf die zwei Zentren Wien und Budapest blockierte jede Einigung mit den Tschechen, den Polen und den Südslawen, die immer öfter die Arbeit des Reichsrates in der »cisleithanischen« Reichshälfte torpedierten. Diese »Obstruktionspolitik« der tschechischen Parlamentarier, die nur allzu oft von ähnlich nationalistisch agierenden deutschnationalen Parteien provoziert wurden, lähmte über viele Jahre die Volksvertretung und verhinderte sinnvolle Reformen. Dabei schien in einem mühsamen Prozess langsam ein »Ausgleich« mit den »Nordslawen« (die eigentlich Westslawen waren) möglich zu werden. Im Austausch gegen eine weitgehende Autonomie der Deutschen in Böhmen hätten die Tschechen deutlich mehr Rechte vom Zentralstaat erhalten sollen. Inhaltlich lagen die Verhandler nicht weit auseinander. Immerhin konnten sich schon 1905 Deutsche und Tschechen im »mährischen Ausgleich« auf eine Wahl des Landtags nach nationalen Kurien verständigen. Auch in der Bukowina gelang eine vorläufige Befriedigung nationaler Interessen zwischen Polen und Ruthenen.

Doch auf dem Balkan spitzte sich die Lage zu. Das russische Zarenreich unterstützte die Idee des »Panslawismus« und bediente sich dabei des Königreichs Serbien. 1903 war der auf einen friedlichen Ausgleich bedachte König Alexander von seinen eigenen Offizieren abgesetzt und brutal ermordet worden. Ein Mittäter des Königsmords bestieg den Thron. Infolge der 1908 von den europäischen Großmächten sanktionierten staatsrechtlichen Annexion Bosniens und der Herzegowina durch die Monarchie und der »Erfindung« Albaniens, um einen serbischen (und damit russischen) Zugang zur Adria zu verhindern, war die k. u. k. Monarchie noch stärker in die unübersichtlichen ethnischen und religiösen Konflikte des Balkans verstrickt.

Otto von Bismarck hatte am Ende des Berliner Kongresses 1878 gemurmelt: »Europa ist heute ein Pulverfaß und unsere Führer verhalten sich wie Männer, die in einem Arsenal rauchen. Ein einziger Funke kann eine Explosion auslösen, die uns alle verschlingen wird. Ich weiß nicht, wann es zur Explosion kommen wird, aber ich kann sagen, wo es passieren wird. Irgendein verrücktes Ding am Balkan wird die Katastrophe starten.« Die amerikanische Historikerin Barbara Tuchman stellte dieses – nicht belegte – Bismarck-Zitat an den Beginn ihres Buches *The Guns of August*. Und ausgerechnet den Balkan hatte die Habsburgermonarchie als Zentrum ihrer territorialen Begehrlichkeiten definiert. Hätte sich doch Franz Joseph I. an den – diesmal überlieferten – Ausspruch des deutschen Reichskanzlers gehalten: »Der ganze Balkan ist nicht die gesunden Knochen eines einzigen pommerschen Grenadiers wert.«

Kaiser Franz Joseph I. sedierte die Monarchie durch seine ferne Anwesenheit. Nach dem von ihm mitverursachten Scheitern und dem tragischen Tod seines Sohnes Rudolf war Erzherzog Franz Ferdinand von Habsburg-Este als Nachfolger des Kaisers aufgerückt. Franz Ferdinand entwickelte auf seinem böhmischen Landsitz Konopischt unweit von Prag weitreichende Pläne zur Umgestaltung der Habsburgermonarchie. Nach dem Muster des »Ausgleichs« mit Ungarn sollten auch die slawischen Untertanen eine weitgehende staatliche Selbstverwaltung erhalten. Die Idee des »Trialismus« wurde freilich von den Deutschnationalen sowie den ungarischen Magnaten und auch von Kaiser Franz Joseph heftig bekämpft. Jede Reform, jede staatsrechtliche Umgestaltung der Habsburgermonarchie in einen moderneren Bundesstaat, gar Staatenbund, wurde vom alten Monarchen als Gefahr für die Herrschaft des Hauses Habsburg abgelehnt.

Beharrung und Bewahrung des Status quo wurde zur Staatsdoktrin, während sich Technik, Wirtschaft und Gesellschaft in rasendem Tempo veränderten.

* * *

Der Kaiser setzte zur Überwindung des politischen Stillstands und der Parteienquerelen auf wechselnde »Beamtenregierungen«, die aber oft trotz guter Absichten im politischen Alltag kläglich scheiterten. So trat 1910/11 die Regierung des Grafen Bienerth-Schmerling wegen der massiven Obstruktionspolitik der Tschechen im Reichsrat zurück. Neue Regierungen kamen und gingen, ohne den zweitgrößten Flächenstaat Europas an die sich rasant verändernden Zeiten anzupassen. Auch das Spannungsverhältnis zwischen einer in die Moderne eilenden Gesellschaft und den staatlichen Strukturen aus der Zeit des Feudalismus spürten immer mehr Menschen. Auswege aus der permanenten Krise, in der die Lage zwar als hoffnungslos, aber nie besonders ernst erlebt wurde, trieben die Bürger in extreme ideologische Lager, die Lösungen verhießen.

Die »nationale Frage« war nur eines der schier unlösbaren Probleme, die das Fundament der Monarchie unterhöhlten. Hinter den national geprägten Aufregungen versteckten sich sehr oft soziale Spannungen, die sich in Streiks und lokalen Unruhen entluden. Arbeiter protestierten gegen die Teuerung. In Galizien und anderen armen Provinzen (heute würde man »strukturschwache« Regionen sagen) war die Arbeitslosigkeit ein wachsendes Problem. Auch die vielen kleinen Handwerker spürten die zunehmende Konkurrenz der Fabriken und lebten in steter Furcht vor dem sozialen Abstieg aus der Mittelschicht ins Proletariat. Diese existenzielle Bedrohung machte die traditionelle Wählerschaft der Christlichsozialen anfällig für nationalistische Ideen und antisemitische Hetze.

Auf der Zuschauergalerie des von Architekt Theophil Hansen errichteten Parlaments verfolgte ein 23-jähriger Kunstmaler aus Linz regelmäßig die Schreiduelle im Plenum. In ihm wuchs Abneigung gegen diese Form der repräsentativen Parteiendemokratie, und aus der Verachtung wurde Hass. In seinem programmatischen Machwerk *Mein Kampf* beschrieb Adolf Hitler seine Erlebnisse im Wiener Haus am Ring, ehe er aus der schillernden Kaiserstadt Wien ins damals doch eher beschauliche München flüchtete.

Auf dieser Probebühne für den Weltuntergang tummelten sich einige durchaus zwielichtige Existenzen, die Jahre später das Schicksal ihrer Völker entscheiden sollten. Adolf Hitler hätte seinem späteren Todfeind Josef Stalin ohne Weiteres beim Spaziergang im Schönbrunner Schlossgarten über den Weg laufen können. Im Jänner des Jahres 1913 war Stalin aus Krakau kommend im eisesstarren Wien eingetroffen und wohnte bei der adeligen Familie Trojanowski in einem großen, bequemen Appartement in der Schönbrunner Schlossstraße 30. Auch der später in Stalins Auftrag ermordete Leo Trotzki genoss die Annehmlichkeiten der Donaumetropole. Was für eine Vorstellung: Hitler, Stalin, Trotzki – gemeinsam im Café Central, voreinander den Hut ziehend beim Spaziergang im Schloss Schönbrunn, unter den Fenstern, aus denen der alte Habsburg-Kaiser auf die Gloriette blickt.

Die Parteien der deutschsprachigen Bevölkerung (kaum jemand hätte sich im Wien des Jahres 1914 schlicht als »Österreicher« bezeichnet, das Land hieß auch nicht so) waren sich nur in der gegenseitigen Abneigung einig. Die Christlichsozialen und die Deutsch-

nationalen wetteiferten in der Ablehnung der Juden und der Sozialdemokraten, die in der politischen Propaganda mit den »Liberalen«
in einen Topf geworfen und gemeinsam geprügelt wurden. Der
offen geschürte Antisemitismus stieß auf eine kulturelle Dominanz
jüdischer Wissenschafter, Komponisten und Schriftsteller, die das
Wien der Jahrhundertwende prägten, und auf die wirtschaftliche
Dominanz jüdischer Bankiers und Unternehmer, die, religiös meist
assimiliert, um gesellschaftliche Anerkennung kämpften. Aus den
trostlos verarmten ostgalizischen Weiten strömten wiederum
Zehntausende jüdische Familien in die Kaiserstadt, weil sie hier
Schutz vor Verfolgung suchten. Sie hatten keinen Besitz, nur den
unbedingten Willen zum Überleben. Hunderttausende verließen
ihre Heimat und suchten nicht nur in der Hauptstadt der Habsburgermonarchie, sondern auch im Deutschen Reich oder in Übersee
ihr Glück. Auswanderung war ein Massenphänomen. Die Schifffahrtslinien über den Atlantik verdienten Millionen mit den Armse-
ligen, die unter Deck ins »gelobte Land« fuhren, während oben die
Tanzkapellen spielten.

Jahrzehntelang zeigte sich die Monarchie unter Kaiser Franz
Joseph I. unfähig, überfällige Reformen durchzuführen. Schon
1848/49 wurde die Chance zur Umgestaltung der Monarchie in eine
Föderation gleichberechtigter Nationen verspielt. Das »Weiter-
wursteln« war zur Staatsdoktrin erklärt worden. Die disziplinierte
Beharrlichkeit, mit der der zunehmend greise Kaiser die auseinan-
derstrebenden Völkerschaften verwaltete, hielt das Reich zusammen. In für ihn wichtigen Fragen der Armee und der Außenpolitik
hatte Franz Joseph durch penibles Aktenstudium großes Detailwis-
sen. In Angelegenheiten, die ihn nicht interessierten, ließ er seinen
wechselnden Regierungen freie Hand. Die k. u. k. Monarchie funktionierte. Die Verwaltung funktionierte. Das Postwesen funktionierte. Die Bahnverbindungen funktionierten. Das Rechtssystem
funktionierte – trotz aller Differenzen der gut ein Dutzend Nationen und Sprachen, die auf den Geldscheinen der Monarchie doku-

mentiert waren. Jedem Hellsichtigen aber war klar, dass nach dem Tod des Kaisers, der durch die bloße Länge seiner Regierungszeit zum staatserhaltenden Mythos geworden war, etwas passieren müsse, ja passieren werde.

Selbst die tödlichen Schüsse von Sarajewo Ende Juni 1914 hallten nur ein paar Tage nach, ehe sich die Wiener Bürger auf Sommerfrische begaben. Der Thronfolger und seine tief religiöse, aber keineswegs »ebenbürtige« Ehefrau Sophie waren in breiten Bevölkerungskreisen unbeliebt gewesen. Die Vorstellung, dass Franz Ferdinand Kaiser werden würde, hatte viele verängstigt. Dennoch stieß die unwürdige Art, wie der Fünfzigjährige und seine Frau in der Familiengruft auf Schloss Artstetten beigesetzt worden waren, auf Unverständnis und Ärger. Der alte Monarch wurde dafür nicht verantwortlich gemacht, wohl aber seine Umgebung, die peinlich genau auf der Einhaltung eines Zeremoniells beharrte, das längst nur noch in »Kakanien« ernst genommen werden konnte.

Der neue junge Thronfolger, Erzherzog Karl Franz Joseph, war für die meisten Bürger ein unbeschriebenes Blatt. Immerhin wirkte der junge Mann freundlich, er bewies soziale Empathie und war augenscheinlich anständig. Vor ihm musste sich wenigstens niemand fürchten. In die Entscheidungen nach der Ermordung von Franz Ferdinand wurde der künftige Kaiser nicht eingebunden, niemand kam auf diese Idee.

Noch einmal Atemholen, die schönen Frühsommertage genießen, die Abreise in die Sommerfrische vorbereiten. Die Kurorte im Salzkammergut erwarteten ihre Gäste, die Seebäder an der Adriaküste warben um Sonnenhungrige und die, die es sich leisten konnten, machten sich auf den Weg an die Côte d'Azur oder die fashionablen Seebäder an der Atlantikküste.

Die todbringenden Mechanismen der europäischen Bündnisverpflichtungen hatten sich indes zu bewegen begonnen.

Kaiser Wilhelm II. segelte mit seiner Yacht auf große »Nordlandfahrt«. Der alte Kaiser Franz Joseph I. dampfte nach Bad Ischl in die

Sommerfrische. Arthur Schnitzler genoss die »schönen Sommertage«. Stefan Zweig reiste an die belgische Nordseeküste. Alma Mahler richtete ihr neues Haus am Semmering ein. Der serbische Generalstabschef fuhr zur Kur nach Bad Gleichenberg. Und Baron Rothschild sah keinen Grund, seine Investitionsstrategie zu verändern und etwa Geld oder Gold aus Europa abzuziehen.

Während Europa den »Sommer des Jahrhunderts« genoss, stellten einige wenige Dutzend Diplomaten und Militärs – von der uninformierten Öffentlichkeit weitgehend unbemerkt – die Weichen zum Krieg. Niemand fiel ihnen in den Arm. »Der Krieg ist nicht ausgebrochen, wie immer geschrieben wird, er ist gemacht worden mit der Vehemenz, mit der er gewollt wurde«, schreibt Rolf Hochhuth in seinem Theaterstück *Sommer 1914*. »Ein Tier kann ausbrechen, ein Krieg muss entwickelt werden. Das setzt ein ziemlich kompliziertes Zusammenspiel vieler voraus, deren Intelligenz immerhin ausreichen muss, für die Nachwelt den Anschein zu erwecken, der Feind sei der Schuldige.«

Das Paradoxon des Jahres 1914: Für den Kriegsausbruch waren die echten machtpolitischen Gegensätze in Europa nicht entscheidend. Weder der deutsch-englische noch der deutsch-französische noch der deutsch-russische Gegensatz haben zur Katastrophe geführt. Der Weltkrieg entzündete sich im Hinterhof der europäischen Politik und explodierte innerhalb von wenigen Tagen. Deutschland wollte weder von Frankreich noch von Russland Gebiete erobern, noch konnte das deutsche Kaiserreich die englische Flottendominanz auf den Weltmeeren ernsthaft gefährden. Und auch Österreich-Ungarn versuchte erst nach Kriegsbeginn weitgehend haarsträubende Ziele zu definieren.

Die »schönen Tage« endeten mit einem Schock, der durch patriotischen Jubel und ebensolche Propaganda überlagert wurde. Innerhalb von wenigen Tagen, ja Stunden wurde die offenbar hohle Fassade der »guten, alten Zeit« abgewrackt. Der »Dreißigjährige Krieg des 20. Jahrhunderts« konnte ohne nennenswerten Widerstand beginnen. Seit der Ermordung des österreichischen Thronfolgers Erzherzog Franz Ferdinand am 28. Juni 1914 in der bosnischen Hauptstadt Sarajewo durch den bosnisch-serbischen Mittelschüler Gavrilo Princip, als Teil eines großserbischen Komplotts, waren die europäischen Großmächte in einer – scheinbar – schicksalhaften Maschinerie der Drohungen, der Ultimaten, der Mobilisierung und der patriotischen Aufwallungen gefangen. Der »falsche Krieg« – so ein Buchtitel des britischen Historikers Niall Ferguson – scheint nicht aufzuhalten gewesen zu sein. Wie »Schlafwandler« – so ein anderer Buchtitel – taumelten die europäischen Mächte dem Abgrund entgegen.

Die geheimnsivolle Kraft des Mondes lenkte die Diplomaten nicht. Sowohl am 28. Juni in Sarajewo als auch am 1. August, dem Tag der deutschen Kriegserklärung gegen Russland, zeigte der Himmelskörper keine Anomalie. Der zunehmende Mond beschien in milden Sommernächten eine Szenerie, in der sich alle – fast alle – gesellschaftlichen Kräfte in die neue Front einreihten. Nationalkonservative, Christlichsoziale und Sozialdemokraten, Künstler und Arbeiter, Dichter und Maler, Frauen und Männer, ja auch Kinder fügten sich nicht nur in das drohende Schicksal. Der Krieg wurde – fast allgemein – begrüßt: Endlich eine Entscheidung! Doch wofür, wogegen, warum glaubten Millionen, sich entscheiden zu müssen? Welche Lösung nationaler und sozialer Fragen erwarteten sie von einem blutigen Gemetzel? Der Beginn des Krieges wurde als Katharsis erlebt. »Es war Reinigung, Befreiung, was wir empfanden, und eine ungeheure Hoffnung«, beschrieb – durchaus zustimmend – Thomas Mann diese Stunden. Der Wiener Schriftsteller Raoul Auernheimer bewahrte selbst im Taumel und Schock des 1. August im Feuilleton der *Neuen Freien Presse*, dem Zentralorgan des liberalen (jüdischen) Wiener Bürgertums, Distanz zur unkritischen Euphorie: »So hat das Schlimmste sein Gutes und sogar das Schlimmste kann am Ende fruchtbares Erlebnis werden – freilich nur für jene, die nicht daran sterben.«

Stefan Zweig wunderte sich erst Jahrzehnte später in seiner Lebensbilanz *Die Welt von Gestern* über das Massenphänomen »Krieg« und wohl auch über seine eigene patriotische Zustimmung. »Der erste Schrecken über den Krieg, den niemand gewollt, nicht die Völker, nicht die Regierungen, diesen Krieg, der den Diplomaten, die damit spielten und bluffften, gegen ihre eigene Absicht aus der ungeschickten Hand gerutscht war, war umgeschlagen in einen plötzlichen Enthusiasmus. Aufzüge formten sich in den Straßen, plötzlich loderten überall Fahnen, Bänder und Musik, die jungen Rekruten marschierten im Triumph dahin, und ihre Gesichter waren hell, weil man ihnen zujubelte, ihnen, den kleinen Menschen des Alltags, die sonst niemand beachtet und gefeiert.« Und Robert Musil formulierte dieses Gefühl schon in den Augusttagen 1914: »Der Krieg, in anderen Zeiten ein Problem, ist heute Tatsache. Viele der Arbeiter am Geiste haben ihn bekämpft, solange er nicht da war. Viele ihn belächelt. Die meisten bei Nennung seines Namens die Achseln gezuckt, wie zu Gespenstergeschichten. Es galt stillschweigend als unmöglich, dass sich die durch eine europäische Kultur und eine weitgehend freie Marktwirtschaft sich immer enger verbindenden großen Völker noch zu einem Krieg gegeneinander hinreißen lassen könnten. Das dem widersprechende Spiel des Allianzensystems erschien bloß wie eine diplomatisch sportliche Veranstaltung.«

Das galt 1914. Und heute? Nie zuvor in der Geschichte durften sich so viele Menschen in Europa so sicher fühlen. Kaum jemand glaubt – im Hier und Jetzt – hundert Jahre nach der Auslösung des Ersten Weltkrieges mit seinen 25 Millionen Opfern an die Möglichkeit eines neuerlichen Gewaltausbruchs in Europa.

Am Beginn des dritten Jahrtausends werden Kriegsgefahr, Bankenkrach, Staatsbankrott, Währungskrisen, Massenarbeitslosigkeit, Hass und Nationalismus als überholte historische Begriffe aus einem anderen Jahrhundert erlebt. Etwa nicht?

Wir fühlen uns heute sicher: so sicher wie die Menschen am Beginn der »Schönen Tage. 1914«.[1]

31. Dezember 1913 **»Es war ganz animiert«**
Dr. Arthur Schnitzler hat Glück. Der Schriftsteller verbringt die ers-
ten Stunden des Jahres mit Freunden beim Roulette und notiert am
Morgen darauf in sein Tagebuch: »Ich blieb ziemlich al pari; man
blieb bis nach 4. Es war ganz animiert.« Dabei war für ihn der letzte
Tag des alten Jahres recht mieselsüchtig verlaufen. »Tagsüber sehr
nervös. Uneins mit O.« Der Haussegen bei Schnitzlers hing schief.
Die Ehe mit seiner Frau Olga konnte als »zerrüttet« gelten. Und
auch seine Silvesterlektüre konnte kaum zu guter Laune verhelfen.
Schnitzler las das neue Buch von Richarda Huch, *Der große Krieg in
Deutschland*. Zu Beginn des Jahres 1914 war das ein durchaus passen-
der Buchtitel. Doch davon wusste Dr. Arthur Schnitzler noch nichts.
Der 1. Jänner war dann ein schöner Wintertag.[2]

1. Jänner 1914 **»Ein gutes Omen fürs neue Jahr«**
Der erste Tag des Jahres 1914 ist still. Um 12 Heller können Frühauf-
steher das Wiener *Fremdenblatt* kaufen und beruhigt dem neuen
Jahr entgegensehen. Der Leitartikel der regierungsnahen Zeitung
verheißt nur Gutes: »Ein gutes Omen für das neue Jahr bedeutet
der Abschluß des alten Jahres. Mit erneuerter Zuversicht blickt man
der Tätigkeit des österreichischen Parlaments entgegen, das in den
letzten Tagen des alten Jahres sich von den gefährlichen Fesseln der
Obstruktion befreite.«
  Der amtliche Optimismus ging gar so weit, dem – eventuell
noch verkaterten – Publikum die Beschlussfassung einer Finanzre-
form in Aussicht zu stellen. Immerhin waren die Beratungen nach

Jahren schon »in ein weit fortgeschrittenes Stadium geraten«. Mit dem neuen Finanzgesetz waren die »Dienstpragmatik« der k.u.k. Beamten und das »Dienergehaltsgesetz« untrennbar verknüpft. Das *Fremdenblatt* hatte auch hier für 1914 eine schöne Perspektive zu bieten: »Für Staatsbedienstete wird daraus eine Einbuße an Bezügen nicht erwachsen.« Am 1. Jänner 1914 schienen die Aussichten – zumindest für die Beamtenschaft – durchaus heiter zu sein.[3]

1. Jänner 1914 »Parsifal-Premiere«

Der Neujahrstag beginnt mit einem Wettlauf um die erste Aufführung von Richard Wagners *Parsifal* außerhalb von Bayreuth. Das Deutsche Opernhaus in Berlin will das »Weihespiel« zum frühestmöglichen Zeitpunkt auf die Bühne bringen. Die Premiere ist für den 1. Jänner angesetzt. Doch die Berliner werden von den Katalanen überholt. Das »Gran Teatre del Liceu« in Barcelona verschiebt einfach die ohnehin landestypisch späte Beginnzeit und hebt bereits in der Geisterstunde den Vorhang für Wagners irritierendes Werk. In Berlin nimmt Wilhelm Eduard Mörike einige Stunden später seinen Taktstock zur Hand und eröffnet mit Richard Wagners gut 14 Minuten langem *Parsifal*-Vorspiel das Jahr 1914.

Die Direktion der Wiener Hofoper lässt die Wagner-Freunde ein paar Tage länger warten. Der Wegfall des 30-jährigen testamentarischen Exklusivrechtes für Bayreuth löst eine wahre Inszenierungsflut aus.

Richard Wagners letztes dramatisches Bühnenwerk markiert den Beginn des Jahres, das später mit dem Begriff »Weltkrieg« gebrandmarkt wird. Zufall? Parallelaktion?

Die Rezeption des Parsifal und der Erste Weltkrieg haben für die deutsche Musikhistorikerin Nora Eckert einen gemeinsamen ideologischen Nenner: die Vermischung mit dem Religiösen und die Sakralisierung des Denkens. »Richard Wagners Parsifal und die Kommentare zum Ausbruch des Ersten Weltkrieges enthalten dasselbe Weltbild.« Der Einbruch des Mystischen in die Machtpolitik wird die Vernunft in den Hintergrund drängen. Richard Wagner suchte die musikalische Erlösung der Menschheit. Im Parsifal konnte nur ein »reiner Tor«, konnte nur ein »suchender Mensch« das Leiden der Menschheit lindern und aufheben.

1914 wird es einen solchen nicht geben. Europa wird zum Gegenteil von Klingsors Zaubergarten, den Wagner im Garten des Palazzo Rufolo auf Ravello über der Amalfiküste gefunden zu haben glaubte.[4]

3. Jänner 1914 »Innigsten Anteil«

Bei der Geburt ist alles nach Wunsch verlaufen. Am dritten Tag des neuen Jahres wird Erzherzogin Zita in der Villa Wartholz in Reichenau an der Rax von ihrem zweiten Kind, der ersten Tochter, entbunden. Der beigezogene Gynäkologe Dr. Alois Peham konstatiert: »Kräftezustand der Mutter normal, die neugeborene Erzherzogin ist gesund und kräftig.« Nur 13 Monate zuvor hatte Zita ihren ersten Sohn Otto geboren. Er galt schon damals als Thronfolger, da die Kinder von Erzherzog Franz Ferdinand, wegen seiner »unstandesgemäßen« Ehe mit der böhmischen Gräfin Sophie Chotek, von der Nachfolge im Kaiserhaus ausgeschlossen waren. Kaiser Franz Joseph hatte sich 1912 nicht zur Taufe seines präsumptiven Nach-Nachfolgers, des Erstgeborenen Otto, bemüht, sondern den Erzherzog-Thronfolger Franz Ferdinand mit seiner Vertretung betraut.

Doch im Jänner 1914 verfügte sich der greise Kaiser vom Schloss Schönbrunn ins nahe Schloss Hetzendorf, wo die Taufe der kleinen Adelheid zelebriert wurde. Als Pate wurde der Bruder von Zita, Prinz Sixtus von Bourbon-Parma, auserwählt. Auch einige Regimentskameraden des späteren Kaisers Karl I. aus Brandeis an der Elbe waren zum Festakt nach Hetzendorf geladen. Ein Dragoner schrieb damals: »Wenn nun Erzherzogin Zita nach den schweren Stunden, die keiner Mutter erspart bleiben, ihres Mutterglücks froh ist, so darf sie sowohl wie ihr Gemahl dessen sicher sein, daß sich mit ihnen die gesamte Bevölkerung Österreich-Ungarns und besonders die Wiener freuen, die ja seit jeher an den Schicksalen des Kaiserhauses in guten und in schlechten Tagen innigsten Anteil nehmen.«[5]

3. Jänner 1914 »Auffallend in Deutschland. Die große Dunkelheit«

Am Geburtstag der neuen Erzherzogin reist Robert Musil nach Berlin. Seinem Tagebuch vertraut er eine depressive Stimmung an. »Auffallend in Deutschland. Die große Dunkelheit. Die große Nässe. Man glaubt, in eine Lokalität zu kommen, wo sich Menschen überhaupt nicht dauernd aufhalten. Straßen, Luft, Kleider, alles naß.« Der damals 34-jährige Bibliothekar zweiter Klasse an der Technischen Hochschule in Wien schrieb in diesen Tagen an seinem Drama *Die Anarchisten*, das erst nach dem Krieg mit dem neuen Titel *Die Schwärmer* gedruckt werden sollte. Musil wollte in Leipzig auch den Verleger Dr. Kurt Wolff besuchen, der »stiller Teilhaber« am Verlag Rowohlt war, später sein eigenes Verlagsunternehmen gründete und unter anderem Werke von Georg Trakl und Franz Kafka druckte. Musil beschreibt seinen Eindruck von Wolff: »Groß. Schlank. Blond. Grauenglisch angezogen. Elegant. Weiches Haar. Glattrasiert. Jünglingsgesicht. Blaugraue Augen, die sich verhärten können.«

»Glattrasiert« war in jenen Tagen eine Charakterbeschreibung. Am Beginn des 20. Jahrhunderts pflegte die Gesellschaft keinen Jugend-, sondern einen Alterskult. Männer ohne Bart galten als unreif, Gymnasiasten gingen in kurzen Hosen zur Schule. Ein möglichst voller Bart sollte Würde und Wissen vermitteln. Ein Verleger mit »Jünglingsgesicht« (re-)präsentierte auch ein junges Programm. Die typografischen Werke des Leipziger Verlages wurden zur Heimstatt für die deutsche expressionistische Literatur, die Musils Sache nicht war.

Robert Musil reist mit der Bahn. Am Bahnhof in Jena hat der Wiener Dichter unerfreuliche Begegnungen mit »lärmenden Stu-

denten«. Die Hochschüler hielten sich nicht an die Bekleidungs-
etikette. »Die ziehn im geheizten Coupé dritter Klasse die Röcke aus
und schaun in Hemdsärmeln aus dem Fenster. Sie brüllen: Herr
Zugsführer, fahrn wir noch nicht?«

Am 3. Jänner 1914 trifft der im Krankenstand befindliche Bibliothekar in Berlin den Verleger Samuel Fischer zu einem Bewer-
bungsgespräch. Es ist der Zweck seiner Reise. Auf dem Weg von
Berlin nach Wien hat sich Musil eine Strategie überlegt. Er will endlich der langweiligen Beamtenstelle an der Technischen Hochschule am Wiener Resselplatz entkommen. Seit Monaten schon ist
der Bibliothekar krankgeschrieben. Er leidet an »schwerer Neurasthenie« und hochgradiger körperlicher und psychischer Ermüdbar-
keit. »Neurasthenie« war die »Burn-out-Erkrankung« des frühen
20. Jahrhunderts. Sie grassierte vornehmlich im höheren Beamten-
und Offizierskorps und ermöglichte die Dienstfreistellung mit We-
terbezug eines Beamtengehalts. Die Aussicht auf eine Anstellung
bei der renommiertesten deutschen Literaturzeitung des einflussreichen Verlegers Samuel Fischer beschleunigte bei Robert Musil
den Heilungsprozess.

Der studierte Maschinenbautechniker will in Berlin eine »ge-
schäftlich exorbitante, persönlich mir notwendige Forderung stellen. Sie erscheint mir so unmöglich, daß ich zu dichten beginne.«
Musil will den Posten eines Literaturredakteurs bei der *Neuen Rundschau* wirklich. Er überzeugt den Verleger und bekommt die Stelle.
Er kann jetzt – finanziell abgesichert – als Dichter arbeiten, schreiben. Die dienstlichen Verpflichtungen sind bescheiden. Zwei Mal
pro Woche muss sich der künftige Autor des »Mann ohne Eigenschaften« in die Redaktion der Literaturzeitung verfügen und dort
eine Sprechstunde abhalten. Alle paar Wochen werden Sammel-
kritiken erwartet. Als Dienstbeginn wird der 1. Februar vereinbart.
Robert Musil kann nach Wien zurückfahren. Seinen Dienst an
der Technischen Hochschule wird er erst vier Wochen später quit-
tieren.[6]

8. Jänner 1914 »Mitten durch die Flammen«

Filme sind vor hundert Jahren eine wahrlich explosive Angelegenheit. Das Zelluloidmaterial erweist sich als brandgefährlich. Immer wieder kommt es zu schweren Unfällen. Feuer bricht in den Kinos aus, wenn Filmrollen explodieren. Wien ist bis ins Jahr 1914 von größeren Katastrophen weitgehend verschont geblieben. Doch am 8. Jänner kommt es in den neuen Räumlichkeiten der Filmverleihfirma Gaumont zu einem Brand und zu mehreren schweren Explosionen. Das neue – zum Glück – noch nicht besiedelte Bürohaus zwischen der Mariahilferstraße und der Barnabitengasse wird schwer beschädigt, Fensterrahmen brennen und das Glas der Scheiben schmilzt in der Gluthitze. Das Feuer greift auch auf Nachbargrundstücke über und setzt dort Dachstühle in Brand. Bei der Katastrophe werden zwei junge Angestellte des Filmverleihs getötet. Die Mädchen atmen die giftigen Dämpfe brennender Filmrollen ein, stolpern auf der Flucht im Stiegenhaus, werden ohnmächtig und verbrennen hilflos.

Die Brandursache war rasch gefunden. Die Leihfilme waren von einem 16-jährigen Mädchen im sogenannten »Putzraum« mit Benzin gereinigt worden. Dabei kam es zu einer Benzindampfexplosion. Die Flammen griffen auf das hochbrennbare Filmmaterial über. Das Feuer breitete sich übers Stiegenhaus bis zum Dachboden aus, wo Hausbesorgerin Anna Gruber gerade Wäscheleinen an den Dachbalken befestigte.

Die Wiener Feuerwehr konnte den Brand nach Stunden löschen, danach stand das Wasser in den Räumlichkeiten »knietief«. Die Katastrophe ist das Tagesgespräch in der Hauptstadt. Die *Neue Freie Presse* zitiert Augenzeugen und schildert das Ereignis: »Man kann sich das Entsetzen vorstellen, das die Passanten der Mariahilferstraße befiel, als sie an den Fenstern des Hauses viele Personen um Hilfe rufend stehen sahen. Hätten die Gefährdeten versucht, über die Stiege zu entfliehen, sie wären sicherlich, wenn auch nicht alle, so doch viele, Todesopfer oder schwer verletzt worden, wie die beiden unglücklichen Frauen, die die Stichflammen auf der Stiege trafen. Die Feuerwehr ging unter dem Kommando des Branddirektors Jenisch mit Bravour vor, mitten durch die Rauchschwaden, die kaum atmen ließen, mitten durch die Flammen.«

Kritischer als die liberale *Neue Freie Presse* kommentierte *Die Neue Zeitung* das Unglück: »Bei dieser Katastrophe liegt kein unvorhergesehener Unglücksfall vor, da riesengroß und drohend in Wien und anderwärts geschehene Präzedenzfälle als erschütternde Warnzeichen aus der Chronik der Schrecken auftauchen. Eine Filmniederlage mit hunderten, ja tausenden Metern explosionsgefährlicher Zelluloidstreifen gehört nicht in den ersten Stock eines Wohnhauses.«

Mit dieser Einschätzung dürfte das Boulevardblatt durchaus nicht falsch gelegen sein.

1914 hatte der Film bereits seinen Siegeszug angetreten, obwohl die Schauspieler stumm blieben und die Bilder in Schwarz und Weiß über die Leinwand flimmerten. Aber das Kino lockte auch tonlos eine wachsende Zahl von Menschen an. Immerhin hatte die französische Filmverleihfirma Gaumont schon im Herbst 1913 in den Wiener Sophiensälen unter dem Titel »Sprechender Film« erstmals mit Ton begleitete Filme präsentiert. Allerdings wurden diese Vorführungen bald wieder eingestellt. Es holperte bei der Synchronisierung von Sprache und Bild.[7]

8. Jänner 1914 »Mit einem gewissen Anstand krepieren«

»Heute schönes Schneetreiben.« Das Wetter spielt verrückt. War es am Vortag noch frühlingswarm gewesen, über Nacht ist es bitterkalt geworden. Wieder bleibt der Schnee in der Großstadt liegen. Den Wiener Rechtsprofessor Josef Redlich plagt ein Infekt. Durchfall, heftiges Erbrechen und Schüttelfrost. Dabei sollte der Gelehrte gerade jetzt voll »am Damm sein«. Redlich hofft, erwartet, kokettiert damit, in die Regierung berufen zu werden. Der Kaiser, draußen in Schönbrunn, so hört Redlich, wolle die Regierung des 55-jährigen Ministerpräsidenten Graf Karl Stürgkh entlassen.

Wichtiger Zeuge seiner Zeit:
Der Wiener Rechtsprofessor und
Abgeordnete Josef Redlich spiegelt
die Ereignisse des Jahres 1914
in seinem Tagebuch wider.

Nichts geht mehr – im Winter des Jahres 1914. Im Reichsrat blockieren einander die Deutsch- und Tschechisch-Nationalen. Eine Reform der Einkommenssteuer und der Branntweinsteuer und der – ganz wichtig – Dienstpragmatik für die k. u. k. Beamten bleibt zwischen Reichsrat und Herrenhaus hängen. Stürgkh will das Parlament aushebeln. Er liebäugelt mit »Artikel 14«. Dieser würde der Regierung erlauben, mit Notstandsverordnungen ohne Einberufung von Reichsrat und Herrenhaus zu regieren. Der Jurist Redlich hält diese Pläne des österreichischen Regierungschefs für verfassungswidrig. Doch Graf Stürgkh wird sie Wochen später durchsetzen. Die Hocharistokratie und die Militärs halten ohnehin nichts von diesem demokratischen Gezänk im Parlament. Und irgendwie haben sich die Parteien an das Regieren mittels Notverordnung klammheimlich gewöhnt. Ohne Verantwortung tragen zu müssen, kann alle paar Jahre das Notwendigste erledigt werden. Der eigenen Klientel können die Politiker dann versichern, hätten sie nur dürfen, hätten sie die Maßnahmen verhindert, aber leider ...

Josef Redlich, dessen Tagebücher einen großen Wert als Quelle haben, kopiert einen Brief Ottokar Graf Czernins und bewahrt ihn so für die Nachwelt. Czernin sollte 1916, nach dem Tod Kaiser Franz Josephs, von dessen Nachfolger Kaiser Karl I. zum Außenminister ernannt werden und seinen jungen Monarchen ein Jahr später in der sogenannten »Sixtus-Affäre« bloßstellen.

Graf Czernin machte sich schon 1913/14 keine Illusionen über den Zustand der Monarchie, ihrer Beamten, ihrer Militärs und ihrer Volksvertreter: »Nein, lieber Freund, eine solche korrupte, degenerierte, verluderte Bagage kann sich nicht selbst retten. Man schaffe eine Zeit des Absolutismus mit den großen Härten und Unannehmlichkeiten, damit sich das Volk wieder erfängt, nach einem Parlament und einer Kontrolle zu sehnen. (Denn unser Beamtenstand, absolut regierend, wäre etwas Schauderhaftes!) Vielleicht geht es dann, wahrscheinlich aber auch nicht, es ist schon alles zerfahren und verfault in unserem Staate. Vielleicht bleibt uns nichts anderes übrig, als mit einem gewissen Anstand zu krepieren. Du siehst, ich bin kein Optimist, aber ich finde, man soll auch bei einer verlorenen Schlacht bis zum Ende kämpfen, denn besser ehrlich kämpfend fallen, als feige den Kampf aufgeben.«

Solcher Art ist die Stimmung der herrschenden politischen Elite.[8]

10. Jänner 1914 **»Immer feste druff!«**

Die Öffentlichkeit im Deutschen Reich blickt nach Strassburg. Dort fällt an diesem Tag ein Militärgericht das endgültige Urteil in der sogenannten »Zabern-Affäre«. Der 20-jährige Leutnant Günter Freiherr von Forstner hat im Oktober des Vorjahres seinen Rekruten in der elsässischen Stadt Zabern eine Prämie von zehn Mark für jeden niedergestochenen »Wackes« versprochen.

»Wackes« galt als beleidigende Bezeichnung für einen Elsässer. Der Gebrauch des diskriminierenden Wortes war per Armeebefehl in der seit 1871 annektierten Provinz Elsass-Lothringen verboten. Die deutschen Soldaten wurden von einer Mehrheit als Besatzung empfunden und so benahmen sich auch viele Offiziere. Die dumme Beschimpfung der Bevölkerung wurde von den lokalen Zeitungen publik gemacht. Der junge Leutnant erhielt Rückendeckung seiner Vorgesetzten, er wurde nicht strafversetzt, obwohl er gegen das Militär-Reglement verstoßen hatte. Die »Ehre des Militärs« kam ins Spiel. Der Leutnant wurde zum Hassobjekt der lokalen Bevölkerung und zur Zielscheibe des Spottes. Rückten deutsche Soldaten aus der Kaserne aus, wurden sie beschimpft und der junge Leutnant als »Bettnässer« verhöhnt. Die Wellen der lokalen Affäre schwappten bis nach Berlin und wurden von den politischen Parteien im bürgerlichen und linken Spektrum – je nach ideologischer Befindlichkeit – gehörig aufgeschaukelt.

Das deutsche Militär bewies in Zabern ähnliches Feingefühl wie Kronprinz Wilhelm. Der Hohenzollern-Spross kommentierte die Eskalation in der annektierten Provinz telegrafisch mit dem Satz: »Immer feste druff!« Der örtliche Regimentskommandeur Oberst Adolf von Reuter nahm die Order des Kronprinzen wörtlich. Er ließ friedlich protestierende Elsässer festnehmen und überschritt damit seine Kompetenzen – für die Aufrechterhaltung des inneren Friedens war die örtliche Zivilverwaltung, nicht aber das Heer zuständig. Der preußische Oberst griff gar zum Säbel und schlug damit einen Schustergesellen nieder, der ihn verspottet hatte.

Adolf von Reuter rechtfertigte sich mit »Notwehr«, Pech allerdings, dass der heldenhaft niedergestreckte Schuster einen Klumpfuß hatte und kaum gehen konnte. Die klaffende Fleischwunde schwärte und eiterte zu einer Staatsaffäre aus. Im Kern ging es um die Frage: Wer regiert im Deutschen Reich? Gewählte Volksvertreter oder die militärische Elite?

Die Mehrheit der Parteien im Berliner Reichstag spitzte die Kritik am Vorgehen des Militärs zu: Misstrauensantrag gegen den Reichskanzler Theobald von Bethmann Hollweg. Er verlor die Vertrauensabstimmung. Fast alle Parteien, vom Zentrum über die Nationalliberalen bis zu den Sozialdemokraten, stimmten für einen

Rücktritt des Reichskanzlers, der die Affäre beschönigt und die Offiziere verteidigt hatte. Bethmann Hollweg wurde nur von Kaiser Wilhelm im Amt gehalten. Das Vertrauen einer großen Parlamentsmehrheit hatte er verspielt.

In Paris tobte die Presse. Die Zeitungen sahen die französische Ehre von den Preußen in den Schmutz getreten. Über Monate beherrschte die »Zabern-Affäre« die öffentliche Debatte. Der Hass gegen die deutschen Besatzer von Elsass-Lothringen wurde in Blei gegossen, millionenfach gedruckt. Die Proteste im Deutschen Reich gegen das Vorgehen der Militärs, die sich über das Gesetz gestellt wähnten, hielten bis ins Jahr 1914 an. Beim Prozess vom 5. bis zum 10. Januar durften im Strassburger Militärgericht in den ersten drei Reihen keine Zivilisten sitzen. Die Armeerichter hoben die strafrechtliche Verurteilung des Regimentskommandeurs Adolf von Reuter, der wegen Körperverletzung und unrechtmäßigen Waffengebrauchs angeklagt war, wieder auf, aber sie konnten sich in ihrem Urteilsspruch nur auf eine preußische Order aus dem Jahr 1820 berufen.

Das provokante Militärgerichtsurteil schaukelte die nationalistischen Emotionen in Frankreich weiter auf und vertiefte die Kluft zwischen der Militärführung und den demokratischen Parteien im Berliner Reichsrat. In Wien polemisierte die beinahe-offizielle *Danzer's Armee-Zeitung* gegen die Haltung der deutschen Parteien: »Dieser Sturm der Entrüstung, dieses provokante Brüllen unverantwortlicher Hetzer, dies läppisch-großartige Misstrauensvotum hat dem Glanz des Deutschen Reichs fressenden Rost angesetzt. Kein Kaiserwort hat ihn bisher blank geschmiedet.« Die Zeitungen in Österreich berichteten auf vielen Spalten über die »Zabern-Affäre«. Die Grazer *Tagespost* zitiert den sozialdemokratischen Abgeordneten Peirotes aus der Sitzung des Berliner Reichstages mit einer revolutionären Forderung: »Die Forderung nach Abschaffung der Militärgerichte muß mit allem Nachdruck erhoben und die Kommandogewalt des Kaisers eingeschränkt werden.«

12. Jänner 1914 »Auf Wiedersehen in Schleswig!«

Der Magistrat der Stadt Schleswig lädt »Schleswig-Holstein-Kämpfer des Jahres 1864« zu den Festveranstaltungen in die norddeutsche Stadt. Per Inserat wird in österreichischen Tageszeitungen für die Fünfzigjahrfeiern am 5. und 6. Februar in Schleswig geworben. »In diesem Jahr ist ein halbes Jahrhundert verflossen, seit Ihr bereit waret, Euer Leben für die deutschen Brüder im hohen Norden Deutschlands zu opfern. Glänzende Siege habt Ihr 1864 bei Schleswig unter Eurem genialen Führer von Gablenz errungen und so Schleswig-Holsteins Hauptstadt, die sagenreiche, meerumspülte Stadt Schleswig, von dänischer Herrschaft befreit. Von unendlichem Jubel begrüßt, seid Ihr am Morgen des 6. Februar 1864 in unsere fahnengeschmückte Stadt eingezogen. Mit jubelnder Begeisterung werdet Ihr wiederum bei uns empfangen werden, wenn Ihr kommt, um mit uns und unserer Provinz die Befreiung unserer Stadt zu feiern.« Wie viele Veteranen den weiten Weg nach Schleswig gefunden haben? Einige wenige nur werden die schwarz-gelbe Fahne in Erinnerung an den letzten Sieg eines Habsburger-Heeres im Umzug mitgetragen haben.[9]

14. Jänner 1914 »Eine äußerliche Kultur soll in solchen Fällen nicht allein triumphieren«

Am Mittwoch, 14. Jänner 1914, hebt sich endlich auch in der Wiener Hofoper der Vorhang für Richard Wagners *Parsifal*. Wien hinkt im Aufführungs-Wettrennen zwei Wochen hinterher. Franz Schalk dirigiert die Premiere vor einem Bühnenbild von Alfred Roller. Die Vorstellung im k. u. k. Hofopernatheater beginnt bereits um vier Uhr nachmittags und stellt die Damen, mehr noch die Herren vor ein gravierendes Problem: Was zieht die bessere Wiener Gesellschaft zur Premiere an? In den Wiener Zeitungen wird die »Toilettenfrage« ausführlich erörtert und die Grazer *Tagespost* ist tags darauf ihr spöttisches Echo. »Ebenso ernsthaft wurde die Lösung der Frage gegeben: im Zwischenakt Jackett mit dem Frack zu vertauschen; die

Richard Wagners Oper *Parsifal* eröffnet das Jahr 1914 musikalisch. 30 Jahre nach dem Tod des Komponisten darf das Werk erstmals außerhalb von Bayreuth aufgeführt werden.

Nachmittags- mit der Abendtoilette. Man kann sich die weihevolle Seelenstimmung des nach Hause jagenden Umziehers vorstellen, auch seinen Stolz, wenn er richtig angezogen wieder zurückkommt. Es ist erreicht.« Das steirische Blatt schickt freilich mahnende Worte nach Wien. »Gewiß kann man gesellschaftliche Fragen anerkennen, aber eine äußerliche Kultur soll in solchen Fällen nicht allein triumphieren.«

Besucher der ersten *Parsifal*-Aufführung in der Hofoper mussten tief ins Portemonnaie greifen. Die Preise wurden von der Direktion zugunsten des »Pensions-Institutes« der Hofoper exorbitant erhöht. Das Wiener Publikum erwies sich freilich als wenig spendabel. Schon die zweite Vorstellung war nicht ausverkauft, ganze Logen blieben leer. Dafür warteten Triestiner *Parsifal*-Fans bis zur Sperrstunde im Café Specchi und harrten danach im schweren Bora-Sturm vor dem Theater aus, bis die Kasse am Morgen geöffnet wurde. Die Strapazen blieben unbelohnt. Nur wenige erhielten Karten, »da fast das ganze Theater durch Abonnements vergeben ist«. Die Wagnermania ebbte bald ab. In Wien fand der zweite *Parsifal*-Zyklus Ende Jänner dann wieder zu normalen Preisen statt. Und auch die Bekleidungsfrage spielte keine dominante Rolle mehr. Der Frack konnte im Kasten bleiben, lange Kleider trugen die Damen sowieso.[10]

14. Jänner 1914 »Mitterndorf und die katholischen Sittengebote«

Mitterndorf gibt die Geburtenstatistik für das abgelaufene Jahr 1913 bekannt. In der etwas mehr als 2000 Seelen zählenden Pfarre kamen im Vorjahr 59 Kinder zur Welt. Davon waren 36 Jungbürger ehelicher Herkunft, aber immerhin 23 Mitterndorfer wurden unehelich geboren. Das belegt: Mit den katholischen Sittengeboten nahmen es die Bewohner der steirischen Salzkammergut-Gemeinde anno 1913 nicht allzu ernst. Der Anteil unehelicher Kinder war damit vor dem Ersten Weltkrieg – zumindest in Mitterndorf – mit etwa 40 Prozent so hoch wie heute. Der Pfarrer in der steirischen Gemeinde segnete im ganzen Jahr nur neun Ehepaare – keine guten Aussichten für die Bevölkerungsstatistik im Ort mit dem überwältigenden Grimmingblick.

In den vier Kriegsjahren sollte die Einwohnerzahl von Mitterndorf – wie in fast allen Gemeinden der Monarchie – um etwa fünf Prozent sinken.[11]

15. Jänner 1914 »Der Hochdruckteil im südwestlichen Rußland ist durch Hereinrücken der nördlichen Depression zerstört worden«

Der »Telegraphische Wetterbericht der k. k. Zentralanstalt für Meteorologie in Wien« meldet am 15. Jänner um sieben Uhr morgens ein Mittelmeertief und ein Hochdruckgebiet über dem Nordwesten. »Der Hochdruckteil im südwestlichen Rußland ist durch Hereinrücken der nördlichen Depression zerstört worden. Die Mittelmeer-Depression ist stationär.« Der meteorologischen Logik zufolge scheint in den nördlichen Alpenländern die Sonne »bei intensivem Frost«. Salzburg meldet minus 8,6 Grad, auch in Wien ist es eher frisch. Und am Semmering frieren die Wintersportler bei minus 11 Grad. Die Puchwerke AG in Graz bietet passend zur Wetterlage »Schneeketten für alle Dimensionen« zum Kauf. Der Grazer Lokalreporter der *Tagespost* rutscht angesichts der weißen Pracht ins Lyrische: »Ununterbrochen wirbelten gestern tagsüber die Flocken hernieder und bedeckten immer dichter Fahrbahnen und Wege. Man hört kein Rumpeln der Wagen, der Straßenlärm ist gedämpft und nur der Schnee knirscht unter den Füßen der Passanten. Die liebe Jugend begrüßt den Gast mit Freude und etabliert, wo es nur halbwegs möglich ist, seine Wintersportplätze.«

In der steirischen Landeshauptstadt schneit es am 15. Jänner ohne Unterlass, dagegen sitzen die Klagenfurter in den oberen Stockwerken ihrer Häuser auf dem Trockenen. In der Stadt ist die Wasserversorgung ausgefallen. Sämtliche Reservoirs sind leer. Die Stadtverwaltung macht die Bürger für die Misere verantwortlich. Der akute Wassermangel sei Ergebnis einer »geradezu ungeheuerlichen Wasserverschwendung seitens der Bevölkerung«. Per Rundschreiben des Klagenfurter Magistrats wird verfügt, dass »sämtliche Bäder und Wasserspülungen bei Klosettanlagen bis auf Widerruf außer Benützung gestellt werden«. Bei Nichtbefolgung droht die Stadtgemeinde mit Strafen von 20 Kronen, »eventuell Arreststrafen«. Die lokalen Zeitungen registrieren mit feinem Gespür: »Das Rundschreiben hat in Kreisen der Hausbesitzer und Mieter arg verschnupft.«

Auch in noch südlicheren Landesteilen der Monarchie hat der Winter Einzug gehalten. In Istrien und den Küstenregionen Dalmatiens hält das trübe und kühle Wetter an. Es schneit. Und wie: »Infolge der Schneefälle kam es auf der Strecke Mostar–Sarajewo zu Lawinenstürzen, wodurch in der Nähe der Station Prenji ein Lastzug vom Schnee verschüttet wurde, so daß nur noch der Rauchfang der Lokomotive sichtbar war. Alle Bemühungen des Bahnpersonals, den Zug zu befreien, waren vergeblich. Selbst drei Lokomotiven konnten ihn nicht fortbringen. Es wurde Militär requiriert, welches in vierundzwanzig Stunden den Schnee wegschaufelte, so daß nach eintägiger Unterbrechung der Verkehr wieder aufgenommen werden konnte.« Auch in Kroatien verursacht der Wintereinbruch Störungen. Aus Agram wird telegrafisch berichtet: »Seit sechsunddreißig Stunden herrscht heftiger Schneesturm. Der Schnee liegt bis zu einem halben Meter hoch, stellenweise sogar bis eineinhalb Meter. Die Züge aus Fiume erleiden Verspätungen von vier Stunden. Ein Zug ist nur mit der Lokomotive und zwei Waggons angekommen; die übrigen hatte er auf den Stationen der Strecke zurückgelassen.«

15. Jänner 1914 »Besprechung zum Bau der Wiener Untergrundbahnen«
In Wien treffen einander Vertreter der Pariser Großbank »Société Centrale des Banques de Province«, der Omnium-Lyonnaise, der Siemens & Halske Aktiengesellschaft und der Union-Elektrizitätsgesellschaft beim Generaldirektor der Wiener Länderbank, August Lohnstein. Die Tagesordnung enthält nur einen Punkt: »Besprechung zum Bau der Wiener Untergrundbahnen«. Am Beginn des Jahres 1914 soll das größte städtebauliche Vorhaben der wachsenden Millionenstadt in Angriff genommen werden. Es geht um die Linienführung der Wiener U-Bahn und um technische Einzelheiten. Die Siemens & Halske Aktiengesellschaft will dann gemeinsam mit den finanzierenden französischen Banken ein Offert legen.

Die deutsche Firma Siemens & Halske war erst relativ spät mit dem Projekt einer »electrischen Sekundärbahn« an die Politiker im Rathaus herangetreten. Das Siemens-Konzept sah zum ersten Mal die Untertunnelung der Innenstadt und drei Linien in Form eines Ypsilons vor.

Der Banker Lohnstein zählte zum engsten Kreis des verstorbenen Wiener Bürgermeisters Karl Lueger und half dem christlichsozialen Politiker bei der Finanzierung der verstaatlichten Kommunalbetriebe. Die Reichs- und Residenzstadt Wien hatte unter christlichsozialer Führung eine Art »kommunalen Sozialismus« eingeführt und die gewaltigen Investitionen in eine moderne städtische Infrastruktur über meist im Ausland gezeichnete Anleihen finanziert. In den ersten Jahren erwies sich diese Art des kommunalen Wirtschaftens als sehr erfolgreich. Mit dem Betrieb von Straßenbahnen machte die Gemeinde Wien ein außerordentlich gutes Geschäft.

In zehn Jahren fuhr die Tramway einen Umsatz von 330 Millionen Kronen ein und machte dabei einen Reingewinn von 104 Millionen Kronen. Das Budget der Hauptstadt ließ sich so zu einem Gutteil aus den Gewinnen der kommunalen Betriebe finanzieren. Außerdem konnten Lueger und sein Nachfolger, Richard Weiskirchner, auch viele Parteigänger in den städtischen Betrieben »unterbringen« und sich damit eine treue Anhängerschaft sichern. Das System Luegers bewährte sich dermaßen, dass es Krieg und Machtwechsel im Rathaus überlebte.

Obwohl die Gespräche positiv verliefen und am 16. Jänner fortgesetzt wurden, sollte es dann bis zur Eröffnung der ersten Wiener U-Bahn-Linie noch ein wenig dauern: exakt 64 Jahre.[12]

15. Jänner 1914 »In Berlin werden die Spiele der VI. Olympiade für 1916 vorbereitet«

Die Idee ist gut. Die friedensstiftende Kraft des olympischen Gedankens erweist sich freilich als sehr schwach.

Alexandria, Amsterdam, Brüssel, Budapest und Cleveland hatten sich um die Austragung der Olympischen Spiele des Jahres 1916 beworben. Nach dem großen Erfolg des Sportereignisses in Stockholm, das 1912 die ersten wirklich weltweiten Spiele organisiert hatte, setzte IOC-Präsident Pierre de Coubertin große Erwartungen in Berlin. Der Franzose hoffte, die Vergabe der Spiele könnte sich positiv auf die innenpolitische Situation im deutschen Kaiserreich auswirken und auch einen Beitrag zur Entspannung in Europa leisten. Vorerst jedoch herrschte dort Streit um die Finanzierung der Spiele. Die Länder weigerten sich, Geld für Berlin lockerzumachen.

Auch eine Spendenaktion wurde zum Fehlschlag. Am 15. Jänner lehnte der Budgetausschuss des deutschen Reichstages in Berlin die Bewilligung einer ersten Rate von 46 000 Mark zur Vorbereitung der Olympischen Spiele 1916 in Berlin ab. Abgeordnete des Zentrums verwiesen dabei auf die Zuständigkeit der einzelnen deutschen Länder, während die Sozialdemokraten die Unterdrückung des Arbeiterturnens kritisierten.

In Paris dachte man an jenem Tag ein wenig weiter. Ministerpräsident Gaston Doumergue sicherte eine finanzielle Unterstützung von 150 000 Francs für die französische Mannschaft zu.

Während die deutschen Politiker um die Organisationskosten stritten, war das Berliner Olympiastadion schon fertig. In nur 200 Arbeitstagen hatte Architekt Otto March in der Kaiserstadt eine Arena für die Olympischen Spiele 1916 geplant und gebaut. Sie bot insgesamt für 40 000 Zuschauer Platz und hatte etwas mehr als 2 Millionen Mark gekostet. Das Areal um das »Deutsche Stadion« war bereits um die Jahrhundertwende von der Pferderennbahn Grunewald sportlich genutzt worden. Dementsprechend wirkte die Sportarena wie eine Pferdebahn. Länger als der Bau dauerte nur der Streit um den Namen. Ultrakonservative Sportfunktionäre wollten den griechischen Begriff »Stadion« vermeiden und plädierten für den Namen »Deutsche Kampfbahn«. Das klang selbst 1913 ein wenig zu martialisch. So blieb es beim »Deutschen Stadion«. Immerhin durften sich die Herren an einer mächtigen Eiche erfreuen, die das Stadion begrenzte. Die Sportanlage war von Kaiser Wilhelm persönlich eröffnet worden. Die »Berliner Zeitung« schrieb damals: »Um 10 Uhr bereits ist das ungeheure Gebiet von Menschenmassen überschwemmt. Unter dem aus Beton gefügten Tunnel hindurch wandert die Zuschauermenge zum riesigen Amphitheater.« Die Laufbahn war mehr als 600 Meter lang, das Schwimmbecken befand sich direkt neben den Leichtathletikanlagen, und erstmals war für 1916 auch eine olympische »Wintersportwoche« als Vorläufer der olympischen Winterspiele geplant.

Die Spiele von Berlin wurden nie offiziell abgesagt, die deutsche Führung hoffte, den Krieg so schnell beenden zu können, dass das olympische Feuer 1916 in Berlin wie geplant entzündet werden könnte. Doch schon bald nach Kriegsbeginn musste das Stadion zu einem Kriegslazarett umfunktioniert werden. Bei den ersten Spielen nach dem Weltkrieg 1920 in Antwerpen waren deutsche Sportler noch strafweise ausgeschlossen.

Die Olympischen Spiele in Berlin begannen mit einer 20-jährigen Verzögerung. Adolf Hitler beauftragte die beiden Söhne des Stadionplaners mit dem Bau einer wesentlich größeren Arena für die Olympischen Spiele 1936. Ein zuerst überlegter Umbau der ursprünglichen Sportstätte war von Hitler abgelehnt worden. Für »seine« olympischen Weihespiele wollte der NS-Reichskanzler einen pompösen Neubau.

Am 27. und 28. Juni 1914 fanden im »Deutschen Stadion« die vorbereitenden Spiele für Olympia statt. Sie endeten am selben Tag, an dem in Sarajewo ein serbischer Gymnasiast den österreichischen Thronfolger Franz Ferdinand und seine Gemahlin Sophie tötete.

Es waren die »Startschüsse«, denen kein friedlicher Wettstreit der Besten folgte.

15. Jänner 1914 »Panzerkreuzer Goeben im Hafen von Syrakus«

Mitte Jänner geht der deutsche Panzerkreuzer *Goeben* im Hafenbecken der südsizilianischen Stadt Syrakus vor Anker. Das in Hamburg für 42 Millionen Mark gebaute Schiff ist Teil des ehrgeizigen deutschen Flottenbau-Programms. Die *Goeben* gehört zur sogenannten Moltke-Klasse, gilt als hochmodern und »unsinkbar«. Italien und das Deutsche Reich wollen mit diesem Flottenbesuch demonstrativ ihre militärische Verbundenheit betonen.

Der Panzerkreuzer schreibt einige Monate später Kriegsgeschichte. Wenige Stunden nach der deutsch-französischen Kriegserklärung am 3. August legt die Besatzung des deutschen Schiffs den Hafen Philippeville an der algerischen Küste mit seinen Bord-

Der deutsche Panzerkreuzer *Goeben* beim Flottenbesuch in italienischen Gewässern

kanonen in Schutt und Asche. Der deutsche Konteradmiral Wilhelm Souchon kommandiert auf der *Goeben* eine Husarenaktion und liefert sich ein Wettrennen mit zwei britischen Kampfschiffen. Die Kessel werden dermaßen befeuert, dass vier deutsche Heizer an Hitze und Erschöpfung sterben. Souchon düpiert die englische und französische Mittelmeer-Flotte, entkommt mit der *Goeben* und rettet sich in den »neutralen« sizilianischen Hafen Messina. Die Gewässer der Mittelmeerinsel waren den deutschen Seeleuten ja gut bekannt. Die Jagd nach der *Goeben* wird zur Prestigesache. Die überlegene Marine der Entente will dem Panzerkreuzer jeden Fluchtweg abschneiden. Die englische Flotte riegelt die Meerenge von Messina im Westen ab, doch das deutsche Schiff entschlüpft durch das engmaschige Netz, dampft nach Osten, schmuggelt sich durch die verminte Meerenge der Dardanellen und kann sich nach Konstantinopel retten. Dort tauscht Wilhelm Souchon die deutsche

Kriegsflagge mit der türkischen. Als »türkisches« Schiff, unter dem Namen *Yavuz Sultan Selim*, trägt die *Goeben* den Krieg ins Schwarze Meer und vernichtet praktisch die gesamte Kriegsflotte des Zarenreichs im Alleingang.

Russland war durch diese Husarenaktion der Zugang zum Mittelmeer blockiert. Ein Panzerkreuzer schrieb Weltgeschichte: Die Alliierten, vor allem australische und neuseeländische Soldaten, versuchten im Verlauf des zweiten Kriegsjahres bei Gallipoli (Dardanellen) zu landen und die deutsch-türkische Sperre der Meerenge zu beseitigen. Bei diesem schlecht vorbereiteten militärischen Abenteuer starben rund 250 000 Engländer und Franzosen.

Im Jänner 1914 ahnten die Offiziere und Matrosen an Bord der *Goeben* im malerischen Syrakus an der sizilianischen Küste noch nichts von ihrer historischen Bedeutung. Der Panzerkreuzer überstand den gesamten Seekrieg und wurde erst ein halbes Jahrhundert nach Kriegsende in der Türkei versteigert, zum Schrottwert.[13]

15. Jänner 1914 »Kaufmännischer Ehrgeiz«

Mitte Jänner 1914 erscheint *Die Fackel* von Karl Kraus in einer Doppelnummer um 60 Heller. Der Journalist, Moralist und Satiriker ahnt noch nicht, dass er gerade die »letzten Tage der Menschheit« durchlebt, und reibt sich an Schriftstellerkollegen. In der ersten *Fackel* des kommenden Kriegsjahres echauffiert sich Herr Kraus über die filmischen Ambitionen Hugo von Hofmannsthals unter dem Titel »Ein Verlorener«: »Der Dichter des *Jedermann* hat seine Kunst in den Dienst des Films gestellt. Bedarf es noch eines stärkeren Beweises, daß das Kino literarischen Ehrgeiz hat und daß es Autoren findet, die es braucht, um seinem Ehrgeiz gerecht zu werden? O ja, es bedarf noch eines stärkeren Beweises. Denn daß Herr v. Hofmannsthal seine Kunst in einen Dienst gestellt hat, und zwar in den des Films, beweist nicht, daß das Kino literarischen, sondern daß Herr v. Hofmannsthal kaufmännischen Ehrgeiz hat. Da das Werk von Herrn von Hofmannsthal tief unter dem literarischen

Niveau des Kinos steht, dürfte auch dieser Ehrgeiz nicht befriedigt werden.«

Karl Kraus urteilt gnadenlos. Der konservative, durch und durch monarchistisch gesinnte Dichter Hugo von Hofmannsthal bietet dem Zyniker Kraus viele Angriffsflächen. Die alte, übernationale Habsburgermonarchie scheint Hofmannsthal als Erfüllung einer gesellschaftlichen Utopie. Hofmannsthals literarische Anknüpfungen an mittelalterliche Traditionen beflügeln Karl Kraus in seinem Spott.

Doch im Gegensatz zur damaligen Einschätzung in der *Fackel* überlebte das 1911 geschriebene Mysterienspiel vom »reichen Mann« zwei Weltkriege und wird noch heute Jahr für Jahr in Salzburg aufgeführt. In Zusammenarbeit mit dem Komponisten Richard Strauss (*Elektra* und *Rosenkavalier*) schrieb Hugo von Hofmannsthal auch Musikgeschichte.

Karl Kraus scheint das neue Medium Film ein wenig unterschätzt zu haben. Denn der Kritiker verspottet in der gleichen *Fackel*-Ausgabe den Schriftsteller Arthur Schnitzler. Dieser hatte die Verfilmung seines dreiaktigen Theaterstücks *Liebelei* an die Bedingung geknüpft, es dürfe keine Untertitel geben und es dürften im Film keine Briefe vorkommen. Schnitzlers Motive hatten freilich kaum etwas mit »reiner Kunst« zu tun – wie dies Kraus spöttisch unterstellt –, sondern mit dem simplen Faktum, dass die erste Verfilmung der *Liebelei* als dänischer Stummfilm mit dem Titel *Elskovsleg* in die Wiener Lichtspieltheater kommen sollte. Mit dänischen Untertiteln hätten die Wiener wohl nichts anfangen können.[14]

16. Jänner 1914 **»In überaus animierter Weise«**
Die *Neue Freie Presse* berichtet: »Der Chef des Generalstabs Freiherr Conrad v. Hötzendorf wurde heute vormittags von ½ 11 bis ½ 12 Uhr vom Kaiser in Privataudienz empfangen.«

Worüber die beiden Herren am Beginn des Jahres sprachen, das berichtet die Zeitung nicht. Wohl aber erfährt der interessierte Leser, dass der »Eisenbahnball« in den Wiener Konzerthaussälen sein vierzigstes Jubiläum feierte und dies in »überaus animierter Weise«. Zahlreiche Minister waren erschienen. Um halb zehn Uhr traf Erzherzog Leopold Salvator im Vestibül ein und wurde unter den Klängen der Volkshymne auf die Estrade geführt. Von seiner erhöhten Position aus bot sich dem Habsburger ein charmantes Bild. Die weiß und rosa gekleideten Damen des Eröffnungskomitees »konstruierten« eine Vierzig, ehe der Ball mit dem Eröffnungswalzer seinen animierten Verlauf nahm.[15]

17. Jänner 1914 »Ein schwimmender Hort des Friedens«
»Gleite in dein Element und der Allmächtige soll dich auf all deinen Wegen beschützen.« An einem kalten, regnerischen Sonntag drückte Erzherzogin Maria Theresia in der Danubia-Werft bei Fiume eine elektrische Taste und startete damit die hydraulische Maschine, die den Stapellauf des größten österreichisch-ungarischen Schlachtschiffs *Szent Istvan* in Gang setzte. Marinekommandant Anton Haus schrieb in sein Tagebuch: »Es dauert vier bis fünf Minuten, die mir wie eine Ewigkeit vorkommen, endlich setzt sich das Schiff unter dem Jubel der Zuschauer in Bewegung und gleitet in Rauch gehüllt ins Wasser.«

Das mächtige Schiff war in knapp zweijähriger Bauzeit von einer ungarischen Werft gebaut worden. Die *Szent Istvan* komplettierte das Quartett der k. u. k. Schlachtschiffe, die das Rückgrat der Marine bilden sollten. Die *Szent Istvan* war eines der größten Panzerschiffe ihrer Zeit, ein »Dreadnaught«, unbesiegbar, eine schwimmende Festung: eineinhalb mal so lang wie ein Fußballfeld.

Auf Kiel gelegt wurde die *Szent Istvan* am 29. Januar 1912. Das größte je auf einer ungarischen Werft gebaute Schiff sollte als Leistungsbeweis der ungarischen Industrie dienen, ein Symbol für die Gleichwertigkeit der ungarischen Reichshälfte, benannt nach dem ungarischen Nationalheiligen, dem hl. Stephan. Es war ein »nationalistisches Projekt«, ein politisches Zugeständnis. Die Wiener *Neue Freie Presse* schrieb am 16. Jänner: »Die Erbauung eines so

Stapellauf der *Szent Istvan* auf der Danubia-Werft bei Fiume:
Ein »schwimmender Hort des Friedens«

mächtigen Schiffes ist ein Prüfstein für die industrielle Leistungsfähigkeit des Ursprungslandes. Ungarn kann stolz sein auf diesen
Erfolg. Mit ihm freut sich auch Österreich. Für unsere wackere
Kriegsmarine wird der morgige Tag ein Festtag besonderer Art sein,
denn an ihm wird die *Viribus unitis*-Division zum ersten Mal voll-
zählig in der blauen Adria schwimmen.«

Der Stapellauf im kalten Jänner markierte das Finale eines un-
sinniges Projekts – aus vielerlei Gründen. Der ungarischen Danu-
bius-Werft fehlte die Erfahrung zum Bau eines Schlachtschiffes.
Das Konzept, möglichst große Schlachtschiffe zu bauen und viel
Geld in die Marine zu investieren, war dem Untergang geweiht. Die
k. u. k. Kriegsmarine blieb dann während des gesamten Weltkrieges
in den geschützten Adria-Häfen liegen, denn ein Auslaufen aus der
engen Adria ins Mittelmeer wurde durch die alliierte Blockade der
nur knapp 80 Kilometer breiten Straße von Otranto mit Minen und
Stahlnetzen verhindert. Die stolze k. u. k. Marine saß in der Falle. Es

wäre wohl zu gefährlich gewesen, die sündteuren Schlachtschiffe in einen Kampf mit überlegenen Flotten zu navigieren. Auch die italienische Flotte vermied eine Entscheidungsschlacht mit der k. u. k. Marine und hielt sich von der Adria fern. Die *Szent Istvan* war gezählte 937 Tage im Dienst, dümpelte aber fast die ganze Zeit nur an ihrer Boje in Pola. Die seltenen Ausfahrten dauerten kaum länger als eine Stunde und dienten nur für Schießübungen. Die Besatzung hatte also kaum Erfahrung auf See.

Die *Szent Istvan* wurde dann auch bei der ersten geplanten Feindfahrt am 8. Juni 1918 von zwei italienischen Torpedos versenkt. Die Sprengsätze schlugen gerade an der schwächsten Stelle des Schiffes ein, dem Maschinenraum. Dort hatte man bei der Konstruktion – entgegen deutschen Ratschlägen – an der Panzerung gespart.

Dabei hatten sich auf das stattliche Schlachtschiff zahlreiche Hoffnungen und Erwartungen der Monarchie konzentriert. Es kam anders: Die Filmsequenz über den Untergang des »Schiffes Seiner Majestät« im Juni 1918 wird das Scheitern der Monarchie symbolisieren und das Kriegsende ankündigen. Denn die *Szent Istvan* sank mit Medienbegleitung. Konteradmiral Miklos Horthy hatte an Bord seines Schiffes *Viribus Unitis* den Journalisten Egon Erwin Kisch gebeten. Er sollte für das Kriegspressequartier berichten und wurde so Augenzeuge der Katastrophe. Der Untergang der *Szent Istvan* wurde auch durch ein Filmteam an Bord der *Tegetthoff* auf Zelluloid gebannt, das die zu erwartenden Siege der Flotte hätte dokumentieren sollen.

Das Admiralsschiff *Viribus Unitis* war am tödlich getroffenen Schwesterschiff vorbeigefahren, ohne der verzweifelten Mannschaft des »Dreadnaught« zu helfen. Zu groß war die Angst, ebenfalls von Torpedos »lanciert« (getroffen) zu werden. Egon Erwin Kisch beschreibt die Szene: »Unsere Offiziere schauen mit Feldstechern auf das Wrack, von dem wir uns lösen, ohne ihm beizustehen, und schütteln die Köpfe. ›Die ersaufen alle‹, murmelt der alte Maschinenmaat. Am Heck der *Tegetthoff* steht der Artilleriein-

Der Thronfolger als Familienmensch: Erzherzog Franz Ferdinand mit Ehefrau Sophie (geborene Gräfin Chotek) und den drei Kindern, Ernst, Maximilian und Sophie

genieur vor dem Filmapparat und kurbelt die schwankende *Szent Istvan* mit den verzweifelt hin und her rennenden Menschen.«

Am Vormittag des 14. Jänner 1914 war von bösen Omen noch nichts zu spüren gewesen. Der Militärbischof segnete das Schlachtschiff, die Erzherzogin machte ihre Sache gut. Und zum Abschluss des festlichen Dinners im Hotel »Europa« (»sehr gut, lang, reich, heiter«) verlas Großadmiral Anton Haus ein Glückwunschtelegramm des Kaisers. Es enthielt gerade jene Passagen, die Thronfolger Franz Ferdinand aus der Rede der Erzherzogin Maria Theresia gestrichen hatte: Lob für die Leistungsfähigkeit der Ungarn. Die hohen Herrschaften brachen in laute »Eljen«-Rufe aus. Wieder einmal hatte der alte Kaiser eine Bosheit seines Thronfolgers korrigiert. Das Fernbleiben von Franz Ferdinand war ohnehin kritisch

(»feindselig«) bemerkt worden. Dafür war die ungarische Regierung mit Ministerpräsident Stephan Graf Tisza weitgehend vollständig erschienen.

Die Feiern waren gelungen, doch der Stapellauf des Schlachtschiffes verlief keineswegs ohne Pannen. Beim Fallenlassen des Ankers riss sich das schlampig befestigte Kettenende aus der Befestigung. Das wild um sich schlagende Kettenende verletzte den 43-jährigen Bootsmann Giuseppe Pliscovac so schwer, dass er in der darauffolgenden Nacht im Spital verstarb. Einem anderen Werftarbeiter musste der Unterschenkel amputiert werden. Ohne Anker trieb das neue Schlachtschiff auf sein Schwesterschiff *Tegetthoff* zu und rammte beinahe einen Dampfer mit Hunderten Schaulustigen.

Die abergläubische Küstenbevölkerung deutete die Pannen und Unfälle als schlechtes Vorzeichen. Noch ehe das Schiff in Dienst gestellt werden konnte, galt die *Szent Istvan* als Unglücksschiff. Die Wiener Zeitungen verschwiegen die Zwischenfälle. Die *Neue Freie Presse* dichtete patriotisch: »Noch ein Jahr und die Wimpel flattern auf allen vier Schiffen, die getreu dem Wahlspruch unseres erhabenen Monarchen mit vereinten Kräften ihren Dienst versehen werden, dem Vaterland zur Ehre, ein schwimmender Hort des Friedens.«

Dem Thronfolger und dem Kaiser wurde das beste Gelingen des Stapellaufs per Telegramm mitgeteilt. Franz Ferdinand ließ tags darauf beleidigend knapp antworten: »Danke für die Mitteilung.« So verletzend konnte der Erzherzog sein, wenn ihm etwas so gar nicht gefiel wie ein ungarisches Schlachtschiff.[16]

17. Jänner 1914 »Dass Du mir ja nicht auf den Unsinn mit Albanien hereinfällst!«

Im albanischen Hafen Durazzo (heute: Durres) verlässt der Leibarzt des deutschen Prinzen Wilhelm Fürst zu Wied sein Schiff und begibt sich nach Valona (heute: Vlora), der provisorischen Hauptstadt des seit 1912 von der Türkei abgetrennten unabhängigen Fürstentums Albanien. Sein Auftrag: Er soll die hygienischen Verhältnisse im für den Prinzen bestimmten Palais überprüfen. Der Prinz von Wied hat es unterdessen nicht besonders eilig, nach Albanien zu reisen und dort die Staatsführung zu übernehmen. Das Palais muss erst eingerichtet werden und formal ist der deutsche Adelige noch gar nicht Herr über Albanien. Erst einen Monat später erscheint eine Delegation von 18 Albanern im Neuwieder Schloss – malerisch am Rhein gelegen – und trägt dem Prinzen die albanische Fürstenkrone an. Prinz Wilhelm nimmt die Würde, die hauptsächlich Bürde sein sollte, an. Immerhin sind bereits 400 »Colli« (Stückgut) mit Möbeln des Prinzen per Schiff nach Durazzo geliefert worden.

Der deutsche Kaiser Wilhelm ii. sah die Fürstenwahl mit großer Skepsis. Er fürchtete, ein deutscher Prinz aus altem Adel könne das Deutsche Reich in die unübersichtlichen Intrigen und Machtkämpfe auf den Balkan hineinziehen. Daran hatte der Kaiser kein Interesse. Es musste reichen, wenn die verbündete Habsburgermonarchie am Balkan nach Einfluss und Macht strebte. Wilhelm ii. warnte den Fürsten zu Wied:»Dass Du mir ja nicht auf den Unsinn mit Albanien hereinfällst!« Der Hohenzollern-Kaiser hätte dem Prinzen keinen Rat, eher einen Befehl erteilen sollen. Denn als Rittmeister diente der Fürst in der preußischen Armee.

Ehrgeiz und Pflichtgefühl machten Wilhelm Fürst zu Wied zu einer Marionette der Großmächte. Nach der Niederlage des Osmanischen Reichs im ersten Balkankrieg 1912/13 hatten sich die albanischen Stämme mit politischer und militärischer Hilfe von Österreich-Ungarn zu einem eigenen Staat aufgeschwungen. Österreich-Ungarn und Italien wollten sich weiteren Einfluss am Balkan sichern und dem Königreich Serbien einen direkten Zugang zur Adriaküste versperren. Nach langen Verhandlungen und Kriegsdrohungen wurde dieses albanische Fürstentum schließlich auf der Londoner Botschafterkonferenz anerkannt. Bei der Suche nach einem Staatsoberhaupt verständigten sich die beteiligten Mächte auf einen protestantischen Fürsten, der religiöse Neutralität garantieren sollte.

Unter den mehr als ein Dutzend Fürstenkandidaten war Wilhelm zu Wied ursprünglich nicht genannt worden. Angeblich hat ihn seine Tante, Königin Elisabeth von Rumänien, ins Spiel gebracht.[17]

18. Jänner 1914 »Überwältigt von stürmischer Begeisterung«

Die Münchner Kriminalpolizei arbeitet auch am Sonntag. Ein Beamter in Zivil klopft am 18. Jänner 1914 bei Familie Popp im dritten Stock der Schleißheimer Straße 34. Der Kunstmaler Adolf Hitler wohnt zur Untermiete bei der Schneiderfamilie. Er und sein Freund aus Wiener Männerheimtagen, Rudolf Häusler, leben in einem kaum 12 Quadratmeter großen Zimmer. Die Miete ist bescheiden: 5 Mark zahlen die jungen Männer. Der Kriminalpolizist überreicht Hitler eine Vorladung: Er soll sich zwei Tage später in Linz zur Musterung für den Militärdienst melden. Vorsorglich wird der österreichische Staatsbürger Hitler unter Arrest gestellt, um später den Behörden seines Heimatlandes übergeben zu werden. Am Sonntag darf der geschockte Maler aber in seinem Zimmer bleiben. Die Münchner Polizei hat die Linzer Vorladung mehrere Tage lang liegen gelassen. So kann Adolf Hitler am Montag einem Beamten des österreichischen Konsulats in München glaubhaft versichern, er schaffe es unmöglich, schon am nächsten Tag in Linz zu erscheinen. Sein verwahrlostes Äußeres unterstreicht die Behauptung, er habe kein Geld, um die Fahrt in die oberösterreichische Heimatgemeinde zur Musterung für den Militärdienst zu bezahlen. Hitler schickt noch am gleichen Tag ein Telegramm an den Linzer Magistrat und bittet, den Termin auf Februar zu verschieben. Die Stadtbeamten reagieren postwendend und ablehnend. Das Telegramm erreicht das Münchner Konsulat allerdings erst nach Dienstschluss. Und wieder dauert der Amtsweg. Hitler erfährt von der Ablehnung seines Gesuchs erst einen Tag, nachdem er in Linz zur Musterung hätte antreten sollen.

Hitler hat Angst, zu einer Geld- oder gar Haftstrafe verdonnert zu werden. Die deutschen Behörden hätten ihn dann wohl nach Österreich überstellt. Genau das will er vermeiden. Hitler hat im Herbst 1913 Wien verlassen, weil er im Deutschen Reich sein Glück machen und dem Wehrdienst entgehen will. Aufforderungen zur Stellung hat der verhinderte Kunststudent schon mehrfach ignoriert. Die k. u. k. Militärbehörden hatten es allerdings auch nicht eilig, den Braunauer unter die Fahnen zu rufen. Immerhin war er ordnungsgemäß im Männerheim in der Wiener Meldemannstraße registriert gewesen.

Diese Schlampereien der Militärbehörde überzeugen schließlich auch den Linzer Magistrat. Adolf Hitler darf im Februar zur Musterung nach Salzburg fahren. Die Reisekosten zahlt das Konsulat. Es ist vergeudetes Geld. Denn der Postkartenmaler entgeht dem Wehrdienst in der österreichisch-ungarischen Armee. Die Militärärzte befinden, Hitler sei zu schwach dafür. Er wird nach München zurückgeschickt. Auf eine Geld- oder gar Arreststrafe verzichten die Behörden.

Adolf Hitler wird erst wieder im Sommer aus dem Nebel seiner unbedeutenden Existenz auftauchen. Er bejubelt mit Tausenden anderen am 2. August 1914 vor der Münchner Feldherrnhalle die Kriegserklärung Deutschlands an Russland. Auf dem Schwarzweiß-Bild ist der kleine, schmächtige 25-Jährige unscharf abgebildet, aber erkennbar. Zehn Jahre später wird er sich in seinem Buch *Mein Kampf* an diesen Tag erinnern (wollen): »Mir selber kamen die damaligen Stunden wie eine Erlösung aus den ärgerlichen Empfindungen der Jugend vor. Ich schäme mich auch heute nicht, es zu sagen, daß ich, überwältigt von stürmischer Begeisterung, in die Knie gesunken war und dem Himmel aus vollem Herzen dankte, daß er mir das Glück geschenkt, in dieser Zeit leben zu dürfen.«[18]

19. Jänner 1914 **»Zwischen den Telephonabonnenten wurden gezählte 350 499 Lokalgespräche geführt«**
Die Grazer telefonieren wieder mehr. Im Jänner 1914 veröffentlicht die Grazer Telegraphen- und Telephonbehörde die Statistik über die

vermittelten Gespräche. Zwischen den »Telephonabonnenten« wurden gezählte 350 499 Lokalgespräche geführt. »Im interurbanen Verkehr betrug die Anzahl der Gespräche 6638.«

Im gleichen Zeitraum haben die Grazer Postbeamten 20 746 Telegramme zugestellt, während auf den Postämtern 19 014 Telegramme abgesetzt wurden. Wer wollte, konnte rasch kommunizieren, in Graz, Wien, Prag oder Brünn.

In den großen Städten wurde die Post mehrmals pro Tag zugestellt und ganz eilige Sendungen sausten mit einer Geschwindigkeit von bis zu 50 Stundenkilometern durch kilometerlange Rohrpostleitungen. Wien verfügte 1914 schon über ein Netz von Rohrpostanlagen, das 53 Postämter verband und sich unter der Stadt auf über 83 Kilometern Länge erstreckte. Pro Tag beförderte das System des »pneumatischen Röhrennetzes« bis zu 20 000 Zylinder durch die Rohrleitungen. Die Technik nutzte einfache physikalische Gesetze. In den Endstellen des Rohrpost-Systems im Telegrafenamt am Wiener Börsenplatz oder in der Magdalenenstraße beim Naschmarkt wurde mit gewaltigen Pumpen die entsprechende Druckluft erzeugt. Das Wiener Parlament verfügte über eine hochmoderne Rohrpostanlage, die die Kommunikation zwischen den zwei Dutzend Parteien und Fraktionen – zumindest technisch – im Eilzugstempo ermöglichte.

Die Staatskanzleien in Wien, Paris, Berlin und Moskau griffen hingegen im amtlichen Verkehr eher selten zum Telefon, sie verließen sich auf die Tradition der Depeschen und diplomatischen Berichte, die oft Tage unterwegs waren.

23. Jänner 1914 »Es wird lebhaft«

Am 23. Jänner wird im Wiener Gemeinderat über eine »Erhöhung der Zuwendungen an Bedienstete und Unterbeamte der städtischen Straßenbahnen« diskutiert. Die *Neue Zeitung* druckt das Wortprotokoll der Sitzung, die wie so häufig im Chaos endet. Die beiden Massenparteien Christlichsoziale und Sozialdemokraten bleiben einander nichts schuldig. Der sozialdemokratische Abgeordnete Gemeinderat Skaret kritisiert den Zeitpunkt der Gehaltserhöhung für die Straßenbahnschaffner:»Wenn man wüßte, was in Wien vorgehen würde, so glaube ich, müßte man aus dieser Vorlage wissen, es müssen doch irgendwelche Wahlen im Zuge sein, denn nur zur Zeit von Wahlen erleben wir in diesem Gemeinderate Besserstellungen der Bezüge der städtischen Bediensteten.«

Kloßberg (Christlichsozialer):»Jetzt ist's Ihnen auch nicht recht!«

Skaret:»Sie sind ja seinerzeit ausgezogen, den kleinen Mann zu retten.«

Kloßberg:»Gewiß!«

Skaret:»Den kleinen Mann haben Sie dadurch, daß Sie gegen die Hinaufsetzung des Existenzminimums waren, vollkommen aufgegeben, und nun verlegen Sie sich auf die Rettung des Mittelstandes. Ich muß schon sagen, Sie haben ja die Rettung des Mittelstandes bis heute mit außerordentlichem Erfolg betrieben. Es fehlen Ihnen ja nur noch 40 Heller zur vollständigen Rettung. Und nun kommen Sie mit dieser Vorlage! Sie betreiben von einer Wahl zur anderen eine sogenannte 20 Heller-Politik.«

Im Saale kommt Unruhe auf.

Die *Neue Zeitung* fasst die Stimmung zusammen:»Es wird lebhaft.«

Der christlichsoziale Gemeinderat Angermayer kann die Kritik des Sozialdemokraten nicht so stehen lassen. Er geht zum Gegenangriff über.»Ich begrüße die Vorlage, weil sie ja wieder ein Zeichen der sozialen Fürsorge der christlichsozialen Mehrheit ist. Sie ist natürlich wieder berufsmäßig kritisiert worden!« Der Redner wendet sich hierauf gegen die Sozialdemokraten, denen er vorwirft, die Mehrbelastung der Steuerschwachen auch in der Zukunft ermöglicht zu haben.»Sie haben Ihre Parteigrundsätze verraten.«

Das *Illustrierte unabhängige Tagblatt* registriert nach dieser Wortmeldung»neuerlichen, sich immer steigenden Lärm und zahlreiche Zwischenrufe bei beiden Parteilagern. In dem allgemeinen Lärm, welcher im Saale herrscht, hört man wohl eine Masse Zwischenrufe, dieselben bleiben aber unverständlich.«

Wien ist zu Beginn des 20. Jahrhunderts die siebtgrößte Stadt der Welt. Die sozialen und nationalen Konflikte werden in diesem Schmelztiegel hochgekocht. Nach dem charismatischen Wiener Bürgermeister Karl Lueger, der von politisch weit links kommend eine ebenso tatkräftige wie populistische und – wenn es opportun war – auch antisemitische Politik unter dem Beifall der Massen gestaltet hatte, stürzten die regierenden Christlichsozialen nach dem Tod des »schönen Karl« in eine schwere Parteikrise. Lueger hatte als unumschränkter Stadtkaiser Parteistrukturen und Parteiprogrammatik vernachlässigt. Er als Person war Programm genug. Lueger hatte die Reichs- und Residenzstadt durch die Phase stürmischen Wachstums und der Veränderung geführt und visionär gestaltet. Als Anwalt des gewerblichen Mittelstands hatte sich Karl Lueger eine satte Mehrheit gesichert. Wahlberechtigt waren freilich nur jene Wiener, die eine Mindeststeuerleistung erbrachten. Breite Schichten der wachsenden Arbeiterschaft konnten so nicht am politischen Prozess teilnehmen.

Mit dem Magistratsbeamten Richard Weiskirchner amtierte nach Lueger ein wenig charismatischer Politiker im neugotischen Wiener Rathaus. Das Zentralorgan der Sozialdemokratie, die *Arbeiter-Zeitung* charakterisierte den politischen Gegner fast schon resignierend: »Er ist von einem nüchternen Ernst, einer ledernen Sachlichkeit, die den kleinen Mann von Wien kalt lassen, wenn nicht gar abstoßen.«

Dennoch gelang es Bürgermeister Weiskirchner die christlichsoziale Partei in Wien zu stabilisieren. Beim zweiten Parteitag am Dreikönigstag des Jahres 1914 entwickelte der Lueger-Nachfolger Visionen für die kommenden Jahrzehnte. So kündigte Weiskirchner den Bau von »Untergrundbahnen« an, die mit internationalen Krediten finanziert werden sollte. Auch das Thema »Zentralbahnhof« beschäftigte vor gut hundert Jahren schon die Politik. Der Bürgermeister wollte eine »nördliche und südliche Hauptbahnhofgruppe unter Belassung eines großzügig ausgebauten Westbahnhofs als Alternative für einen in Wien unmöglichen Zentralbahnhof« bauen lassen.

In der Hauptstadt der Habsburgermonarchie leben 1914 rund 2,2 Millionen Menschen. In den Jahrzehnten zuvor hat die Stadt eine unglaubliche Zuwanderung zu bewältigen. Die meisten Häuser der sogenannten »Gründerzeit« werden zwischen 1880 und 1914 errichtet. Sie bilden noch heute das Rückgrat der Versorgung Wiens mit Wohnraum. Obwohl damals seriell und nach rein kommerziellen Kriterien gebaut, prägen die Mietshäuser von damals das Stadtbild von heute.[19]

25. Jänner 1914 »Das Beispiel eines bescheidenen und unauffälligen Lebens zu geben und Schaustellungen von Luxus zu vermeiden«

Der New Yorker Stahlindustrielle und Milliardär Andrew Carnegie spricht über die Pflichten des Reichtums, und die Wiener *Neue Freie Presse* berichtet über die Aufnahme seines Credos auf einem sogenannten Kinetophon. Thomas Alva Edison hat sich diesen Apparat, der erstmals synchronisierte Film- und Tonaufnahmen ermöglicht, patentieren lassen. Der reichste Mann der Welt ließ sich zu dieser Aufnahme überreden und posierte in New York für Edison und seine Maschine. Der Sohn eines bitterarmen schottischen Webers hatte es in Amerika zu unvorstellbarem Reichtum gebracht, seine Dollars aber auch in zahlreiche philanthropische Projekte investiert. Carnegie hielt für den Tonfilm-Aufnahmeapparat eine kurze Rede über die Pflicht des Reichtums: »Dieses halte ich für die Pflicht des Reichen: Erstens das Beispiel eines bescheidenen und unauffälligen Lebens zu geben und Schaustellungen von Luxus zu vermeiden. Zweitens für die berechtigten Ansprüche derer zu sorgen, die von ihm abhängen. Drittens die überflüssigen Einkünfte lediglich als anvertrautes Gut zu betrachten, das er nach bestem Wissen und Gewissen so verwalten und anwenden muß, daß seinem Vaterlande daraus der größtmögliche Nutzen erwächst.«

Diese philanthropischen Ansichten des amerikanischen Milliardärs bleiben von der *Neuen Freien Presse* unkommentiert. Aus gutem Grund. Am Beginn des 20. Jahrhunderts konnte Wien durchaus als »Stadt der Millionäre« gelten. Wiens reichster Mann um 1910 war unzweifelhaft Baron Albert Salomon Anselm von Rothschild. Er konnte sich durchaus mit dem Amerikaner Andrew Carnegie vergleichen. Wie der Linzer Wirtschaftswissenschafter Roman Sandgruber vorrechnet, versteuerte der Bankier und Industrielle Rothschild mehr, als die gesamte Hofhaltung des Habsburgischen Herrscherhauses inklusive aller Apanagen und Extravaganzen kostete. Sein Sohn Louis Nathaniel von Rothschild, der 1911 nach dem Tod seines Vaters die Geschäfte übernommen hatte, war kaum weniger reich. Er kontrollierte die Creditanstalt und damit weite Zweige der österreichischen Industrie. Er versteuerte ein größeres Einkommen als die knapp hundert Millionäre aus altem Adel zusammen und galt als reichster Mann Europas. Reichtum wurde nicht verschämt gelebt, sondern offen zur Schau gestellt. Die drei Palais der Rothschilds in der damaligen Heugasse auf der Wieden gegenüber dem Schloss Belvedere, in der heutigen Theresianumgasse und der Plößlgasse, manifestierten den Anspruch des jüdischen Geldadels, auf Augenhöhe mit dem alten Geburtsadel zu leben. Viele Maler, Schriftsteller und Opernstars lebten gut vom Mäzenatentum der Millionäre. Gustav Klimt zählte zu den reichsten Wienern. Arthur Schnitzler, Sigmund Freud, Gustav Mahler konnten als wohlhabend gelten.

Dabei gab es große soziale Gegensätze und Spannungen. Viele ungelernte Arbeiter verdienten kaum 1200 Kronen pro Jahr. Die durchschnittliche Wochenarbeitszeit lag immer noch bei 60 Stunden. Der Wiener Statistiker Gerhart Bruckmann konnte das krasse Ungleichgewicht der Einkommensverteilung mit einer Namensliste der 929 höchsten Steuerzahler Wiens und Niederösterreichs im Jahr 1910 belegen. Zu den Reichsten der Zwei-Millionen-Stadt zählten das Kaiserhaus, hohe Adelige, Bankleute, Großhändler, Industrielle und ein paar Künstler, einige Witwen und reiche Erbinnen sowie ein (aristokratischer) Kardinal. Die Reichen sind fast immer Männer und zu 60 Prozent jüdisch, zu 10 Prozent aus altem Erbadel. Geld allein sichert aber noch keine gesellschaftliche Anerkennung. Baron Rothschild – immerhin – wird bei der Hofgesellschaft zugelassen, einen Händedruck des Kaisers kann sich der reichste Mann Europas aber nicht kaufen.[20]

25. Jänner 1914 »Das rücksichtslose Gebaren vieler Kutscher ist eine schwere Sorge für die Chauffeure«

In Wien streiken die Drucker schon seit fast zwei Monaten. Sie fordern höhere Löhne und kürzere Arbeitszeiten. Die *Allgemeine Sport-Zeitung*, eine »Wochenschrift für alle Sportzweige«, kann nur in einer Notausgabe erscheinen. Immerhin wird dem geneigten Publikum das Jahresprogramm des »Jockey-Clubs« präsentiert. Aktuelle Sportergebnisse müssen ausgeblendet bleiben, weil offenbar nicht nur die Drucker, sondern auch die Setzer streiken. Dafür beschäftigt sich Victor Silberer, Herausgeber des Buches *Die Wiener Autonummern 1914* (zum Preis von 3 Kronen in »hochelegantem Sporteinband« erhältlich) mit den Unsitten auf Wiens Straßen. Das Verhältnis zwischen den vielen Kutschen und den (noch) wenigen Automobilen dürfte damals ähnlich freundschaftlich gewesen sein wie heute das Zusammenleben von Autos und Fahrrädern. Die Kutscher scheren sich einen Rossknödel um die geltende Straßenverkehrsordnung: »Wie beim Umkehren benehmen sich viele der Herren Rosselenker auch beim Einbiegen in eine rechtsseitige Straße. Sie geben auch da keinerlei Signale, weder den von vorne auf sie zukommenden Wagen, noch dem von rückwärts herannahenden Wagen, das fällt ihnen gar nicht ein.« Herr Silberer steht auf Seiten der Moderne und das ist in diesen Tagen das Automobil. »Ein solches Fahren ist aber nicht nur eine arge Störung eines geregelten Straßenverkehrs, sondern auch in jedem einzelnen Falle eine große Gefährdung des schnellen Wagens und seiner Insassen. Das rück-

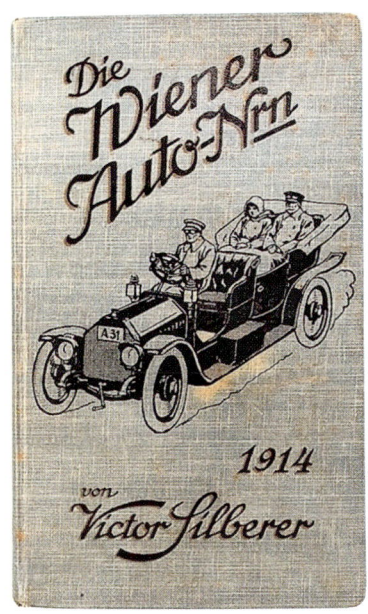

Vorrang für den Nummernadel: Das Verzeichnis aller Wiener Autobesitzer für 1914. Das Kennzeichen mit der Nummer »A 4« schmückt den Wagen von Thronfolger Franz Ferdinand. Wiens reichster Mann, Baron Alfons Rothschild, fährt mit dem Kennzeichen »A 56«.

sichtslose Gebaren vieler Kutscher ist eine schwere Sorge für die Chauffeure und die ihnen anvertrauten Wagen und Passagiere.«

Aus dieser – wahrscheinlich zu Recht – geschriebenen Anklage gegen die Kutscher, denen ja der Ruf eines eher groben Umgangs nachhing, entnimmt der Leser eine weitere wichtige Information. Vornehme Menschen und Funktionen werden mit französischen Namen beschrieben. Hie der »Rosselenker«, da der »Chauffeur«, für Letzteren gibt es auch keinen Regenmantel gegen die Wetterunbill, sondern einen »Paraplui de Chauffeur«, den der automobile Leser der *Sport-Zeitung* um 28 Kronen beim k. u. k. Hoflieferanten Jakob Rothberger am Stephansplatz Nr. 9 erwerben kann. Ein stilechter Lederrock für den Automobilisten kostet schon 48 Kronen und die dazu passende Lederhose noch einmal 30 Kronen. Nach gängiger Umrechnungsformel »1 Krone 1914 entspricht 5 Euro 2014« würde das etwa dem Preis von 530 Euro entsprechen. Entweder war Bekleidung damals extrem günstig oder die Umrechnungsrelation ist falsch.

27. Jänner 1914 **»Mit der Elektrischen nach Preßburg«**
Gut Ding braucht Weile. Kein anderes Sprichwort ist so wienerisch. Am Donnerstag, den 27. Jänner, versammeln sich Hunderte Passanten bei der Großmarkthalle nächst dem Hauptzollamt, um die neueste technische Errungenschaft der Residenzstadt Wien zu bestaunen. Die Direktion der »Niederösterreichischen Landesbahnen« hat Journalisten zu einer Probefahrt mit der neuen »Elektrischen« nach Pressburg geladen. Der Lokalreporter der *Illustrierten Kronen-Zeitung* besteigt einen der zwei »hübsch aussehenden Waggons« und beschreibt für seine Leser jedes Wegstück der neuen Trasse. »Der Zug fährt beim Gebäude der Donaudampfschiffahrtsgesellschaft vorbei und der Portier grüßt lächelnd den Motorwagenführer der neuen Konkurrenz. Man fährt unterhalb der Franzensbrücke, überall bleiben Passanten stehen, und auf der Erdbergerlände gibt ein alter Mann ein Zeichen, daß er einsteigen will. Er scheint die Elektrische Wien–Preßburg noch nicht zu kennen.« Die neue Direktverbindung von Wien ins – damals ungarische – Pressburg war 16 Jahre lang geplant worden. Die Verwirklichung der Eisenbahnverbindung scheiterte immer wieder an politischen Querschüssen. Die ungarische Reichshälfte und Niederösterreich sollten nicht zu eng verbunden sein. »Daß es so lange gedauert hat, hat seine guten, oder wenn man will, schlechten Gründe gehabt«, klagt der *Kronen-Zeitung*-Redakteur: »Es war die leidige Politik, die sich dem Bau hinderlich entgegenstellte. Die Eisenbahn verbindet Städte, die Elektrische schmiedet und kettet sie aneinander, die Elektrische ist ein kräftigeres Band als die Eisenbahn, und in Ungarn hat man Befürchtungen gehegt, daß Preßburg, die alte Krönungsstadt der ungarischen Könige, durch die neue Verkehrsader viel zu stark nach Wien hinstreben könnte.« Die ungarischen Ängste werden sich als unbegründet erweisen. Kaum fünf Jahre später gehört Pressburg nicht mehr zum Königreich Ungarn, sondern zur neuen Tschechoslowakischen Republik, und die »Preßburger Bahn« ist bald Geschichte. Die neue europäische Nachkriegsordnung wird Passkontrollen ein-

führen und im revolutionären Überschwang Eisenbahnschienen entfernen.

Im kalten Jänner 1914 herrscht freilich noch Freude über den direkten Schienenweg zum Nachbarn. Die »Preßburger« ist dennoch Abbild eines an seiner eigenen Komplexität erstickenden Gebildes, das zwar ein Reich, aber kein Staat sein wollte. Auf der kaum 70 Kilometer langen Strecke mussten zweimal die Lokomotiven gewechselt werden. Im Wiener Stadtgebiet fuhr die »Elektrische« mit Gleichstrom und nur 700 Volt Spannung, außerhalb der Stadtgrenze wurde der Zugwagen mit Wechselstrom und 16 000 Volt betrieben. Die letzten 7 Kilometer auf ungarischem Reichsgebiet fuhr der Zug wieder mit Gleichstrom. Zum Betrieb der Bahn mussten gleich zwei Gesellschaften gegründet werden (eine österreichische, eine ungarische). Immerhin fuhren schließlich bis zu elf Zugpaare auf der Strecke. Von Wien bis Pressburg benötigte die »Elektrische« gute zweieinviertel Stunden. Da blieb für den *Kronen-Zeitung*-Journalisten ausreichend Zeit, Betrachtungen über Land und Leute anzustellen. »Über Petronell ziehen Wildgänse in den Lüften dahin. Das malerisch gelegene Hainburg wird von der neuen Elektrischen sehr profitieren, denn es ist wahrscheinlich, daß die meisten Ausflügler in Hainburg Station machen werden.« An einen Pendler- oder Wirtschaftsverkehr dürften die Bahnplaner nicht gedacht haben. »Daß die Elektrische bei einem sicheren Verkehr eine große Zukunft haben wird, ist sicher. Schon für die nächsten Monate haben zahlreiche Vereine Sonderfahrten angemeldet. Vom n.ö. Gewerbeverein allein werden etwa 1000 Mitglieder den schönen und lohnenden Ausflug nach Preßburg unternehmen.«

Nach der Pressereise dauerte es noch zwei Wochen, ehe der Betrieb offiziell eröffnet wurde. In Wien segnete Fürsterzbischof Dr. Piffl den Zug und der Männergesangsverein stimmte »Großer Gott, wir loben dich« an. Selbstverständlich wurde die erste »Elektrische« an jeder Haltestelle vom örtlichen Bürgermeister begrüßt. »Besonders festlich gestaltete sich der Empfang in Preßburg. Direktionsmitglied Dr. Oberschall brachte in ungarischer Sprache den Königstoast aus, worauf die Kapelle den *Radetzky-Marsch* und danach *O du mein Österreich* spielte.« Danach begaben sich die hohen Herren ins Carlton-Hotel, »wo ein Festmahl eingenommen wurde«.[21]

29. Jänner 1914 »Wem sagen Sie das!«

Königin Eleonore von Bulgarien weilte in Wien und warb bei Außenminister Graf Berchtold um Unterstützung für ihren Mann, den bulgarischen König Ferdinand (von Coburg). Der Herr Minister zeigte sich ein wenig indigniert, von der 54-jährigen Königin, einer gebürtigen deutschen Prinzessin Reuß zu Köstritz, in Verlegenheit gebracht zu werden. Wien könne für den bulgarischen König, der ebenso aus deutschem Adel stammte wie sein Kollege aus Albanien, wenig Unterstützung anbieten. Für die deutsche und österreichische Balkanpolitik schien das deutlich mächtigere Rumänien von größerer strategischer Bedeutung. Außenminister Berchtold sagte der Königin unverblümt: Weder habe die deutsche noch die k. u. k. Diplomatie großes Vertrauen in den König. »A qui le dites-vous!«, antwortete Eleonore von Bulgarien seufzend. Das sollte wohl bedeuten: »Wem sagen Sie das!« Die bulgarische Königin musste enttäuscht heim zum Gemahl reisen. Bulgarien kämpfte schließlich doch auf Seiten der Mittelmächte im »Großen Krieg«.

30. Jänner 1914 »Frankreich tut alles, um Rußland militärisch zu stärken«

In der russischen Hauptstadt St. Petersburg einigen sich französische und russische Finanzfachleute auf eine französische Anleihe in Höhe von 665 Millionen Francs. Bei einer Laufzeit von 81 Jahren soll dieser Kredit dem Bau strategisch wichtiger Eisenbahnlinien in Russland dienen. Der Abschluss der Anleihe wird am 9. Februar offiziell bestätigt. Die finanzielle Abhängigkeit des Zarenreichs von der französischen Hochfinanz erreicht mit den Eisenbahn-Krediten

1914 einen neuen Höhepunkt. Russland hat sich bei seinem Bündnispartner Frankreich bereits mit 17 Milliarden Francs verschuldet
– eine wahrhaft gigantische Summe. Die Regierung in St. Petersburg nutzt viele Millionen des geborgten französischen Geldes,
um damit die Zeitungen der »Grande Nation« zu bestechen. Heute
würde man diese Praxis als »Kick-back«-Zahlungen verurteilen.

Beinahe alle führenden Zeitungen des Landes werden aus Ge-
heimfonds beteilt. Der französische Staatspräsident Raymond Poincaré hat direkten Zugriff auf russisches Bestechungsgeld. Er sichert
auf diese Weise nicht nur publizistisches Wohlwollen für die Interessen des Verbündeten, sondern nutzt die Korruption auch, um eigene politische Ziele zu verfolgen. Die französische Öffentlichkeit
wird systematisch auf einen Konflikt mit dem Deutschen Kaiserreich vorbereitet.

Die sehr enge französisch-russische Wirtschafts- und Militärzu-
sammenarbeit wurde in Berlin und Wien mit steigendem Argwohn
verfolgt, aber nicht nur in in den Hauptstädten der »Mittelmächte«.
Auch in Schweden wuchs das Unbehagen an der von Frankreich
finanzierten russischen Eisenbahnpolitik. Die Nordländer fürchte-
ten, Russland könne damit in den Westen bis an den Atlantik vor-
stoßen, um an der norwegischen Küste einen Hafen einzurichten.

Die *Innsbrucker Nachrichten* meldeten am 10. Februar, Schweden
fürchte um seine Selbstständigkeit und plane sein Heer und seine
Marine aufzurüsten. Mehr als Schweden beunruhigte die französische Bahnanleihe die Generalstäbe in Berlin und Wien. Ein massi-
ver Ausbau der Bahnverbindungen hätte die Mobilisierungszeit des
russischen Millionen-Heeres von mehreren Monaten auf kaum
zwei Wochen drastisch verkürzt, und damit die Reaktionszeit der
deutschen Armeeführung auf wenige Tage reduziert.

Die Eisenbahn war für einen Krieg zum entscheidenden Faktor
geworden. Schon im deutsch-französischen Waffengang 1870
konnte die deutsche Heeresführung dank eines guten Schienennet-
zes fast eine halbe Million Soldaten innerhalb von nur zehn Tagen

an die Front bringen. Der deutsche Generalstabschef von Moltke schrieb mehrere Memoranden an Kaiser Wilhelm II. und an die politische Führung: Die Fertigstellung von leistungsfähigen Bahnlinien aus Russland an die deutsche und österreichische Grenze würde die strategische Lage der Mittelmächte unhaltbar machen. Alle Kriegspläne, die zuerst einen raschen Sieg gegen Frankreich und dann erst den Kampf gegen das Zarenreich zur Grundlage hatten, wären Makulatur. Frankreich verfolgte eine klare Strategie. Das 40-Millionen-Einwohner-Land mit einer stagnierenden Geburtenrate und einer geringen wirtschaftlichen Kraft war klar gegenüber dem wachsenden Deutschen Reich zurückgefallen. Die deutsche Industrie und Wirtschaft hatten Frankreichs Industrie längst abgehängt. Russlands scheinbar unerschöpfliche Bevölkerung sollte einen Ausgleich an »Menschenmaterial« gegenüber den Mittelmächten möglich machen. In Berlin und Wien wuchs in den militärischen Planungsbüros die Überzeugung, nur mit einem raschen Krieg könne die empfundene Bedrohung aus dem Osten beseitigt werden. Österreichs Generalstabschef Conrad von Hötzendorf war diesbezüglich eines Sinnes mit seinem Berliner Kollegen Helmuth von Moltke. Beide Militärs glaubten, noch ein wenig Zeit zu haben. Moltke schrieb am 13. März 1914 einen Brief nach Wien: »Frankreich tut alles, um seinen Bundesgenossen Rußland militärisch nach Möglichkeit zu stärken, es wird denselben aber schwerlich in absehbarer Zeit zum Krieg gegen Deutschland treiben.«

Im Jahr 1914 rechnete Moltke jedenfalls nicht mit einem Angriff auf Deutschland und Österreich-Ungarn.[22]

31. Jänner 1914 »Sauglück«

Emerich Maresch aus Furthof bei Hohenberg in Niederösterreich hatte »Schwein«. Seine gut zwei Jahre alte »Mustersau« aus deutsch-westfälischer Kreuzung brachte bei der Schlachtung exakt 512 Kilo auf die Waage – tot waren es immer noch 452 Kilo. Das *Neuigkeits-Welt-Blatt* wusste, dass dieses Schwein, »wohl als

das schwerste seit langer Zeit in Niederösterreich geschlachtete angesehen werden kann«. Der Wirtshausbesitzer Maresch habe mit
seinem Schlachtopfer wirklich ein »Sauglück« gehabt. Immerhin
bekam er für jedes Kilo Schweinefleisch 2 Kronen, in Summe 904
Kronen. »Eine Summe, die wirklich ein Unikum darstellt.« Furthof
im Bezirk Lilienfeld war um die Jahrhundertwende in der Monarchie eher nicht für seine landwirtschaftlichen Rekorde bekannt,
eher schon für seine Metallfeilen. Am wirtschaftlichen Höhepunkt
der Produktion stellten mehr als 590 Arbeiter pro Jahr rund drei Millionen »St. Egyder-Feilen« her. Die Fabrik war damit europäischer
Marktführer.[23]

1. Februar 1914 »Die Zentral-Sparkassa der Gemeinde Wien zahlt vier Prozent Zinsen«

Die »Zentral-Sparkassa der Gemeinde Wien« veröffentlicht den
Monatsausweis ihrer Geschäftstätigkeit. 37 903 Parteien haben im
ersten Monat des neuen Jahres 9 065 847 Kronen und 13 Heller ein-
gelegt. Insgesamt verwaltet die städtische Sparkasse anno 1914
knapp 170 Millionen Kronen und hat im Gegenzug 93 Millionen
Kronen an Hypothekarkrediten vergeben. Die »Zentral-Sparkassa«
zahlt ihren »Parteien« unabhängig von der Einlagenhöhe vier Prozent Zinsen pro Jahr und verrechnet sehr faire viereinhalb Prozent
Zinsen für Hypothekarkredite. Die Zinsspanne beträgt also einen
halben Prozentpunkt. Anleihen, etwa die des Landes Steiermark
oder eine neue »ungarische Rente«, die bei der im Kirchenbesitz ste-
henden Bank »Schelhammer & Schattera« am Stephansplatz Nr. 11
»subskribiert« werden kann, bringen viereinhalb Prozent Zinsen.
Vom »Kuponschneiden« konnten Anleihebesitzer aber kaum nach-
haltig leben. Denn die Teuerungsrate – etwa für Lebensmittel – betrug 1911 sieben Prozent. Die allgemeine Inflation lag freilich deutlich darunter. Generell hatte sich das Wachstum der europäischen
Volkswirtschaften in den Jahren vor 1914 verlangsamt. Die stürmische industrielle Entwicklung von 1890 bis etwa 1910 hatte für die

Arbeiterschaft eine deutliche Verbesserung der Einkommenssituation gebracht, die aber durch die Inflation ab 1911 wieder aufgezehrt werden sollte. Die Realeinkommen der Arbeiter stagnierten. Der sozialistische Theoretiker Otto Bauer schrieb im Frühjahr 1914 eine Analyse für den Kongress der »Sozialistischen Internationale«, der vom 23. bis 29. August in Wien tagen sollte: »Die gewaltige technische Umwälzung, die schnelle Bevölkerungsvermehrung, die beschleunigte Expansion des Kapitalismus und die gesteigerte Goldproduktion – das sind wohl die wichtigsten Ursachen der beschleunigten wirtschaftlichen Entwicklung der letzten zwei Jahrzehnte. Die Arbeiterklasse hat die günstige Konjunktur der letzten Jahrzehnte ausgenützt. Durch die Kraft ihrer Gewerkschaften hat sie sich höhere Löhne erobert. Die Naturalwirtschaft auf dem Lande wird schnell durch die Geldwirtschaft verdrängt; das Landvolk erscheint auf dem Markte als Käufer von Waren, die es früher selbst erzeugt hat. Die Erhöhung des allgemeinen Bildungsniveaus weckt in den Volksmassen neue Bedürfnisse. Die Nachfrage nach Lebensmitteln, nach Wohnungen, nach allen Gegenständen des Massenverbrauches steigt schnell. So hat die stürmische Entwicklung der Industrie in den letzten Jahrzehnten sowohl den Bedarf nach industriellen Rohstoffen, als auch die Nachfrage nach allen Gegenständen des Massenkonsums schnell vermehrt. Aber die Entwicklung der Landwirtschaft vermochte mit der Entwicklung der Industrie nicht gleichen Schritt zu halten. Die Landwirtschaft konnte ihre Produktion teils überhaupt nicht, teils nur bei steigenden Produktionskosten so schnell ausdehnen, wie der Bedarf der Industrie nach ihren Erzeugnissen stieg. Dieses Mißverhältnis ist eine der Ursachen der Teuerung.«

Die Vorbereitungen für den Kongress waren schon weitgehend abgeschlossen und die Kommissionsberichte zur Vorbereitung auf die Tagung der Sozialisten lagen gedruckt vor. Doch der Kongress der »Sozialistischen Internationalen« konnte Ende August nicht mehr in Wien stattfinden. Die Inflation sollte schon während des

Krieges einsetzen, in den Jahren danach aber einen Großteil der Vermögen zerstören, Erspartes vernichten und die Gesellschaft auf den Kopf stellen. Wer sein Kapital patriotisch in Kriegsanleihen investiert hatte, musste die immensen Kosten des »Völkerringens« unfreiwillig durch den Verlust seines privaten Vermögens finanzieren.[24]

2. Februar 1914 **»Die Kür fand keine Gnade vor den Augen der Preisrichter«**
Am Kunsteisplatz des »Wiener Eislaufvereins« finden im Februar 1914 die Europameisterschaften im Eiskunstlauf der Herren statt. Der Wiener Lokalmatador Fritz Kachler kann sich dabei durch eine starke Leistung im Pflichtbewerb den Titel »Europameister« knapp vor dem Norweger Alexander Krogh und dem Kärntner Willy Böckl sichern.

Der Ingenieur galt vor dem internationalen Wettkampf als Topfavorit. Er war bereits zweifacher Weltmeister, bevor er am Wiener Eislaufverein vor eigenem Publikum seine Figuren aufs Eis zeichnete. Bei den fünf Punkterichtern hatte Fritz Kachler auf dem Papier einen Heimvorteil: Vier der Herren kamen aus Österreich. Doch die ausländische Konkurrenz beklagte sich nicht, denn die würdigen Herren Punkterichter bewerteten den regierenden Weltmeister unüblich streng. Das *Illustrierte Österreichische Sportblatt* kritisierte: »Die Kür konnte diesmal vor den Augen der Preisrichter keine Gnade finden, trotzdem sie an Schwierigkeiten sicher nicht weniger reich ist als die irgendeines seiner Gegner.«

Fritz Kachler galt seinen Zeitgenossen als eigenwilliger Eiskunstläufer. 1912 hatte er sich geweigert, bei olympischen Bewerben anzutreten, lehnte er doch eine Vermischung von Sport und Nationalismus grundsätzlich ab. In der Wiener Ergebnisliste scheint er als Mitglied des »Cottage-Eislaufvereins« auf. Der Eiskunstlauf war am Beginn des 20. Jahrhunderts eine österreichische Domäne. Oberbaurat Eduard Engelmann hatte bereits im Jahr 1909 in Hernals die erste Freiluft-Kunsteisbahn bauen lassen und damit das »Schleifen« auf Eis weitgehend temperaturunabhängig gemacht. Sein Werbespruch: »Durch Kunsteis zur Eiskunst«. Es war kein Zufall, dass der spätere mehrfache Weltmeister Karl Schäfer just im Gründungsjahr des »Engelmanns« unweit vom Eislaufplatz in Hernals geboren wurde. Die Wiener Eiskunstläufer fanden am Kunsteis optimale Trainingsmöglichkeiten. Kachler, sein Rivale Willy Böckl und später Karl Schäfer dominierten diesen Sport über Jahrzehnte.

Zehn Jahre nach dem Europameistertitel in Wien gewann der dreifache Weltmeister Fritz Kachler 1924 in Davos neuerlich die Meisterschaften – in einem neuen Europa.[25]

2. Februar 1914 »Ich bitte daher um meine Dienstenthebung«

Robert Musil kündigt mit Verspätung. Der Schriftsteller ist seit dem 1. Februar angestellter Redakteur der Berliner Literaturzeitschrift *Neue Rundschau*, obwohl formell noch immer im Krankenstand. Auf seine pragmatisierte Beamtenstelle glaubt er verzichten zu können. Musil hat Wien verlassen und lebt nun in Berlin-Charlottenburg. Aus der deutschen Kaiserstadt schreibt er an das Rektorat der Technischen Hochschule in Wien: »Ich beehre mich in Kenntnis zu setzen, daß ich dank des mir bewilligten Urlaubs wieder vollkommen hergestellt bin; zu meinem Bedauern sehe ich mich jedoch veranlaßt, auf meine Stellung an der Bibliothek Verzicht leisten zu müssen, da mir in letzter Zeit eine Stellung im Privatdienste angeboten wurde.« Unterzeichnet: Dr. Robert Musil. An seinen Vorgesetzten, Eduard Fechtner, schreibt Musil einen separaten Brief. Er bedankt sich, mehr förmlich als herzlich, für das »erwiesene Wohlwollen«.

Musil kann auch böse Briefe schreiben. Bei der Übersiedlung nach Berlin-Charlottenburg hat die Wiener Spedition Caro & Jellinek GmbH. Teile des Hausrats zurückgelassen. »Sie waren absolut nicht berechtigt, willkürlich einen 8m-Wagen zu nehmen und so große Restgüter, wie dann blieben, auf meine Extrakosten zu senden. Ich verweigere die Mehrzahlung und habe den strittigen Betrag bei meinem Rechtsanwalt hinterlegt.« Musil wohnt vorläufig in der Pension Steinplatz in der Uhlandstraße und wird noch länger auf seine Bücherkisten warten müssen. Rainer Maria Rilke kündigt er jedenfalls am 10. März die Zustellung seiner Novellen (»Sie werden Ihnen, fürchte ich, nicht gefallen!«) an, falls die Kisten endlich geliefert würden.[26]

3. Februar 1914 »Wie es im Kriege zugeht!«

Anfang Februar erscheint die Nr. 1 der *Mitteilungen der Oesterreichischen Friedensgesellschaft* mit dem Titel »Wie es im Kriege zugeht«. Das dünne Vierteljahresheftchen wird an die Freunde der Friedensgesellschaft verschickt. Den Leitartikel (es gibt keinen zweiten) schreibt Friedensnobelpreisträgerin Bertha von Suttner. Neun Jahre nach der Verleihung der Auszeichnung am 1. Dezember 1905 durch Alfred Nobel müht sie sich mit leiser Stimme gegen das Gedröhn eines drohenden Krieges anzuschreien. In Paris hatte Suttner als Sekretärin und Empfangsdame für den schwedischen Industriellen Alfred Nobel gearbeitet. Nobel, der durch die industrielle Produktion des Sprengstoffes Dynamit reich geworden war, widmete sich seinen philanthropischen Neigungen und setzte sich aktiv für eine weltumspannende Friedenspolitik ein. Zwischen ihm und Bertha von Suttner entwickelte sich eine tiefe Freundschaft, die in einer umfangreichen Korrespondenz überliefert ist.

In seinem letzten Brief an Bertha von Suttner schrieb Alfred Nobel: »Ich bin entzückt zu sehen, daß die Friedensbewegung an Boden gewinnt, dank der Bildung der Massen und dank besonders der Kämpfer gegen Vorurteil und Finsternis, unter denen Sie einen hohen Rang einnehmen. Das sind Ihre Adelstitel.« Bertha von Suttner überredete den Industriellen, zusätzlich zu seinen wissenschaftlichen und literarischen Preisen einen Friedenspreis zu stiften. 1901 wurde der Gründer des Roten Kreuzes, Henri Dunant, vom norwegischen König der erste »Nobelpreis« für seinen Beitrag zur Erhaltung des Friedens verliehen.

Bertha von Suttner stirbt im Glauben: »Der Weltfriede kommt gewiss.«

Nach dem Welterfolg ihres Romans *Die Waffen nieder!*, von dem damals rund 240 000 Stück verkauft wurden, ist die Baronin müde geworden. Der Pazifismus spielt in der Diplomatie und europäischen Politik eine belächelte Nebenrolle. Die Friedensbewegung ist anerkannt, aber realpolitisch bedeutungslos. Die erste weibliche Preisträgerin des Friedensnobelpreises ist keine Illusionistin. Sie kämpft trotzdem weiter, bittet um den Kauf von Losen für die Friedenslotterie (»Jedes zweite Los gewinnt«) und schreibt gegen den Krieg an: »Eine jener Wahrheiten ist die, daß Frieden die Grundlage und das Endziel des Glückes ist, und eines jener Rechte ist das Recht auf das eigene Leben. Der stärkste aller Triebe, der Selbsterhaltungstrieb, ist gleichsam eine Legitimation dieses Rechtes und seine Anerkennung ist durch ein uraltes Gebot geheiligt, welches heißt Du sollst nicht töten!« Der Artikel im *Friedensfreund* ist ein Auszug aus Bertha von Suttners Rede bei der Verleihung des Friedensnobelpreises vor dem Nobelkomitee im norwegischen Parlament zu Christiana.

Suttner argumentiert für den Frieden und gegen das Sterben, als ob es da überhaupt etwas zu argumentieren gäbe. Die Baronin, die sich von Kritikern als »Schwärmerin« verspotten lassen muss, glaubt an die Unumkehrbarkeit des Fortschritts, der Krieg unmöglich machen soll. »Ganz unabhängig von der eigentlichen Friedensbewegung, die ja selbst mehr ein Symptom als die Ursache der sich vollziehenden Wandlung ist, geht ein Prozeß der Internationalisierung, der Solidarisierung der Welt vor sich. Dazu wirken nicht nur die technischen Erfindungen, der gesteigerte Verkehr, die sich verzweigenden und international durchdringenden Interessensgemeinschaften, die gegenseitige wirtschaftliche Abhängigkeit und halb unbewußt – wie Triebe schon sind – waltet da der Selbsterhaltungstrieb der menschlichen Gesellschaft, die ja auf dem Weg der ewig gesteigerten Vernichtungsmethoden ihrer Zerstörung entgegeninge und sich instinktiv dagegen aufbäumt.« Bertha von Suttner hatte die Technologisierung des Krieges und den Einsatz neuer Waffen genau verfolgt. Sie war erschüttert, als die italienische Luftwaffe über Tripolis erstmals in der Geschichte Bomben abwarf, und warnte vor der »Barbarisierung der Luft«. Und sie glaubte – bestärkt von einigen Mächtigen der Welt – an den Erfolg ihrer Mission. »Als mich Präsident Roosevelt am 17. Oktober 1904 im Weißen Hause empfing, sagte er zu mir: ›Der Weltfriede kommt, er kommt gewiß, aber nur Schritt für Schritt.‹«

Wie sehr hatte die 71-Jährige recht mit ihrer Analyse. Wie irrte sie mit ihren Schlussfolgerungen. Alles stimmte: Die moderne Welt des Jahres 1914 war eng miteinander verwoben. Grenzen waren praktisch unbekannt. Reisefreiheit: Schiff, Bahn, Automobil, und am Horizont taucht bereits das Flugzeug auf. Der Handel ist weltumspannend, die Börsen sind international, Technik und Industrie befinden sich in einem stürmischen Aufschwung. Der Fortschrittsglaube ist unbegrenzt. Krieg? Krieg zwischen europäischen Kulturvölkern, deren Monarchen alle eng miteinander verwandt sind? Krieg wegen einiger wirtschaftlich zurückgebliebener Landstriche am Balkan?

»Von allen Kämpfen und Fragen, die unsere so bewegte Zeit erfüllen, ist die Frage: ob Gewaltzustand oder Rechtszustand zwischen den Staaten, wohl die wichtigste und folgenschwerste. Denn ebenso unausdenkbar wie die glücklichen segensreichen Folgen eines gesicherten Weltfriedens, ebenso unausdenkbar furchtbar wären die Folgen des noch immer drohenden, von manchen Verblendeten herbeigewünschten Weltkrieges.« Bertha von Suttner investierte in diesen Tagen und Wochen ihre schwindenden Kräfte in die Vorbereitungen eines großen Friedenskongresses in Wien. Die Konferenz hätte im September 1914 beginnen sollen. Schon vor den Morden in Sarajewo spürte sie die Gefahr eines großen Krieges: »Nichts als gegenseitige Verdächtigungen, Beschuldigungen und Verhetzungen«, beschrieb sie kurz vor dem Tod die weltpolitische Lage.

Kaiser Franz Joseph liebte es, sich von seiner Kanzlei in Schönbrunn Zeitungsausschnitte zur Morgenlektüre vorlegen zu lassen. Politik, aber auch Klatsch. Seine Sekretäre dürften ihm die Nr. 1 des *Friedensfreund* unterschlagen haben. Lose für die »Friedenslotterie« mit einem Haupttreffer von 25 000 Kronen zum Preis einer Krone (mit der Gewissheit, ein »reizendes Kunstblatt« im Format 40 × 50 Zentimeter abholen zu dürfen) hat Seine Majestät mit großer Wahrscheinlichkeit nicht gekauft.[27]

11. Februar 1914 »Die neuen Maßnahmen können als Erfolg der Anti-Duell-Liga betrachtet werden«

Duelle im Morgengrauen der Praterauen werden erschwert, aber wieder nicht generell verboten. Im Februar 1914 ergeht ein neuer Erlass des k.u.k. Kriegsministeriums, der die Zulässigkeit von »Duellen« bei sogenannten Ehrenhändeln neu regeln soll. Mit Säbeln gefochten oder mit Pistolen geschossen darf künftig nur noch werden, wenn sich zuerst ein ordentliches Gericht mit der Streitsache befasst hat. »Erst danach darf ein ritterlicher Abschluß eines solchen Falles eingeleitet werden.« Der neue Erlass des Kriegsministers geht noch einen Schritt weiter. Ein einzusetzender Ehrenrat ist dem wechselseitigen Niederschießen von Offizieren vorzuschalten. Und dem Ehrenrat wird es amtlich verboten, den Streithanseln ein Duell als Lösung vorzuschlagen: »Vielmehr soll der Ehrenrat seinen Einfluß auf die Beteiligten lediglich im Sinn einer gütlichen Beilegung, also unter möglichster Vermeidung des Zweikampfs, zur Geltung bringen.«

Bis ins Jahr 1911 galt unter Offizieren der ungeschriebene »Ehrenkodex«, Beleidigungen mit einer Forderung zum Duell zu beantworten. Danach musste der Herr Offizier seine verlorene »Ehre« etwa im Fall des erwiesenen Ehebruchs (immer nur den der Frau) gegen den Nebenbuhler mit der Waffe wiederherstellen. Dieses übersteigerte »Ehrgefühl« war freilich schon hohl und zur bloßen Fassade geworden. Arthur Schnitzler beschrieb die Kluft zwischen militärischem Schein und praktischem Sein in seiner Novelle *Leutnant Gustl*. Nach Ausbruch des Krieges wurden Duelle auf die Zeit nach dem Friedensschluss verschoben. Es starben ohnehin schon Zehntausende Offiziere, ganz ohne eigenes Zutun.

Das *Neuigkeiten Welt-Blatt* kommentierte die neuen Duellregeln als Erfolg der »Anti-Duell-Liga, der sich auch die offizielle-militärische Auffassung allgemein anzubequemen beginnt«. Die honorige Vereinigung, die sich für ein Verbot der Ehrenzweikämpfe stark machte, konnte sich auf einige hocharistokratische Gönner stützen. Rudolf Graf Czernin gehörte dem Vorstand der Anti-Duell-Liga ebenso an wie Adalbert Graf von Schönborn oder der einflussreiche Sektionschef Franz Klein. Die Liga hatte ihr Büro in der Starhemberggasse Nr. 44 auf der Wieden. Das Anliegen der Anti-Duell-Liga setzte erst Kaiser Karl I. im November 1917 um. In einem Armee- und Flottenbefehl verbot der letzte Habsburger Herrscher alle Duelle in der k. u. k. Monarchie.

11. Februar 1914 **»Was uns dringend nottut, ist eine Südpolexpedition«**
Edward Evans friert in Wien. Der britische Entdecker und Abenteurer besucht auf seiner Vortragsreise die Hauptstadt der Donaumo-

narchie. Sein Hotelzimmer ist schlecht beheizt. Evans reibt die Hände aneinander und begrüßt den Journalisten der *Neuen Freien Presse* mit einem lässigen: »Donnerwetter, kalt ist es in eurem Wien.« Dem Reporter fällt die Ironie in der Stimme nicht auf. Karl Kraus, der sich in der März-Ausgabe der *Fackel* über seinen Berufskollegen lustig macht, schon.

Denn Kapitän Edward Evans begleitete Robert Falcon Scott bei seinem Wettlauf zum Südpol. Evans war stellvertretender Leiter der »Terra-Nova-Expedition« und Kapitän des Expeditionsschiffs. Antarktische Kälte musste der Brite gewohnt sein, schließlich war er bereits bei der ersten Südpolexpedition mit an Bord. Und Wien ist nicht die Antarktis, nicht einmal im Jänner 1914.

Zwei Jahre zuvor wäre Edward Evans – beinahe – in die Ruhmeshalle der ewigen Helden eingegangen. Er und Robert Scott waren mit drei weiteren Begleitern zuerst auf ihren schwerfälligen Motorschlitten, dann mit Ponys und schließlich zu Fuß bis auf 140 nautische Meilen an den geografischen Südpol herangekommen. Immer im Wissen, dass da draußen in der unendlichen, weißen Einöde eine zweite Mannschaft zum Südpol und damit zum unsterblichen Ruhm unterwegs war.

Der norwegische Forscher Roald Amundsen sollte schließlich den Wettlauf zum Pol gewinnen. Amundsen hatte eine andere Route gewählt und statt auf Technik und Aufwand auf die Zähigkeit und Kraft seiner 116 Schlittenhunde vertraut. In genau 99 Tagen hatte er 2600 Kilometer am Eis zurückgelegt, und das bei antarktisch »milden« Temperaturen von um die minus 23 Grad. Als Scott schließlich sechs Wochen später den Pol erreichte, fand er ein Zelt vor, auf dem die norwegische Fahne wehte, und eine Nachricht seines Rivalen. Für den Weg zurück fehlte dem Engländer nach dieser Enttäuschung die Kraft. Er erfror im für ihn »ewigen Eis«, nur wenige Kilometer vor der rettenden Basisstation.

Edward Evans erntete weniger tragischen Ruhm, aber er überlebte. Knapp 140 Seemeilen vor dem Ziel war der Kommandant des letzten Unterstützungstrupps mit zwei Kameraden von Scott zurückgeschickt worden.

Scott gönnte seinem langjährigen Begleiter und Rivalen Evans die Unsterblichkeit nicht, schenkte ihm aber das Leben. Denn Evans konnte sich, an schwerem Skorbut leidend, bis ins Lager schleppen und wurde dann auf der *Terra nova* nach England gebracht. Ein Jahr später dampfte der Genesene wieder in die Antarktis und rettete 1913 die Überlebenden der Scott-Expedition, die ein volles Jahr in der Antarktis ausgeharrt hatten.

Bei seinem Wien-Besuch im Jänner 1914 war die Scott-Tragödie noch frisch im Bewusstsein einer internationalen Öffentlichkeit, die beim Wettlauf zum Südpol mitgefiebert hatte. Edward Evans erwies sich als charmanter Gesprächspartner und nickte wohlwollend zu den Plänen, eine eigene österreichisch-ungarische Südpol-Expedition auszurüsten. Die Monarchie hatte bei diesem teuren Unternehmen nichts zu gewinnen, aber irgendwie wollte Wien auch einen kleinen Anteil am Ruhm der Eroberer und Entdecker. Die Expedition von Julius Payer und Carl Weyprecht 1872–1874 in die »Schrecken des Eises und der Finsternis«, bei der für den Kaiser immerhin das karge »Franz-Josephs-Land« entdeckt und getauft werden konnte, hatte die Sehnsüchte der Wiener Gesellschaft nach Abenteuer und großen Taten geweckt. Karl Kraus freilich goss Spott und Hohn über die kühnen Pläne der k.u.k. Entdecker: »Es gibt noch kein Klosettpapier auf den österreichischen Staatsbahnen, aber was uns dringend nottut, ist eine Südpolexpedition. Ich bin kürzlich in einem ungeheizten Coupé bei -7 Grad nachts von Salzburg nach Bischofshofen gefahren, aber daß sich Österreich unter den den Südpol erobernden Staaten einen ehrenvollen Platz sichern müsse, war mir klar. Vierzig Jahre sind bekanntlich seit jenem Tage verflossen, da Julius v. Payer seine Reise ›In Nacht und Eis‹ antrat. Es ist also höchste Zeit. Es fehlt vorderhand an Geld. Man muß deshalb auf den österreichischen Staatsbahnen noch immer das Papier verwenden, auf dem die Aufrufe zur

Unterstützung einer österreichischen Südpolexpedition gedruckt werden.«

Der Spötter Kraus sollte Recht behalten. Aus der Reise zum Südpol wurde nichts. Die Bahn-Coupés blieben aber auch weiterhin schlecht beheizt.

Im Ersten Weltkrieg kommandierte der Antarktis-Held Edward Evans den Zerstörer *HMS Broke* und versenkte zwei deutsche Torpedoboote vor der holländischen Küste. Zum Südpol kam auch er nie mehr.[34]

12. Februar 1914 »Wir haben Hunger!«

In Wien und in Lemberg demonstrieren am 12. Februar Arbeitslose gegen die »Untätigkeit« der Regierung. Vom Schwarzenbergplatz ziehen ungefähr 2000 Arbeitslose unter der Führung eines halben Dutzends sozialdemokratischer Abgeordneter am Parlament und am Rathaus vorbei. Während die liberale *Neue Freie Presse* den Protest der Arbeitslosen ignoriert und auch die christlichsozialen Blätter schweigen, berichtet das *Neue Blatt* immerhin über die friedlichen Proteste. Der Reporter des Boulevardblatts registriert: »Nur vereinzelt wurden Rufe ›Wir haben Hunger!‹ laut. Der Zug sollte nach den ursprünglichen Dispositionen seiner Führer sich vor das Rathaus begeben und dort gegen das vorherrschende Regime protestieren. Aber ein starkes Aufgebot der Polizei zu Fuße und zu Pferd hatte sämtliche Zugangsstraßen abgesperrt, so daß die Arbeitslosen in die Lastenstraße abbiegen mußten. Der Zug wurde bei der Lerchenfelderstraße aufgelöst.«

Im fernen Osten des Reiches verlaufen die Demonstrationen nicht ganz so diszipliniert. Im galizischen Lemberg führt der »unabhängige Sozialist« Breitner eine Abordnung von Arbeitslosen zum Landesstatthalter. Danach eskalieren die Proteste. Jugendliche Arbeitslose bemächtigen sich der Sessel, auf denen die »Marktweiber« sitzen und ihre Waren anpreisen, und bewerfen damit die Ordnungshüter. Ein berittener Wachmann wird Opfer eines Sesselattentats durch »Tumulanten«. Er fällt vom Dienstpferd und verletzt sich leicht. Auch Abgeordneter Breitner bekommt die Proteste zu spüren. Ein Stein trifft ihn am Kopf und streckt ihn zu Boden. Der Politiker muss im Präsidialbureau des Bürgermeisters verarztet werden.[28]

12. Februar 1914 »Die sittliche Grundlage des Menschenlebens«

Der im Kaiserreich Österreich geborene Philosoph und Esoteriker Rudolf Steiner sucht bei einem Vortrag im Berliner Architektenhaus »Die sittliche Grundlage des Menschenlebens« zu ergründen. Der Sohn eines Bahntelegrafisten hat es 1914 in einschlägig interessierten Kreisen schon zu großer Popularität gebracht. Der Begründer der Anthroposophie zitiert in seinem Referat vor Berliner Anhängern den Weimarer Dichterfürsten: »Goethe sagte ein bedeutsames Wort in Bezug auf den Quell des sittlichen Lebens, einfach, kann man sagen, für den, der das sittliche Leben wirklich fühlen kann: Ganz leise spricht ein Gott in unserer Brust, ganz leise, doch auch deutlich; er führt dazu zu erkennen, was zu ergreifen und was zu fliehen ist.«

Rudolf Steiner begründete eine esoterische Weltanschauung, die an die Theosophie, die Gnosis sowie die idealistische Philosophie anschließt und zu den neumystischen Konzeptionen der Zeit um 1900 gezählt wird. Mit seinen Ideen zur »Lebensreform« war er kein Einzelgänger. Um die und nach der Jahrhundertwende suchten zahlreiche Künstler, Philosophen, Tänzer, Naturheiler neue Wege in eine lichtere Zukunft. Die autoritäre Gesellschaft des deutschen Kaiserreichs mit der Überbetonung des Militärischen und die katholisch geprägte Habsburgermonarchie waren den »Neugeistlern« und »Wandervögeln« zuwider. Die Industrialisierung und der Verlust von »natürlichem« Lebensraum beflügelten die Sehnsucht vieler Menschen, »aus grauer Städte Mauern« zu entfliehen. Hermann Löns soll 1914 die ersten Strophen zu diesem – später von den Nationalsozialisten missbrauchten – »Wanderlied« gedichtet und damit die Sehnsucht einer jungen Generation nach neuem Naturerleben beschrieben haben.

Die Suche nach einer dem neuen Jahrhundert angepassten Lebensform folgte keiner systematischen Ideologie, hatte aber ihre Propheten. Immer jedoch wenden sich die Reformer gegen erlebte Zwänge und werfen sie buchstäblich mit den Kleidern ab. Nacktbaden in Wasser und Sonnenlicht werden als Aufbegehren gegen gesellschaftliche Zwänge und Konventionen erlebt, die oft ohnehin nur nach außen aufrechterhalten werden. In Wien besiedelt der ehemalige Krankenpfleger Florian Berndl eine Insel im alten Donauarm und wird dort zum Ahnvater der Nudisten. Die Gänse am »Gänsehaufen« müssen in den Jahren ab 1900 ihre Weideplätze mit einer wachsenden Schar Wiener Naturliebhaber teilen. Berndl baut windschiefe Hütten auf die ebenso verwachsene wie verwunschene Insel, läuft nur mit einer kurzen Leinenhose bekleidet, langen Haaren und einem stattlichen Bart herum und propagiert neue Naturheilmethoden gegen Rheuma und Tuberkulose. Seine Sandbäder bringen vielen tatsächlich Linderung, dem komischen Kauz von der Insel hingegen Anfechtungen seitens der großstädtischen Ärzteschaft.

Florian Berndl wird zum Guru jener Tage und erhält Zulauf von Bohémiens und Intellektuellen, wie etwa Hermann Bahr oder dem früheren Burgtheaterdirektor und Schriftsteller Max Burckhard. In der freien Natur entledigen sich die Bürger auf der Suche nach neuen Lebensformen ihrer Kleider und legen damit auch die engen Konventionen ab. Männer und Frauen plantschen gemeinsam in der Alten Donau, gelegentlich gar hüllenlos. Nach wenigen Sommern unterbindet die Stadt Wien das lockere Treiben, kündigt den Pachtvertrag mit dem Naturapostel Berndl und errichtet eine Badeanstalt am »Gänsehäufel«. Fortan wird wieder streng nach Geschlechtern getrennt geschwommen. Den beliebten Berndl stellt die Stadt zum Trost als beamteten »Oberbadewaschl« an. Das Experiment scheitert. Magistratsstrukturen sind – schon damals – nichts

Naturapostel Florian Berndl preist vor seinen Anhängern die Freuden des Nacktbadens.

für Freigeister. Der Naturheiler flüchtet ans andere Ufer der Alten Donau und gründet die Kolonie »Neu Brasilien«, in der sich Siedler nach dem Muster der Leipziger »Schrebergärten« gegen eine geringe Pacht ein Holzhäuschen bauen dürfen. Die kleinen Paradiese nach der Idee des Doktor Schreber werden Kriege und das kommende Jahrhundert überdauern. Florian Berndl wird neuerlich aus seinem gesellschaftlichen Alternativmodell vertrieben. Er wandert weiter an den Bisamberg, wo der Freiheitsliebende samt Familie langsam in die Obskurität verschwindet.

Das angestrebte neue Körpergefühl manifestiert sich auch im Tanz. Im Grünen wird wild gedacht, frei geliebt, vegetarisch gegessen und das einschnürende Mieder weggeworfen.

Neue »Lebensreformen« werden für praktisch alle Lebensbereiche angedacht. Rudolf Steiner entwickelt eine kindgerechtere Pädagogik und eine anthroposophische Medizin. Licht, Luft, Wasser und

Sonne werden als Heilmittel erkannt. Es ist die große Zeit der Kur, des Kurhotels und der Kurschatten. Die Bewegung zur »Lebensreform« entwickelt sich freilich nicht aus den untersten sozialen Milieus, die tatsächlich alles Recht gehabt hätten, aus der Beengtheit ihrer Lebensumstände, aus den kleinen Vorstadtwohnungen in den Gründerzeithäusern und den unhygienischen Lebensverhältnissen hinauf nach Licht und Sonne zu streben. Die Erneuerungsbewegungen wurzeln in einer relativ kleinen Oberschicht. Es sind Maler des Wiener Jugendstils, die das Gesamtkunstwerk eines neuen Menschen schaffen wollen, der lockere beschwingte »Reformkleidung« trägt und gegen die nervöse Selbsterfahrung das Heil in einem romantischen Naturerlebnis sucht. Am Semmering, am Wechsel, im steirischen Hügelland, überall entstehen Wasser-, Nerven- und Naturheilanstalten. Bad Ischl, Meran in Südtirol, Bad Gastein – warmes Wasser gegen das Volksleiden der Zeit: Nervosität. Die sogenannte »Neurasthenie« ist die Modekrankheit des neuen Jahrhunderts. Ihr nervenzerrüttendes Wirken bleibt freilich auf das Bürgertum beschränkt. Die Arbeiter in den Vorstädten, die Handwerker in der Provinz, die Bauern am Land wissen nichts von »Neurasthenie« und können sich ohnehin keine monatelangen Luftkuren leisten.[29]

12. Februar 1914 **»Die Rüstungsausgaben sind eine schwere Bürde«**
In London empfängt der liberale britische Premierminister Herbert Henry Asquith eine Abordnung der englischen Gewerkschaften, die sich über die hohen Rüstungsausgaben des Königreichs empören. Asquith gibt den Gewerkschaften recht. Die Rüstungsausgaben seien bereits eine »schwere Bürde«. Die Wiener *Neue Freie Presse* berichtet über Asquiths Rede, immer darauf bedacht, den Lesern in der Monarchie vor Augen zu führen, dass es auch in anderen europäischen Großmächten Probleme und Schwierigkeiten gibt, die einen Konflikt verhindern könnten. Europa investiert in Rüstung. Die sozialistisch geführte französische Republik gewährt dem reaktionä-

ren Zarenreich Milliardenkredite, das Deutsche Reich vergrößert die Flotte und England hält im Rüstungswettlauf mit: Niemand wäre dringlicher bemüht, diesem Zustand ein Ende zu machen, als die englische Regierung, aber das wahre Heilmittel läge in einer gemeinsamen Aktion der Völker selbst, versichert der Premierminister den Gewerkschaften. Die blieb aus.

Sechs Monate später erläuterte Herbert H. Asquith im Parlament die Beweggründe Großbritanniens, an der Seite Frankreichs in den Krieg einzutreten: »Nie hat eine Nation eine große Auseinandersetzung – und dies wird eine der größten der Geschichte sein – mit einem reineren Gewissen begonnen und einer stärkeren Gewißheit, daß wir nicht aus aggressiven Motiven kämpfen, nicht aus Selbstsucht und Eigennutz. Wir werden für die Verteidigung von Prinzipien kämpfen, die lebensnotwendig sind für die Zivilisation der Welt.«[30]

13. Februar 1914 **»Ein sehenswertes Kunstwerk«**

Arthur Schnitzlers *Liebelei* hat im Kärtner- und im Rotenturmkino Premiere. Obwohl sich der Satiriker Karl Kraus über Schnitzlers Filmdebüt lustig macht, widmet die *Neue Freie Presse* der (Stumm-)Filmpremiere große Aufmerksamkeit. Der Kinokritiker von anno dazumal bemüht sich den Film anschaulich zu beschreiben: »Dieses Werk, das das populäre, bodenständige wienerische Bühnenspiel verfilmt, ist mit allen künstlerischen und technischen Mitteln ausgeführt, die kinematographische Erfahrung bisher gesammelt hat. Die Wiedergabe des kleinbürgerlichen Milieus bei dem alten Musiker sowie des eleganten Junggesellenheims bei Fritz, hübsche Straßenbilder und Nahaufnahmen, das stilgerechte Duell, last not least die vollendete Darstellung wirken zusammen, um ein sehenswertes Kunstwerk zu gestalten.«

Die Sonntagsvorstellungen begannen schon um drei Uhr nachmittags. Der Eintritt ins Lichtspieltheater war mit 40 Heller (heute wären das etwa zwei bis drei Euro) durchaus fair kalkuliert. Das Medium Film zielte auf breite Volksschichten. Spektakulärere Bilder als Schnitzlers verfilmtes Theaterstück versprach freilich die zweite Neuerscheinung der Woche: Im »Kosmos«-Filmtheater in der Wiener Siebensterngasse zeigte der Operateur ein »Werk von überwältigender Schönheit« – *Spartacus*. Für den ersten Bezirk hatte sich das »Elite-Kino« auf der Wollzeile die »Alleinvorführungsrechte« gesichert.

Das »klassische Drama wurde in sechs Akten plus einem Vorspiel« gezeigt und versprach dem Publikum eine »märchenhafte Inszenierung« und gar 10 000 Mitwirkende. Die italienische Produktion mit Mario Ausonia in der Hauptrolle des Sklavenanführers wurde dank der damals noch unüblichen Massenszenen ein internationaler Erfolg. Das Zeitalter der Monumentalfilme war angebrochen.

In Österreich ließ die »Jupiter Film« den ersten Großfilm durch den französischen Regisseur Pierre Paul Gilmans in Tirol inszenieren: *Speckbacher*. Für die Kampfszenen bot die »Jupiter-Film« 2000 Komparsen auf, die teilweise historische Waffen trugen. Die Hauptrolle spielte der Leiter der Innsbrucker Exl-Bühne, Ferdinand Exl. Er focht dabei mit dem eigens aus dem Andreas-Hofer-Museum entlehnten Original-Säbel des Bauernführers Josef Speckbacher. Der Aufwand sollte sich nicht lohnen. Die Wiener Produktionsfirma ging nach Fertigstellung des mit 60 000 Kronen bisher teuersten österreichischen Films in Konkurs.

Als Draufgabe zum antiken Sklavenaufstand bekam das Kinopublikum die »Kosmos«-Revue der »neuesten Weltereignisse« geboten. Die Idee der *Wochenschau* war geboren. Schon mit dem Einlegen der ersten Filmrollen verschwamm allerdings die Grenze von Dokumentar- zu Propagandafilm. Das erste Zelluloidwerk dieses Genres produzierte die »Wiener Autorenfilm« 1914: *Unsere Kriegsflotte*.

Jenseits des Atlantiks eröffnete in New York das »Strand Theatre«. Mit mehr als 3000 Sitzplätzen war es das größte Kino seiner Zeit. Die Amerikaner durften über einen Kurzfilm des traurigen Komikers Charlie Chaplin lachen. Unter seiner Regie kam *Dough and Dynamite* 1914 in die Lichtspielhäuser.[31]

14. Februar 1914 »Ich bin hier als ein Soldat, der für eine kurze Zeit das Schlachtfeld verlassen hat«

Eine einzige politische Bewegung hat die Gesellschaften dieser Welt in den vergangenen hundert Jahren verändert wie keine zweite: der Kampf der Frauen um Gleichberechtigung und gesellschaftliche Anerkennung. In London zertrümmern britische Frauenrechtlerinnen die Fenster des Innenministeriums. Gleichzeitig legen sogenannte Suffragetten im Pavillon des vornehmen Lawn-Tennis-Clubs Feuer. In der österreichischen Presse werden diese Frauen als »Stimmrechtlerinnen« bespöttelt. Doch die englischen Damen aus bestem Haus kämpfen mit Härte und Selbstaufopferung für ihre Rechte als Staatsbürgerinnen. Ihre Führerin und Idol ist Emmeline Pankhurst. Die Suffragetten bekennen sich zur Gewalt als Mittel zur Durchsetzung politischer Forderungen. Sie sind radikal, und sie setzen ihr Leben und ihren Körper für den Kampf um die politische Gleichberechtigung ein.

In ihrer Rede »Freiheit oder Tod!«, die Pankhurst im November 1913 an der Universität Hartford in Connecticut gehalten hat, formuliert die englische Bürgersfrau ihre ideologischen Grundlinien des militanten Feminismus: »Unsere Forderungen sind Teil einer Revolution und eines Bürgerkriegs. Heute abend bin ich nicht hier, um eine Lanze für das Frauen-Wahlrecht zu brechen, die amerikanischen Suffrageten können das schon selbst tun. Ich bin hier als ein Soldat, der für eine kurze Zeit das Schlachtfeld verlassen hat. Ich bin hier, um zu erklären, wie ein Bürgerkrieg aussieht, wenn er von Frauen geführt wird. Ich bin hier als eine Person, die gemäß dem Rechtssystem meines Landes wertlos für die Gemeinschaft ist. Ich bin als ›gefährliche Person‹ eingestuft, verurteilt zu einer Gefängnisstrafe. Allen, die glauben, Frauen können diesen Kampf nicht gewinnen, möchte ich sagen: Wir haben die Regierung Englands in

Auch eine Suffragette.

(Zeichnung von Heinrich Krenes.)

„Das heiligste Recht der Frau ist doch das Recht auf wenigstens einen Mann."

Mit Spott gegen Frauenrechte:
Die humoristische Wochenschrift
Muskete karikiert den Kampf
der englischen Suffragetten.

eine Position gebracht, in der sie nur eine Alternative hat. Entweder wir Frauen werden getötet, oder man gibt uns Frauen das Recht zu wählen.«

Die Rede in Hartford sollte eine Begründung und wohl auch eine Entschuldigung für die gewalttätigen Aktionen liefern. Die gepflegte, schlanke und zarte Frau mit ihrer sanften Stimme stand in krassem Gegensatz zur Härte ihrer Rede. Und im Gegensatz zur Härte ihrer Lebensgeschichte: Pankhurst war bereits zwölf Mal verhaftet worden und hatte sich immer wieder durch lebensbedrohende Hungerstreiks aus dem Gefängnis befreit.

Der Erste Weltkrieg wird das gesellschaftliche Klima grundlegend verändern, auch das Verhältnis zwischen Mann und Frau. Der erste »moderne« Krieg wird Millionen Männer für Jahre auf die

Schlachtfelder zwingen. Der Männermangel in den Fabriken musste durch Frauen ausgeglichen werden. Plötzlich war es patriotische Pflicht für Millionen Frauen, die drei K: Kinder, Küche, Kirche (oder Kosmetik) gegen die Arbeit am Fließband der Waffenindustrie einzutauschen. Nach dem Ende des Völkerschlachtens ließen sich die Frauen nicht wieder auf ihre »angestammte« Rolle reduzieren. Heim an den Herd, damit war es vorbei. »Freiheit oder Tod.« Im August 1914 überlagerte englischer Patriotismus den bürgerlichen Feminismus. Emmeline Pankhurst stellte sich in den Dienst des britischen Empires und beendete die Agitation für das Frauenwahlrecht. Alle inhaftierten Suffragetten wurden freigelassen.[32]

15. Februar 1914 »Man hat ausgerechnet, daß nahezu ein Drittel aller bisherigen Steuerpflichtigen von der Personaleinkommenssteuer befreit werden wird«

Der k. u. k. Finanzminister ist ein bescheidener Mann. Nach monatelangem politischen Tauziehen wird der neue Einkommenssteuertarif veröffentlicht. Wieder einmal ist eine große Reform ausgeblieben. Kompromisse prägen das neue Gesetz. Im *Bauernbündler*, dem Zentralorgan der ländlichen Bevölkerung, wird der neue Tarif zur »Personaleinkommenssteuer« abgedruckt. Die Mehrheit der kleinen Bauern wird weiter keine Einkommenssteuer zahlen. »Wie wir im ›Bauernbündler‹ mitgeteilt haben, werden in Zukunft alle jene, welche ein Jahreseinkommen von weniger als 1600 Kronen beziehen, von der Personaleinkommenssteuer befreit sein. Man hat ausgerechnet, daß infolgedessen nahezu ein Drittel aller bisherigen Steuerpflichtigen von der Personaleinkommenssteuer befreit werden wird.«

Der neue Steuertarif des Jahres 1914 wies bis zu einem Jahreseinkommen von 28 000 Kronen nicht weniger als 39 Einkommenssteuerstufen auf und verlief nur sehr sanft ansteigend. Die Steuerlast der Untertanen Seiner Majestät war im Vergleich zu dem, was hundert Jahre später verlangt wird, ein leichter Rucksack. Von der niedrigsten Steuergruppe, bei einem jährlichen Einkommen zwischen 1600 und 1700 Kronen, kassierte der Finanzminister weniger als ein Prozent Steuer. Genau: 13 Kronen 60 Heller, und das pro Jahr. Da zahlte sich Steuerhinterziehung eher nicht nicht aus.

Bei einem Einkommen von rund 4000 Kronen betrug die Steuerlast etwa zwei Prozent. Und wer stattliche 28 000 Kronen verdiente, musste dafür 978,50 Kronen bezahlen, nicht einmal vier Prozent. In diese Gehaltsklasse kamen nur Minister und die höchsten Militärs. Ein Feldmarschall erhielt etwa 22 000 Kronen. 1914 betrug die gesamte Steuerquote nicht einmal zehn Prozent des Volkseinkommens. Der Tarif endete bei Stufe 60. Das waren Einkommen um die 100 000 Kronen. Diese wirklich Reichen – es gab im ganzen Reich nur 1500 – zahlten dafür keine fünf Prozent Steuer. Der Grenzsteuersatz ab 210 000 Kronen betrug nur 6,7 Prozent. Wer gut verdiente, konnte sich anno 1914 leicht ein stattliches Vermögen aufbauen. Die Grundstücks- und Immobilienpreise von damals rechtfertigen die »gute alte Zeit«. Eine rechtschaffene Villa in unmittelbarer Nähe zum kaiserlichen Schloss Schönbrunn konnte schon um 100 000 Kronen erstanden werden.

Damals wie heute beklagten die Menschen die drückende Steuerlast. Hätten sie geahnt, wie tief der Staat in die Taschen der Bürger greifen kann, hätten sie sich vor der Zukunft noch mehr gefürchtet. Steuern waren 1914 kein Problem.

19. Februar 1914 **»Die schwierige Etikette der Titulatur einer Offiziersfrau«**
Die Meldungen aus England über die Skandalaktion der Suffragetten hätten Wiens Offiziersdamen gehörig schockiert, wenn sie denn gelesen worden wären. Doch gottlob hatten die Frauen der k. u. k. Offizierselite ganz andere Sorgen. Die Damen zerschlugen keine Fenster, warfen sich nicht vor königliche Reitpferde wie ihre Geschlechtsgenossinnen auf der britischen Insel, sie übten sich nicht im Widerstand gegen die männliche Staatsgewalt, dafür sorgten sie sich pflichtgemäß um die geziemende Etikette.

Die *Armee-Zeitung* diskutiert am 19. Februar wahrhaft entscheidende Fragen: Wie sollen die Ehegattinen der Militärelite angesprochen werden? Immerhin »gibt es in der österreichisch-ungarischen Offiziersgesellschaft kaum eine schwierigere Etikettfrage als die Titulatur der Offiziersfrau«, beklagte die *Armee-Zeitung*. In Ungarn hingegen wurde dieses gesellschaftliche Problem recht einfach gelöst. Die mit einem Offizier ehelich verbundenen Damen sprachen einander einfach mit dem »Du-Wort« an, so »wie dies auch sonst überall bei den Damen des Hochadels gebräuchlich ist«. Da leider nicht jede Offiziersfrau auch »hochadelig« geboren werden konnte, schied das »Du« als anerkannte »Titulatur« aus. Ohne Titel ging es aber doch nicht, so (klein-)bürgerlich konnte die Offiziersgesellschaft gar nicht sein. Die Autorin des Zeitungsartikels, Sophie von Schönwies, wusste warum: »Hierzulande titulieren sich bürgerliche Offiziersfrauen gewöhnlich mit dem Familiennamen und fügen – freigiebig, wie speziell die Wienerin ist – taxfrei das Titelchen ›von‹ bei.«

Mit der Charge des Herrn Gemahls wurden hingegen nur jene Offiziersfrauen angesprochen, deren Namen man nicht kannte. Ganz schwierig wurde der gesellschaftliche Verkehr, wenn eine adelige Dame einen bürgerlichen Offizier geehelicht haben sollte: »Soll cinc Baronin oder Gräfin mit ihrem früheren Adelstitel angesprochen werden?« Die *Armee-Zeitung* findet, eher ja. Denn: »Eine gutmütige, liebenswürdige Dame wird es tun und wird auch eine Feldmarschallsleutnantsgemahlin, deren Mann nicht wirklicher Geheimrat ist, ›Exzellenz‹ nennen, wenngleich sie darauf keinen Anspruch hat.«

Also, »von« und »Exzellenz« kann im Umgang mit Offiziersgattinnen nie schaden. Das lernen wir im Februar 1914.[33]

19. Februar 1914 »Aus nahen Entfernungen werden die Knochen in viele Stücke zerlegt«

Das *Berliner Tagblatt* berichtet über die Erfahrungen des Generalarztes Geheimrat Dr. Payr in einem Etappenlazarett. Der Mediziner hat die Wirkungen französischer Munition studiert. »Man muß wissen, daß das französische Infanteriegeschoß aus relativ weichem Material gefertigt ist; seine Spitze verbiegt sich schon beim Auftreffen bei einem Widerstand von einiger Konsistenz. Wenn das französische Geschoß auf einen Stein aufschlägt, schlägt es sich platt wie eine Schiffsschraube.« Die modernen Waffen richten auch auf weite Entfernungen schwere Verwundungen an. Geheimrat Dr. Payr beschreibt in seinen »Erfahrungen der modernen Kriegschirurgie« die Wirkung von Geschoßen. »Auf nahe Entfernung werden die Knochen in viele Stücke zerlegt. Je größer die Entfernung, um so eher zeigt sich das Geschoß geneigt, ein Loch durch den Knochen zu schlagen und bloß ein paar Sprünge in der Umgebung dieses Loches zu verursachen. Die elfenbeinharten langen Röhrenknochen splittern auch noch auf sehr große Entfernungen, zum Beispiel 1600 bis 1800 Meter, während die schwammig gebauten Knochen, wie zum Beispiel das Kniegelenk, glatt durchschlagen werden. Das ist auch die Ursache, warum Gelenkschüsse relativ günstig verlaufen.« Aber grundsätzlich definiert der Generalarzt die Wirkungen von Schussverletzungen als ungünstig: »Blutung, Schmerz, Schock, Verstümmelung und Tod.«

Das Wissen über die Wirkung von Waffen war am Beginn des Jahres 1914 kein Geheimnis.

23. Februar 1914 »Die ›Grande Nation‹ hat in den Ehebetten Ladehemmung«
Mehr als ein Drittel aller französischen Soldaten ist im Winter 1913/14 wegen Krankheit untauglich. Das französische Abgeordnetenhaus in Paris beendet am 13. Februar eine zehntägige Debatte über den Gesundheitszustand der Armeeangehörigen mit der Einsetzung eines Untersuchungsausschusses. Von den knapp 723 000 Soldaten in französischer Uniform haben sich mehr als 260 000 dienstunfähig gemeldet. Der deutsche Generalstab in Berlin verfolgt diese Untersuchung mit Akkuratesse. Militärische Informationen werden nicht nur durch Spione verraten. Protokolle von Parla-

mentssitzungen lassen oft tiefe Einblicke ins Funktionieren der gegnerischen Armeen zu. Die Verlängerung des Wehrdienstes im zaristischen Russland auf dreieinhalb Jahre lässt jedenfalls den Präsenzstand der Armee auf fast 1,5 Millionen Soldaten anwachsen. Neun neue Regimenter werden in Dienst gestellt, die Militärausgaben kräftig aufgestockt. Auch in Frankreich drängt die Militärführung auf eine Verlängerung des Wehrdienstes auf drei Jahre. Nur so könne das Gleichgewicht gegenüber Deutschland wiederhergestellt werden. Menschen sind wie Kanonen Ziffern in einer Rechnung. Mehr Soldaten erhöhen die Chance, einen Krieg gewinnen zu können. Deutschland hat Frankreich am Beginn des 20. Jahrhunderts nicht nur wirtschaftlich und technologisch überflügelt. Die »Grande Nation« hat in den Ehebetten Ladehemmung. Demografisch hat das deutsche Kaiserreich die Republik längst überflügelt, wirtschaftlich sowieso. Für einen erfolgreichen Krieg gegen Deutschland braucht Frankreich einen volkreichen Verbündeten. Das Zarenreich an der deutschen Ostgrenze bietet sich an. Das ist der Albtraum deutscher Militärstrategen. Einem langen Krieg an zwei Fronten fühlen sich die Militärs nicht gewachsen. Seit Jahren schon drängen sie die Politiker und den Kaiser: Sie wollen Krieg gegen Frankreich, solange er in den Planspielen der Generalstäbler noch zu gewinnen ist. Spätestens 1916/17 muss es so weit sein.

23. Februar 1914 »Stefan Zweig sagt einen Vortrag in Berlin ab«
Am 23. Februar schreibt Stefan Zweig an den Berliner Theaterkritiker Julius Bab: »Ich habe meinen Vortrag über Dostojewski, der am 25. bei der Freien Studentenschaft angesetzt war, soeben abgesagt. Die Gründe, die mich dazu bestimmt haben sind, daß ich heute am 23. noch keine Nachricht von den Studenten habe in welchem Saale und um wie viel Uhr der Vortrag stattfinden sollte, so daß mir gar keine Möglichkeit gegeben ist, die paar Menschen in Berlin, deren Anwesenheit mir wichtig ist, überhaupt einladen zu können. Auch in den Zeitungen ist bisher kein Hinweis erschienen. Ich habe wirk-

lich keine Lust, wenn ich eigenst nach Berlin komme, anonym und vor leeren Bänken zu lesen.«

Zweig hatte vom Weltbühne-Autor Julius Bab das Manuskript seines Essays »Fortinbras oder Der Kampf des 19. Jahrhunderts mit dem Geist der Romantik« erhalten und wollte es über die Weihnachtsfeiertage 1913/14 lesen und »gerade dieses Werk voll genießen«.[35]

23. Februar 1914 »Bahnhöfe mit Geleisen in unterschiedlicher Höhenlage«

Vier Geleise sind eindeutig wenig. Der Wiener Westbahnhof ist zu klein geworden. Am 23. Februar treffen sich in Wien Experten zu einer »amtlichen Besprechung«, um über die »hochwichtigen Verkehrsfragen« der Reichs- und Residenzstadt zu beraten. Ein Umbau des alten Westbahnhofs scheint unabdingbar. Die Zahl der Bahnsteige und Geleise soll vervierfacht werden. Doch es fehlt an Platz. So wird das System eines Etagenbahnhofes erwogen. Die Züge aus dem Westen sollen in zwei Etagen ankommen und so eine Trennung des Nah- und des Fernverkehrs ermöglichen. Als Vorbild soll der Leipziger Bahnhof dienen, der mit 26 Gleisen das Nonplusultra seiner Zeit ist. Die Wiener Bahnplaner können dabei auf die Beschlüsse des »Internationalen Eisenbahn-Kongreßverbandes« aus dem Jahr 1905 zurückgreifen: »Wo die Örtlichkeit es gestattet, ist es im allgemeinen vorteilhaft, Etagenbahnhöfe oder gemischte Bahnhöfe anzulegen, das heißt Bahnhöfe mit Geleisen in verschiedener Höhenlage.«

1914 ist die Welt der Technik voller Zukunftsvisionen. Für die Gepäckbeförderung werden »mechanische Einrichtungen« erwogen. Aufzüge sollen den Passagieren der Westbahn das Stiegensteigen ersparen. Der im Jahr 1858 eröffnete Kaiserin-Elisabeth-Bahnhof war für die k. k. privilegierte Kaiserin-Elisabeth-Bahn vom Bahnarchitekten Moritz Löhr im damals üblichen historisierenden Baustil – viele »gotische« Bögen, ein bisschen Renaissance, Erker, Säulen und Türmchen – entworfen worden. Der technische Zweckbau mit seiner mehr als hundert Meter langen Halle wirkte eher wie ein

Schloss als ein Verkehrsbauwerk. Die Züge passierten bei der Aus-
fahrt der Halle zwei Türme, die zwar sinnlos, aber beeindruckend
waren. Das »Zeitalter der Bahnhöfe« inszenierte die neue Mobilität
mit herrschaftlichen Versatzstücken, die aber gelegentlich dem
Fortschritt im Wege standen. So mussten die zwei Türmchen des
Westbahnhofs bereits beim Umbau im Jahr 1912 abgerissen werden,
um Platz für ein fünftes Gleis zu schaffen.

Bei seiner Eröffnung lag der Westbahnhof außerhalb der Stadt
Wien und des sie umgebenden Linienwalls. Erst 36 Jahre später
wurden die Vorstädte Rudolfsheim und Fünfhaus eingemeindet.
Vom West- zum wichtigeren Nordbahnhof führte die erste elektrische Straßenbahn, der »5er«. Der 1914 geplante Neubau des Bahnhofs bleibt unvollendet. Erst nach den Zerstörungen des Zweiten
Weltkrieges wird der Westbahnhof in den 1950er Jahren neu errichtet. Wien musste sich geografisch und politisch neu orientieren. Die
Bahnstrecken nach Westen waren bedeutend geworden. Nach Norden und Osten endeten viele Gleise am Eisernen Vorhang.

**24. Februar 1914 »Österreich ist wichtiger als Nordböhmen und die Ruhe
des Reiches ist ein Opfer wert«**

Die deutschen Professoren an der Universität Prag drohen mit ihrer
Kündigung, wenn der Vermittlungsvorschlag des österreichischen
Ministerpräsidenten Karl Graf von Stürgkh im deutsch-tschechischen Nationalitätenstreit in Böhmen angenommen wird. Im Sommer 1913 ist der böhmische Landtag aufgelöst worden. Die deutschsprachigen Abgeordneten hatten mit allerlei Geschäftsordnungs-
tricks die Beschlussfassung blockiert. In einer spiegelbildlichen
Aktion behindern die tschechischen Abgeordneten in Wien ab Jänner 1914 die Arbeit des Reichsrates. Ihr Kampfruf: »Ohne Landtag
kein Reichsrat«.

Weder in Böhmen noch in der österreichischen Reichshälfte können die erforderlichen Budgets beschlossen werden. Jahr für Jahr
werden die Ansätze fortgeschrieben. Im Frühjahr 1913 ist in Böhmen

der kritische Punkt erreicht. Die autonome Landesverwaltung steht vor dem Bankrott. Es droht Zahlungsunfähigkeit. Nur Notkredite der Prager Sparkasse können die Pleite bis Juli hinauszögern. Dann folgt mit dem sogenannten »Annapatent« der Verfassungsputsch. Der demokratische »Landesausschuss« wird durch eine »Verwaltungskommission« ersetzt, die das tut, was die Parteien nicht wagten: Die Biersteuer wird kräftig erhöht und damit werden die Einnahmen des Landes wieder zum Schäumen gebracht.

Dieser Weg bedeutete einen Bruch der böhmischen Autonomie; faktisch aber eine Wendung gegen die Deutschböhmen, denen mit dem Eingreifen der Zentrale ihre wirksamste Waffe genommen wurde: ohne Landesparlament keine Blockade der Volksvertretung. Die Chance auf eine echte Lösung des Konflikts wird vertan.

Am Beginn des Jahres 1914 sind die Machtinteressen vielschichtig, das Parteienspektrum ist verwaschen und im Umbruch. Der Wiener Historiker Lothar Höbelt analysiert: »Die Tschechen waren eine verhältnismäßig kompakte Masse, die Interessen der über fast alle Kronländer verstreuten Deutschen viel heterogener. Auf dem Klavier dieser Dissonanzen mußte die tschechische Politik spielen, um die nationale Solidarität der Deutschen aufzubrechen und die Deutschböhmen zu isolieren.« Und die Tschechen beherrschten dieses Spiel. Immer deutlicher manövriert sich die deutschsprachige Minderheit in Böhmen ins Eck der Verhinderer eines nationalen Ausgleichs. So schreibt der Vertraute des Thronfolgers, Graf Ottokar Czernin, schon im Jahr 1912: »Die Deutschen müssen endlich einsehen, daß die Sprachenfrage eine österreichische ist, daß Österreich wichtiger ist als Nordböhmen und daß die Ruhe des Reiches ein Opfer wert ist.«

Seit 1880 führt die Doppelsprachigkeit im Landtag zu Konflikten, obwohl die Siedlungsgebiete der Tschechen und Deutschböhmen relativ klar abgegrenzt sind. Neben der mit Emotionen und Vorurteilen aufgeladenen Sprachendebatte wird ein politischer Ausgleich durch den Umbruch in der Parteienlandschaft erschwert. Die Mehrheiten der alten Honoratiorenparteien verschwinden durch die Ab-

lösung des alten Kurienwahlsystems, das Minderheitsparteien so-
lide Mehrheiten garantierte. Das Aufkommen der Massenparteien
macht die Politik von populistischen Strömungen abhängig. Bei der
letzten Wahl vor dem Krieg errangen die tschechischen »Agrarier«
mehr als doppelt so viele Mandate wie die bis dahin tonangebenden
»Jungtschechen«.[36]

25. Februar 1914 »Man hat mich einen Narren genannt, als ich 1200 Flugzeuge forderte«

Österreich-Ungarn rüstet die Marine auf. Das russische Kriegsmi-
nisterium hingegen gibt bei verschiedenen einheimischen Firmen
den Bau von insgesamt 353 Flugzeugen in Auftrag. Nach französischen Plänen konstruiert, sollen sie die bereits vorhandenen 300
Militärflugzeuge ergänzen. Dazu wird die Zahl der russischen
Fliegerkorps von 20 auf 35 aufgestockt. Im britischen Unterhaus in
London stellt Kriegsminister John Seely die Planungen für das Mili-
tärflugwesen vor. Der Bestand an Flugzeugen soll demnach von gegenwärtig 161 auf insgesamt 250 erhöht werden.

Die Luftwaffen werden im Ersten Weltkrieg eine wichtige Rolle
spielen. Die Mittelmächte Deutschland und Österreich-Ungarn sind
in der Luft flügellahm. Generalstabschef Conrad von Hötzendorf
wird schon nach wenigen Wochen des Krieges erkennen, dass die
Luftüberlegenheit des Feindes ein großes Problem ist. Im Gespräch
mit dem Parlamentarier Josef Redlich, der als freiwilliger Mitarbeiter für das Ministerium des Äußeren die Betreuung von Auslands-
korrespondenten übernommen hat, wird er am 22. August im Haupt-
quartier bei Przemysl lamentieren: »Die Flieger leisten uns große
Dienste. Wir erfahren durch sie alles über Aufmarsch und Stellung
der Russen. Aber wir haben viel zu wenige: überdies gehen 50 % und
darüber zu Grunde. Man hat mich einen Narren genannt, als ich
1200 Flugzeuge für die Armee forderte. Jetzt sieht man, dass ich
recht hatte.«

27. Februar 1914 »Ein glänzender Erfolg für unsere operettenmüde Zeit«

Der Komponist dirigiert bei der Premiere selbst die Ouvertüre. Wiens letzter k. k. Hofballmusikdirektor Carl Michael Ziehrer – der vierte, letzte und einzige, der nicht aus der Familie Strauss stammte – hebt eigenhändig den Taktstock im Wiener Johann-Strauss-Theater und lässt zur Premiere seiner neuesten Operette, die eigentlich aus drei Einaktern besteht, das Orchester einen flotten Marsch spielen. Alle drei Hauptrollen spielt ein echter Bühnenstar: Alexander Girardi.

Das Libretto zur Operette hat der Kabarettist Rudolf Oesterreicher mit Wilhelm Sterk verfasst und in einem Prolog mit »launigen Worten« das Publikum darauf eingestimmt, dass es keine eigentliche Operette, sondern drei unterschiedliche Stücke sehen und hören würde. Das Thema wird durch den Titel vorgegeben: *Das dumme Herz*. Die Kritiker waren angetan, das Publikum applaudierte heftig. Im *Interessanten Blatt* erschien eine wohlwollende Kritik: »Die Ziehrersche Musik hatte einen für unsere operettenmüde Zeit glänzenden Erfolg.« Dazu trug die kabarettistische Handlung bei. Im dritten Akt verhandelte ein Richter in einem Vaterschaftsprozess und musste zu seinem wachsenden Schrecken erkennen, dass »er sich selbst als Vater eines Produkts seiner Laune zur Alimentation verurteilen muß«.

Volksschauspieler Alexander Girardi zog alle Register seines Könnens, trug gewaltig auf und hatte die Lacher des Publikums auf seiner Seite. »Die Darsteller, an der Spitze Girardi, wurden eifrig herausgerufen und ihnen rauschende Ovationen bereitet.« Die Operette hielt sich lange im Repertoire des Johann-Strauss-Theaters. Im Herbst verschwand das leichtlebige und wohl auch leichtgewichtige Stück vom Spielplan. Alexander Girardi stand nicht mehr zur Verfügung. Er zog sich mit Beginn des Krieges von der Bühne zurück und spielte nur noch ein einziges Mal, im Februar 1918, am Burgtheater in Ferdinand Raimunds *Der Bauer als Millionär*.

Carl Michael Ziehrer galt als Epigone und auch Rivale der Strauß-Dynastie. Er war Kapellmeister des berühmten k. u. k. Infanterieregiments Hoch- und Deutschmeister Nr. 4 geworden und damit »weltberühmt in Wien«, aber nicht nur: Ziehrer und die »Deutschmeister« gaben Konzerte in vielen Städten Europas. Ja, sie durften sogar zur Weltausstellung nach Chicago reisen und dort den Marsch blasen. Bei der Militärmusik scheute die k. u. k. Armee keinen internationalen Vergleich. Die Regimentskapellen wetteiferten in den Wiener Vergnügungsetablissements um Publikum und spielten zum Tanz auf.

Die Welt schien in Ordnung. Auch aus London erklangen an diesem Tag harmonische Töne. Der britische Premierminister Herbert Henry Asquith lehnte im Unterhaus die Einführung der allgemeinen Wehrpflicht in England ab – ein Friedenssignal.[37]

1. März 1914 »Vom Fieber des Erlebens gepackt«

Wiens Bildungsbürger gehen am 1. März, einem Sonntagabend, ins Wiener Konzerthaus. Die Schriftstellerin und Weltreisende Alice Schalek zeigt auf der Veranstaltung der »Konzertdirektion Gutmann« ihre jüngsten Reisefotos. »Die Schalek« war mit ihrer wenig handlichen Balkenkamera buchstäblich »um die Erde« gereist und versprach, dem Publikum zu »populären Preisen« den »Zukunftsstaat Australien« in 800 Lichtbildern und »Kinoaufnahmen« vorzustellen.

Die damals 40-jährige Schriftstellerin und Fotografin hat sich längst einen Namen gemacht. Die Tochter aus gutbürgerlichem jüdischen Haus kann sich Weltreisen leisten. Sie finanziert die Expeditionen mit Vorträgen in Wien und Berlin und mit der Herausgabe von Reisebüchern, die dem Publikum in der k. u. k. Residenzstadt Wien, in Berlin oder in Czernowitz ein Fenster in die bunte Welt öffnen: *Im Lande Buddhas, Bei den Maharadschas, Japan, das Land des Nebeneinander* heißen einige der auch kommerziell erfolgreichen Bücher.

Ihr Vater Heinrich Schalek hatte eine »Annoncen-Expedition« gegründet und platzierte Anzeigen und Inserate in den österreichisch-ungarischen Gazetten. Das Geschäft der gewissermaßen ersten »Media-Agentur« ging gut. Familie Schalek galt als wohlhabend.

Alice hatte eine stattliche Wohnung am Wiener Schottenring und lebte das Leben einer modernen, selbstständigen Frau. In den 1930er Jahren charakterisierte *Elite – das Handbuch der Führenden in Kultur und Wirtschaft* Alice Schalek durchaus wohlwollend: »Die hochbegabte Schriftstellerin hat zu einer Zeit, in welcher die Berufstätigkeit einer Frau der des Mannes noch lange nicht als gleichwertig angesehen wurde, für die bessere Werteinschätzung ihres Geschlechtes auf den verschiedensten Gebieten hervorragende Pionierarbeit geleistet. Sie unternahm Weltreisen in die fernsten Länder und vermochte über ihre Eindrücke hochbeachtete Vorträge zu halten, welche sie mit interessanten photographischen Aufnahmen doppelt wirksam machte. Es war kein Wunder, daß A. Sch., welche den Ruf einer vortrefflichen Journalistin erwarb, als das erste weibliche Mitglied in den Schriftsteller- und Journalistenverein ›Concordia‹ aufgenommen wurde.«

Diese Charakterisierung ist bemerkenswert. Denn Karl Kraus hatte in seinem 1922 erschienenen Monumentalwerk *Die letzten Tage der Menschheit* seiner Kollegin ein literarisches Denkmal gesetzt, das »Fräulein Schalek« als kriegslüsterne Megäre, als Abschaum des Journalismus, als bezahlte Kriegshetzerin porträtierte. Schalek klagte Kraus, verlor aber den Ehrenbeleidigungsprozess und musste Karl Kraus auch die Verfahrenskosten ersetzen. Dabei wird das Charakterbild, das Kraus zeichnete, der ersten und einzigen weiblichen Kriegsberichterstatterin der Wiener Presse nicht in allen Facetten gerecht. Der *Fackel*-Herausgeber war kein Freund des Feminismus, er verhöhnte Schalek ziemlich uncharmant als »Mannsweib«.

Die Kritik von Karl Kraus an der anfänglichen Kriegsbegeisterung der »Schalek« hätte sich an fast alle deutschen und österreichischen Literaten und Journalisten richten können, die im Sommer

1914 eine Euphorie für den beginnenden Weltkrieg herbeischrieben. Alice Schalek berichtete für die *Neue Freie Presse* aus dem Kriegs-Pressehauptquartier und – im Gegensatz zu vielen Kriegspropagandisten – tatsächlich von der Front. Sie erhielt dafür – sehr ungewöhnlich für eine Frau und Zivilistin – das »Goldene Verdienstkreuz mit der Krone am Bande der Tapferkeitsmedaille«.

Im September 1915 beschrieb Schalek nach dem Kriegseintritt des Königreichs Italien die ersten Kämpfe in den Dolomiten: »Eben beginnt ein Schauspiel, das keines Künstlers Kunst spannender, leidenschaftlicher gestalten könnte. Jene, die daheim bleiben, mögen unentwegt den Krieg die Schmach des Jahrhunderts nennen, jene, die dabei sind, werden aber vom Fieber des Erlebens gepackt, das wohl durch Jahrtausende hindurch noch jeden Kämpfer erfaßte.«

Im weiteren Verlauf des Krieges wurden die hurra-patriotischen Untertöne ihrer Reportagen leiser. Ihr Bild in der Geschichte und ihre Leistungen wurden aber Jahrzehnte durch Karl Kraus' literarische Typisierung geprägt. Alice Schalek schrieb bis in die 1930er Jahre Feuilletons und Reportagen für die *Neue Freie Presse*. Nach dem Einmarsch der Nationalsozialisten in Österreich im März 1938 musste die schon 1903 zum Protestantismus konvertierte Jüdin über die Schweiz nach Amerika fliehen. Eine Fotoreportage über »Osterumzüge in Palästina« hatte den neuen NS-Herrschern nicht gefallen.[38]

1. März 1914 »Pablo Picasso und die Wiener Moderne«

Ehe sich Alice Schalek für ihren Vortrag im Konzerthaus frisch machte, hätte die Journalistin am Vormittag die neue Ausstellung in der Galerie Miethke in der Wiener Dorotheergasse 11 besuchen können. Ein spanischer Maler stellte dem Wiener Publikum seine neuesten Werke vor: Pablo Picasso.

1895 hatte der Kunsthändler Hugo Othmar Miethke das Palais gekauft, das er als Kunstgalerie und Wohnsitz nutzte. Die Galerie Miethke wurde um die Jahrhundertwende das Zentrum der frühen österreichischen Moderne. 1904 kaufte der Juwelier Paul Bacher, ein Freund Gustav Klimts, die Galerie und nutzte sie kurzzeitig als Verkaufslokal der Wiener Secession. Nur ein Jahr später übernahm der Maler Carl Moll die künstlerische Leitung der Galerie. Neben den Künstlern des Jugendstils und der Wiener Werkstätte wurde auch die internationale Moderne, darunter Henri de Toulouse-Lautrec, Claude Monet, Édouard Manet, Paul Cézanne, Paul Gauguin, Vincent van Gogh und Pablo Picasso, dem Wiener kunstinteressierten Publikum vorgestellt.

Die Ausstellung dürfte kein großer Verkaufserfolg gewesen sein. Werke der Wiener Malerin Tina Blau wurden in der Tagespresse höher eingeschätzt. Das Palais Eskeles kam 1936 in den Besitz des Dorotheums. Es beherbergt heute das Jüdische Museum der Stadt Wien.

2. März 1914 »Autounfall des Erzherzogs Franz Karl Salvator«

Die *Czernowitzer Allgemeine Zeitung* reiht den Vorfall in ihre »Bunte Chronik« ein, dabei wäre er beinahe zu einem doppelten Trauerfall geworden. Erzherzog Franz Karl Salvator hatte sich Samstagnacht mit einem »Hofautomobil« zum Wiener Südbahnhof begeben, um den sterblichen Überresten des Erzherzogs Leopold II., Großherzog der Toskana, ein letztes Geleit zu geben. Die Leiche war mit einem »Hofsonderzug der Südbahn« nach Wien gebracht worden und sollte tags darauf in der Kaisergruft bei den Kapuzinern beigesetzt werden. »Bei der Vorfahrt des jugendlichen Erzherzogs ereignete sich ein vielbemerkter Zwischenfall, der leicht von Folgen begleitet hätte sein können«, zeigte sich das Czernowitzer Blatt besorgt. »Als das Hofautomobil beim Hauptportal hielt, kam im rasenden Tempo ein Mietautomobil, das der 46jährige Chauffeur Leopold Blaha lenkte und in dem ein Kavallerieoffizier saß, daher.« Herr Blaha war offenbar zu später Stunde nicht mehr ganz im Vollbesitz seiner Sinne. Er krachte in das stehende Hofautomobil. Glücklicherweise war der Erzherzog gerade ausgestiegen und blieb somit unverletzt.

Das Hofautomobil musste freilich »außer Dienst gestellt« werden. Gleiches passierte dem Chauffeur. Leopold Blaha wurde zum Wachzimmer der Polizeiinspektion Südbahnhof gebracht und dort stante pede von einem Polizeibezirksarzt untersucht. Dieser konnte schon durch Augenschein feststellen, dass der Chauffeur »etwas alkoholisiert« war. Gegen Leopold Blaha wurde die »Strafamtshandlung« eingeleitet. Ungestraft darf kein Taxifahrer einen Erzherzog rammen.

Zur gleichen Nachtzeit ereignete sich in Fiume ein Bombenanschlag. Im Garten des Gubernalpalastes explodierte eine Dynamitbombe. Verletzt wurde niemand. Der örtlichen Polizei gelang es »zwei verdächtige Individuen« festzunehmen. Sie hatten zu fliehen versucht.

Bei der rumänischen Königin Elisabeth verlief eine von einem französischen Spezialisten durchgeführte Staroperation am rechten Auge sehr glücklich. Ihr Zustand war – laut offiziellem Bulletin – »befriedigend«.

Und in London genehmigte das britische Unterhaus ein Nachtragsbudget von 1,5 Millionen Pfund für den Ausbau der britischen Flotte. »Bunte Meldungen« in Czernowitz, der Hauptstadt der Bukowina.[39]

4. März 1914 **»Die reichste Ernte, die der Tod je gehalten hat«**
Die Katastrophenmeldung erreicht Wien in einem »Privattelegramm«: »Im Ortlergebiet wurden wie soeben verlautet, zwei Kaiserjägeroffiziere, zwei Fähnriche und fünfzehn Mann bei einer Übung durch eine Lawine verschüttet. Sämtliche sind tot, darunter ein Meraner Leutnant, der sich freiwillig an der Expedition beteiligt hat.«

Die Übungsabteilung der Landesschützen ist bei strahlendem Wetter zur Payerhütte im Ortler-Massiv unterwegs, als sich eine Lawine löst und elf Soldaten und vier Offiziere verschüttet. Eine kleinere Gruppe wird von der »Lahn« nur gestreift und kann sich selbst und unverletzt aus den Schneemassen befreien. Ein Bergführer beobachtet die Katastrophe von der gegenüberliegenden Tartscheralm, eilt sofort ins Tal nach Trafoio und alarmiert dort die Hilfsmannschaften.

Für die 15 Verschütteten musste jede Hilfe zu spät kommen. Erst um elf Uhr nachts waren die Helfer an der Unfallstelle angelangt. Sie konnten nur noch die Toten bergen.

Die Nachricht aus Südtirol ließ tags darauf das *Neue Wiener Tagblatt* die Frage stellen: »Mußte es sein? Und die Antwort darf und kann nur ›Nein!‹ lauten.« Die Wiener Zeitung kritisierte den Ehrgeiz der Offiziere, die mit ihren Mannschaften die Berggefahren unterschätzt und »zuviel gewagt haben«. »Für den sportlichen Skiläufer mag die furchtbare Katastrophe des 4. März 1914 eine Warnung bleiben und eine Lehre. Gerade jetzt wo die sonnigen langen Tage des Vorfrühlings uns erlauben, jenen verklärten Firnisgipfeln zu nahen, und des Skiläufers höchstes Glück verheißen, möge jeder sich dreimal prüfen, möge keiner vergessen, daß so manchmal sich der höchste Mut im Verzicht und im Entschluß zur Umkehr bewähren muß.«

Während des Kampfes in den Dolomiten sollten schließlich allein im Winter 1916 10 000 Soldaten Opfer der extremen Berggefahren werden. Durch Schnee, Eis und Erfrierungen starben damals mehr Soldaten als im unmittelbaren Kampf. Italiener und Österreicher lösten durch Sprengungen Lawinen aus. Ganze Kompanien wurden in den »weißen Tod« gerissen.[40]

5. März 1914 »Es ist wirklich nicht übertrieben, zu behaupten, daß jetzt das Altern nicht mehr existiert«

1914 verspricht der Fortschritt eine strahlende Zukunft. Radioaktivität gilt noch als Wunder. Und ihre Wirkung verspricht gute Geschäfte. »Es ist eine Tatsache, daß die erstaunende Wirkung der Radioaktivität auf die Haut ein Gegenstand unserer Verwunderung ist, so wie ihn uns die Wissenschaft schon seit Jahren nicht geboten hat.

Unter dem wunderbaren Einflusse der wunderbaren Eindringungs-
kraft scheinen die Hautgeflechte einen neuen Lebensstrom zu erhalten, Lebensstrom von einer so unglaublichen Intensität, welcher
sie in einem permanenten jugendlichen und kräftigen Zustand
erhält. Es ist wirklich nicht übertrieben, zu behaupten, daß jetzt das
Altern nicht mehr existiert.«

Altern können sich die Damen im Spätwinter 1914 einfach weg-
schminken. Das so euphorisch angepriesene Wundermittel kommt
aus Paris und wird indirekt mit der Entdeckerin des Radiums, Marie
Curie, beworben. Wer die »Creme Aktiva« der »Compagnie Française de Vulgarisation« um 5 Kronen pro Tiegel ersteht, wird gegen
»jeden Schönheitsmangel geschützt«. Ein wenig radioaktive Haut-
creme verschmieren und schon wird »ihr Gesicht einen unverwüst-
lich reinen Teint bekommen«. Hoffentlich enthielt die Creme so
wenig radioaktive Substanzen, wie der Wahrheitsgehalt der Werbe-
botschaften war.

Die Schönheitsversprechen in den Blättern dieser Zeit lassen
kaum einen körperlichen Makel unberührt. Für »zu Blutarmut nei-
gende Mädchen und Frauen« hat die Züricher Aktiengesellschaft
»Hommel's Haematogen« das gleichnamige Wundermittel auf den
Markt und in die Apotheken gebracht. Gegen Hautjucken hilft
»Tanno-Menthol« und gegen Sodbrennen »Schaumann's Magen-
salz«. Und mit der von Universitätsprofessoren »glänzend begut-
achteten« Zahnpasta »Solvolith« um eine Krone pro Tube wird
Zahnstein spielend entfernt. Immerhin enthält die säurefreie Pasta
Karlsbader Sprudelsalz. Auch Schuppen und Haarausfall gilt es zu
bekämpfen. Ein namenloser »Spezialist« empfiehlt, sich beim Apotheker eine Mixtur aus 85 Gramm Bay-Rum, 30 Gramm »Livola de
Compose« und 1 Gramm Menthol zusammenbrauen zu lassen.
»Damit reibe man morgens und abends mit den Fingerspitzen
gründlich die Kopfhaut und die Haarwurzeln ein.« Der Insidertipp
des Spezialisten mag gar nicht abwegig gewesen sein. Bay Rum ist
ein – auch heute noch erhältliches – Allzweckmittel auf der Grund-

lage von feinem Jamaica-Rum und Bay-Öl, das aus den Blättern und Beeren des auf den Antillen heimischen Dominica Bay Tree destilliert wird. »Livola de Compose« war ein damals gebräuchliches Haarwuchsmittel. Und gegen Menthol ist generell wenig einzuwenden.[41]

6. März 1914 »Man kann nicht nach Belieben einmal töricht und einmal weise sein«

Am 6. März 1914 schreibt Oskar Kokoschka:»Almi, man kann nicht nach Belieben einmal töricht und einmal weise sein. Man verliert sonst beide Glücksmöglichkeiten. Und Du wirst eine Sphinx, die nicht leben noch sterben kann, aber den Mann umbringt, der sie liebt und der zu moralisch ist, diese Liebe zurückzunehmen oder zu betrügen für sein Wohl.«

Der 25-jährige Maler Oskar Kokoschka und Alma, die Witwe des Komponisten Gustav Mahler, begegnen einander im Mai 1911 in Wien. Es ist so etwas wie Liebe oder Leidenschaft auf den ersten Blick, zumindest verfällt der Maler den Reizen der um sieben Jahre älteren Wiener »Künstlermuse«. Oskar, der mittellose Künstler, und die Dame aus der bürgerlichen Kunstszene sind zwei exzentrische, narzisstische Persönlichkeiten. Alma wird Oskars Modell, seine Geliebte und sein Alles. Oskar malt nur noch sie. Er glaubt, ohne sie nicht mehr leben zu können, und entwickelt sich zum eifersüchtigen Tyrannen.

1912 wird Alma schwanger, sie lässt das gemeinsame Kind jedoch abtreiben. Wie sehr Kokoschka darunter leidet, zeigen die Bilder *Alma Mahler mit Kind und Tod* und *Alma Mahler spinnt mit Kokoschkas Gedärmen*, die beide 1913 entstanden sind.

Die Beziehung ist eine Hochschaubahn der Gefühle, maßlos, wild, zerstörerisch. Im Frühling des Jahres 1914 verliert Alma Mahler langsam das Interesse an ihrem Geliebten. Sie flieht vor seinen Avancen mit ihrer Freundin Lilly Lieser für Wochen nach Paris. Alma und Lilly kennen einander aus der Sommerfrische in Breitenstein am Semmering. Zwei Damen der besseren Wiener Gesellschaft, die der Hang zum Müßiggang eint. Frau Lieser ist wohlhabend, mehr noch, reich, und Alma macht sie zur Mäzenin von spannenden und überspannten Künstlern der Zeit. »Und da rennen so viele reiche kunstbegeisterte Kühe herum – eine davon muss jetzt gemolken werden«, schreibt Alma an Arnold Schönberg.[42]

7. März 1914 »Wenn uns nur der äußere Friede erhalten bliebe«

Das Morgenblatt der *Neuen Freien Presse* vom 7. März wird so manchem Leser Kipferl und Milchkaffee verbittert haben. Auf Seite eins druckt das angesehene liberale Weltblatt – völlig unüblich – ein Interview. Diese journalistische Form war damals kaum gebräuchlich. Gespenstisch wird das Frage-Antwort-Interview durch den Gesprächspartner: Er wird nicht genannt. Vermutlich ist es Moriz Benedikt, der Chefredakteur des Wiener Blattes, der »nach einer Unterredung mit einer hochstehenden Persönlichkeit« berichtet. Zeitgenossen dürften gewusst haben, wer sich hinter dieser verbirgt, und das Gespräch dürfte wohl auch als kaum versteckte Botschaft an ausländische Mächte gedacht gewesen sein.

Der Journalist beginnt das Interview mit einem Hinweis auf die innenpolitische Krisensituation, die durch das Scheitern des lang vorbereiteten Ausgleichs mit den Tschechen am Widerstand der deutschsprachigen Bevölkerung in Böhmen und der tschechischen Obstruktion im Wiener Reichsrat geprägt war. Die »hochstehende Persönlichkeit« – möglicherweise der ungarische Ministerpräsident Tisza oder sein österreichisches Gegenüber, Graf Karl Stürgkh, – gibt sich schon in seiner ersten Antwort rätselhaft: Die inneren Schwierigkeiten könnten bald von größeren außenpolitischen Problemen vollständig in den Hintergrund gedrängt werden. Moriz Benedikt nimmt den Hinweis auf: »Sind vielleicht ungünstige Nachrichten eingetroffen, die eine Spannung in den Verhältnissen zwischen den Mächten besorgen lassen?« Der Interviewpartner wiegelt zunächst ab, kommt dann aber auf den Punkt. »Ich halte mir das Bild, wie ich es an den Grenzen sehe, vor Augen. Ich spreche von den Grenzen zwischen Rußland und Österreich-Ungarn, zwischen Rußland und Deutschland, zwischen Frankreich und Deutschland. An diesen Grenzen sind große Mengen militärischer Kräfte vereinigt. Und wenn es möglich wäre zusammenzuzählen, wie viele Soldaten dort zusammengezogen wurden, würde eine erschreckende Ziffer herauskommen. Schon mitten im Frieden haben die Regimenter eine Stärke, die sich von der Kriegsstärke nur so unterscheidet, daß nach der Einberufung von wenigen Jahrgängen die volle Marschbereitschaft und Schlachtbereitschaft gesichert ist. Solche militärischen Anhäufungen sind unbehaglich.«

Mit diesem Satz wird klar, dass der Gesprächspartner kein Militär, kein Angehöriger des Herrscherhauses gewesen sein kann. Die »hochstehende Persönlichkeit« anaylsiert die strategische Lage mit klugem Durchblick. Ihre Sorgen sind eine Warnung.

Im selben Blatt, am selben Tag, verunsichert ein Bericht der *Kölnischen Zeitung*. Das rheinische Blatt hatte exklusiv aus St. Petersburg über weitreichende Kriegsvorbereitungen der russischen Armee geschrieben und damit die Regierung in Deutschland aufgeschreckt. Das offizielle russische Dementi folgte auf dem Fuß. »Nur der leidenschaftliche Wunsch, etwas Agitatorisches, um nicht zu sagen Hetzerisches, beizubringen, könne es verständlich machen, daß eine ernsthafte Zeitung den Lesern ein solches Märchen vorsetzt.«

Doch die *Kölnische Zeitung* beharrte auf der Richtigkeit ihrer Berichterstattung und verwahrte sich gegen Petersburger Unterstellungen, der Artikel habe bloß den Zweck verfolgt, die deutsche Öffentlichkeit auf eine Aufstockung des Wehrbudgets einzustimmen. Am selben Tag dementierte die offiziöse russische Nachrichtenagentur Meldungen, Russland beginne mit der »Probemobilisierung« seiner Armee. »Die diesjährigen militärischen Übungen unterscheiden sich im Umfang nicht von denjenigen früherer Jahre.«

Ein kluger Zwischen-den-Zeilen-Leser muss an diesem ersten Samstag im März äußerst beunruhigt sein.

Aus Berlin wird gemeldet, Nikolaus II. habe dem Kaiser Wilhelm II. ein Handschreiben geschickt. Der *Lokalanzeiger* in Berlin weiß zu berichten: »Der Briefverkehr der beiden Herrscher ist sehr rege und äußerst freundschaftlicher Natur.« Jetzt sollten die Alarmglocken wirklich läuten.

Und unsere »hochstehende Persönlichkeit« schließt auf der Titelseite der *Neuen Freien Presse* das Interview mit den Worten: »Wenn uns doch nur der äußere Friede erhalten bliebe. Das hoffe ich noch immer.«

Am 7. März 1914 betrat Fürst Wilhelm I. mit seiner Frau Sophie von Schönburg-Waldenburg und ihren beiden Kindern in Durrës erstmals albanischen Boden. Das Land, das ihm von den europäischen Mächten übergeben worden war, verfügte über keine ernsthafte Infrastruktur oder Verwaltung, ja war eigentlich überhaupt kein Staatswesen, sondern ein künstlich geschaffenes Gebilde, in dem lokale Stammesführer die Macht untereinander und gegeneinander aufteilten. Es war das wilde Land der Skipetaren, durch das schon Karl May – zumindest in seiner Schreibstube in Radebeul bei Dresden – geritten und dort dem Bösewicht »Schut« hinterhergejagt war. Fürst Wilhelm I. hatte keinen Kara Ben Nemsi um sich. Auch wenn die neue fürstliche Residenz in einem zweistöckigen Haus mit Zimmern rund um einen Innenhof für albanische Verhältnisse als recht luxuriös gelten konnte, so war sie doch im Vergleich zu anderen europäischen Höfen und zu Wilhelms Elternhaus bescheiden.

Das sollte freilich in den nächsten Monaten das geringste Problem der jüngsten europäischen Fürstenfamilie sein.

10. März 1914 **»Nach der Vorstellung im Imperial soupirt«**
Arthur Schnitzler begegnet dem sozialdemokratischen Abgeordneten Engelbert Pernerstorfer. Der Reichsratsabgeordnete und Mitstreiter von Victor Adler ist von der heimischen Politik ernüchtert. Er will eigentlich nicht mehr politisch wirken und beginnt mit dem Studium »nordischer Sprachen«. Pernerstorfer ist seit 44 Jahren

Mitglied der deutschen Burschenschaft »Braune Arminia Wien« und war bei der Verfassung des »Linzer Programms« federführend. Deutschnationale Ideen und sozialdemokratisches Engagement sind um die Jahrhundertwende kein Widerspruch.

Am Nachmittag des 10. März erscheint dann noch die 71-jährige Friedensnobelpreisträgerin Bertha von Suttner bei Dr. Schnitzler zum Tee. Die beiden Schriftsteller reden über die angespannte politische Lage und die neuesten Kriegsdrohungen. Schnitzler langweilt sich und notiert in sein Tagebuch: »Sie ist eine gute, aber doch wohl im Grunde banale Person – wie es Menschen sind, die berufsmäßig ›an etwas glauben‹ müssen – und gar an den ›Sieg der Vernunft‹.« Nach dem Tee mit der Friedenskämpferin begeben sich Arthur und Olga Schnitzler in Begleitung von Frau Hofrat Zuckerkandl in den »Ehrbarsaal«. Nach der Vorstellung des Puppenspiels *Doktor Johann Faust* wird im Imperial »soupirt«. Damit war es dann doch noch ein netter Tag für Herrn Schnitzler geworden.[43]

12. März 1914 »Alma Mahler flieht mit ihrer Freundin Lilly Lieser nach Paris«
Im späten Frühjahr 1914 hält es Alma Mahler in ihrem neuen – noch ein wenig ungemütlichen – Haus in Breitenstein am Semmering nicht mehr aus. Der Blick auf den Bergrücken der Rax entschädigt nicht für die doch einsame Lage. Es braucht keine lange Überredung und sie packt die Koffer. Ihre Freundin und Nachbarin in Breitenstein, Lilly Lieser, möchte nach Paris. Alma wird sie begleiten. Es ist nicht der erste gemeinsame Damenausflug. Die beiden Frauen waren schon im Nordsee-Strandbad Scheveningen auf Urlaub und Lilly stand Alma bei der Abtreibung im Oktober 1912 zur Seite. Die Paris-Reise mit der lesbischen Industriellenerbin Lilly Lieser scheint auch eine Flucht vor den heftigen Avancen des Geliebten Kokoschka gewesen zu sein. Er drängt Alma immer stürmischer zu einer Heirat. Frau Mahler denkt – noch – nicht an eine weitere Ehe, schon gar nicht mit dem ungehobelten Kokoschka. Ende Mai 1914 notiert sie wenig Schmeichelhaftes über das Maler-Genie in ihr Tagebuch:

»Mit Oskar möchte ich abrechnen. Er taugt nicht mehr in mein Leben. Er reißt mich zurück ins Triebhafte. Ich kann damit nichts mehr anfangen. Und so lieb und hilflos dieses große Kind ist, so unverlässlich ja verräterisch ist er als Mann. Ich muss ihn aus meinem Herzen reißen! Der Pfahl steckt tief im Fleisch. Ich weiß, daß ich durch ihn krank bin – seit Jahren krank – und konnte mich nicht losreißen. Jetzt ist der Moment da. Weg mit ihm! – Meine Nerven sind ruiniert – meine Phantasie verdorben. Welcher Unhold hat mir den gesandt?«

Lilly wird Alma getröstet haben. Mit großen Künstlern und ihren exaltierten Launen hat die 39-Jährige Erfahrungen. Auf Bitten von Alma zahlt die geschiedene Industriellengattin dem Komponisten Arnold Schönberg ein monatliches »Taschengeld« von 500 Kronen und lässt ihn mit Familie frank und frei in ihrer Hietzinger Villa in der Gloriettegasse 43 – unweit des Hauses von Katharina Schratt – wohnen. Dabei ist die Beziehung des Komponisten zu der Industriellenerbin eher flüchtig: »Da Sie, hochverehrter Herr Schönberg, mich wenig kennen, möchte ich hinzufügen, daß es in meinem Hause selbstverständlich ist, daß Ihnen jede Störung, jeder Lärm ferngehalten wird und durch die Zimmereinteilung auch leicht einhalten lässt. Ich werde jederzeit bereit sein, mit größter Freude alles zu thun, was Ihr persönliches Freigefühl und Wohlbefinden betrifft, aber mehr noch darauf bedacht sein, daß es durch nichts beeinträchtigt und beengt werde.«

Lilly Lieser konnte sich ein großzügiges Mäzenatentum leisten und gelegentlich auch ihre Freundin Alma unterstützen. Sie machte sich auch sonst für den umstrittenen Komponisten nützlich, organisierte Konzerte und intervenierte im Kultusministerium für Schönberg. Er dankte es seiner Unterstützerin nicht. Als er aus der Gloriettegasse ausziehen musste, beschrieb er Freunden gegenüber seine Gönnerin als Frau mit schlechtem Charakter. Die Freundschaft mit Alma Mahler endete 1915. Offenbar hatte Alma die gleichgeschlechtlichen Avancen ihrer Busenfreundin Lilly zurückgewiesen.

Die seit 1905 vom Fabrikanten Justus Lieser geschiedene Henriette Amalie – genannt Lilly – zog im Winter die Stadt vor. Sie lebte, wenn es kalt und unfreundlich wurde, in der Alleegasse 20 auf der Wieden (heute Argentinierstraße), auch das Nachbarpalais gehörte ihr. Finanzielle Sorgen plagten sie nicht. Ihr geschiedener Mann war Seilwarenfabrikant in Pöchlarn und immens reich. Auch Lilly selbst besaß ein großes Vermögen, das ihr von den Nationalsozialisten geraubt wurde, ehe sie 1941 nach Riga deportiert und dort ermordet wurde. Aus den NS-Aufstellungen geht hervor, dass sie Aktiendepots mit Anteilen von Humanic, Hutter & Schrantz, Donau-Dampfer-Aktien und Stammaktien der Schweizer Maschinenfabrik Winterthur besaß.[44]

13. März 1914 »Noch viel weniger als von Rußland ist jetzt vonseiten Frankreichs eine aggressive Haltung zu erwarten«

Helmuth von Moltke schreibt an seinen Wiener Kollegen Conrad von Hötzendorf. »Noch viel weniger als von Rußland ist jetzt vonseiten Frankreichs eine aggressive Haltung zu erwarten. Frankreich tut zwar alles, um seinen Bundesgenossen Rußland militärisch nach Möglichkeit zu stärken, es wird denselben aber schwerlich in absehbarer Zeit zum Krieg gegen den Dreibund treiben.« In diesen Sätzen schwingt Bedauern mit. Die obersten Militärs in Berlin und Wien trauern zu Beginn von 1914 noch immer der »Chance« nach, die sich ihnen beim zweiten Balkankrieg zwischen 1912 und 1913 geboten hätte.

Am 4. Juli 1913 hatte der österreichische Thronfolger Franz Ferdinand seine Militärs noch in die Schranken gewiesen. In einem Brief an den k. u. k. Außenminister, Graf Leopold Berchtold, warnte der Erzherzog vor einem übereilten Vorgehen. Österreich-Ungarn dürfe sich am Balkan nicht selbst wie ein Balkanstaat verhalten. Der am 28. Juli 1914 vom Zaun gebrochene dritte Balkankrieg, der binnen weniger Tage zum Weltkrieg explodierte, ist für den Wiener Historiker Lothar Höbelt ein direktes Ergebnis der österreichischen Frustration der zwei Vorjahre. Die Monarchie wollte den damals tobenden Krieg am Balkan für ihr Ziel einer regionalen Vorherrschaft nutzen und formulierte entsprechende Kriegsziele. Ironie der Geschichte: Österreichs Außenpolitik konnte sich 1913 tatsächlich durchsetzen. Ein unabhängiges Albanien wurde geschaffen und damit Serbien der Zugang zum Meer versperrt. Rumänien erhielt einige territoriale Zugeständnisse. Damit hatte die Wiener Diplomatie wider eigenes Erwarten gesiegt, aber den erhofften Anlass für einen Krieg gegen Serbien verloren.

Die heimliche Mobilisierung der Truppen hatte viel Geld gekostet, eine weitere Mobilisierung von fast zwei Millionen Mann ohne einen tatsächlichen Krieg glaubte sich die Habsburgermonarchie nicht mehr leisten zu können. Den Kriegsträumen der Generalität in Wien und Berlin stemmte sich der Thronfolger in seiner Militärkanzlei im Unteren Schloss Belvedere entgegen. Franz Ferdinand wollte nach seiner Thronbesteigung zuerst die Monarchie im Inneren umbauen und dann erst die außenpolitische Konfrontation suchen. Mit ihm schien ein Krieg vorerst unmöglich. Der amerikanische Historiker Robert Kann hält daher die Ermordung des Erzherzogs in Sarajewo für viel mehr als bloß einen »Anlass« für den Weltkrieg. Sein Tod habe ungeachtet der Begleitumstände den Krieg im Wesentlichen durch die Tatsache ermöglicht, dass Franz Ferdinand als Gegengewicht zur Wiener und Berliner Kriegspartei weggefallen war. Diese Einschätzung lässt sich im Rückblick durch ein Gespräch des deutschen Botschafters in Wien, Heinrich Leonhard von Tschirschky, mit Franz Conrad von Hötzendorf untermauern. Nach Moltkes Brief trafen sich der Diplomat und der Militär zum Gedankenaustausch. Conrad drängte auf einen Präventivkrieg. Tschirschky musste den Generalstabschef enttäuschen. Franz Ferdinand und Kaiser Wilhelm II. würden sich nur nach einem »fait accompli« zum Krieg entscheiden. Conrad blieb hartnäckig. In den politischen Wirren und Schluchten des Balkans ließe sich relativ rasch ein Kriegsgrund finden. Kaum vier Monate später war er gefunden.[47]

16. März 1914 »Was ich vorhabe, ist persönliche Gerechtigkeit zu üben«

Waren es diese vier Schüsse, die den Ersten Weltkrieg ausgelöst haben? Sie werden jedoch nicht in Sarajewo abgefeuert, sondern fallen in Paris. Den Abzugshahn des Revolvers drückt kein serbischer Nationalist, sondern eine Frau. Das Opfer ist kein österreichischer Erzherzog, sondern der Chefredakteur der konservativen Pariser Tageszeitung *Le Figaro*. Die Waffen waren freilich beide vom System »Browning«.

Gaston Calmette war überrascht, als ihm am 16. März in den Redaktionsräumlichkeiten der Besuch von Madame Henriette Caillaux gemeldet wurde. Die Dame hatte sich nicht angemeldet, aber dem Sekretär ihre Karte übergeben. Chefredakteur Calmette kannte Frau Caillaux, »Tout-Paris« kannte die zweite Ehegattin des französischen Finanzministers Joseph Marie Auguste Caillaux. Der sozialistische Politiker war die Zielscheibe von Kritik, Spott, bösen Gerüchten und Hass des konservativen Journalisten. Gaston Calmette hatte über Monate eine Kampagne gegen Caillaux geführt. Nicht weniger als 138 Artikel gegen den Finanzminister und Dutzende böse Karikaturen rückte der Chefredakteur ins Blatt. Calmette hatte Erfahrung mit Pressekampagnen. 1913 befeuerte der prominente Journalist den Skandal nach der Uraufführung von Strawinskys *Le Sacre du Printemps*.

Finanzminister Caillaux galt als »Taube« in der französischen Regierung und verband Sozialismus mit Pazifismus. Er blockierte die geplante Verlängerung der Wehrpflicht auf volle drei Jahre, womit im Fall einer Mobilmachung weniger französische Soldaten aufgeboten hätten werden können, und er suchte den Ausgleich mit dem deutschen Kaiserreich. Ein europäischer Krieg war mit Caillaux nicht zu führen. Schon seit der damalige Premierminister die Marokko-Krise durch einen für Frankreich ohnehin günstigen Kompromiss friedlich beilegen konnte, verfolgten ihn die Nationalisten mit Schmähungen. Er galt als »deutschfreundlich«, was nichts weniger als die Umschreibung von »Verräter« war. Nationalistisch-

Das Attentat von Paris:
Die Ermordung des *Figaro*-
Chefredakteurs Gaston Calmette
durch die Ministergattin Henriette
Caillaux erregt die Menschen
in ganz Europa.

konservative Kreise setzten alles daran, den Pazifisten und Sozialisten zu diskreditieren. Sein ausschweifendes Privatleben bot dazu reichlich Material. Der gutaussehende Kahlkopf hatte zahlreiche Affären, zeigte sich mit seinen Geliebten und schrieb in formal aufrechter Ehe kompromittierende Briefe an seine Mätressen. *Le Figaro* hatte keine Skrupel, auch private Briefe von Joseph Caillaux an eine ehemalige Freundin zu publizieren. Das ging Frau Caillaux zu weit.

Die Ministergattin lässt sich mit dem Dienstwagen ihres Mannes zu dem bekannten Waffenhändler Gastinne Renette fahren und kauft dort einen modernen Revolver. Zuhause lädt sie die Waffe, lässt sich zur Redaktion des *Figaro* in die Rue Drouot fahren und verlangt Chefredakteur Calmette zu sprechen. Dort muss sie mehr als eine Stunde warten. Schließlich führt sie der Redaktionsdiener ins Büro des Chefs. Mit Mantel und Pelzmuff bekleidet betritt die Ministergattin gegen halb sieben Uhr abends das Arbeitszimmer des

Chefredakteurs. Dieser bittet sie höflich Platz zu nehmen, fragt nach dem Grund des Besuches: »Sie müssen ihn kennen«, antwortet Henriette Caillaux. »Ich bin nicht gekommen, um Ihnen guten Tag zu sagen.« Kaltblütig zieht die Dame einen kleinkalibrigen Revolver aus dem Pelzmuff und schießt sofort. Ein Mal, zwei Mal, vier Mal. Calmette versucht in Deckung zu gehen, vergebens. Er wird mehrmals getroffen, zweimal in den Unterleib. Er versucht zu fliehen, wankt zur Tür. Doch schon nach wenigen Schritten stürzt der mächtige Journalist, fällt über einen Sessel auf den Teppich, sterbend. Von den peitschenden Schüssen aufgeschreckt, stürzen Journalisten ins Chefbüro. Calmettes Diener entwaffnet Henriette Caillaux, die sich ohne Widerstand aus dem Haus bringen lässt. Sie wird mit einem Wagen ins nächste Polizeikommissariat gebracht und dort sofort verhört. Ihr Ehemann erfährt telefonisch vom Attentat seiner Frau und eilt vom Ministerium auf die Polizeiwache.

Paris hat seinen Riesenskandal. Als Motiv für den Mordanschlag, den Frau Caillaux im Polizeiverhör bloß als »Warnung« interpretiert haben wollte, gab sie die Briefveröffentlichung im *Figaro* an. Mehr noch als das private Schreiben an eine Ex-Geliebte ihres nunmehrigen Ehemanns fürchtete Henriette den Abdruck von Briefen, die der Minister an sie selbst geschrieben hatte. »Die Veröffentlichung eines Briefes, den Herr Caillaux ehemals an eine Freundin richtete, hat mich im tiefsten Grunde meiner Seele verletzt. Ich wollte dieser Kampagne, die nicht zu endigen schien, ein Ende machen.«

Henriette hatte den Politiker auf einem exquisiten Diner der politischen Hautevolee getroffen und war ihm verfallen. Unglücklicherweise waren beide verheiratet, was sie aber nicht daran hinderte, eine Affäre zu beginnen. Henriette schreibt leidenschaftliche Liebesbriefe. Irgendwann fliegt die Liaison auf. Die betrogene Ehegattin lässt sich scheiden. Es ist eine teure Angelegenheit für den ehemaligen Ministerpräsidenten und einflussreichen Politiker. Aber er steht zu seiner neuen Liebe und heiratet Henriette, die praktischerweise auch gerade von ihrem Ehemann geschieden war. Auf das Verbrennen der verräterischen Liebesbriefe können sich die beiden nicht verständigen. Ein verhängnisvoller Fehler.

Henriette schreibt gern: In der gemeinsamen Wohnung hat sie vor dem Attentat einen Abschiedsbrief für ihren Ehemann hinterlegt. Darin begründet sie ihre geplante Tat: »Was ich vorhabe, ist für den in Frankreich fehlenden Rechtsschutz Ersatz zu schaffen, persönliche Gerechtigkeit zu üben. Ich tue es für Dich.« Der Finanzminister tritt wenige Stunden nach dem Mordanschlag seiner Frau zurück. Damit ist die Regierung der sogenannten »radikalen« Sozialisten entscheidend geschwächt. Caillaux war der Angelpunkt des Kabinetts, ohne ihn werden die nationalen und deutschfeindlichen Kräfte die Oberhand gewinnen. Es gibt keinen ungünstigeren Zeitpunkt für das Scheitern einer auf Verständigung angelegten französischen Regierung.

Die Kampagne gegen den Sozialisten Caillaux wurde aus verschiedenen Ecken gesteuert. Staatspräsident Raymond Poincaré versuchte seinen politischen Gegner wegen dessen Ablehnung einer Militarisierung des Landes zu diskreditieren. Konservative Gruppen bekämpften den Finanzminister, weil dieser eine allgemeine Einkommenssteuer eingeführt hatte, und nationalistische Kreise hetzten gegen den »Radikalen«, weil dieser in der Marokko-Krise unbedeutende Zugeständnisse an das Deutsche Reich gemacht hatte.

Der Tod seines Gegners Gaston Calmette stürzt auch ihn. Caillaux wird de facto aus Frankreich verbannt, sein politischer Einfluss ist gebrochen. Im Jänner 1918 wird er als Verräter gejagt und schließlich inhaftiert, ein gerichtliches Verfahren gegen ihn wird allerdings erst drei Jahre später eingeleitet.

Nach Wien dringt die Nachricht vom Tod des Journalisten zuerst nur zögerlich. Die *Neue Freie Presse* berichtet erst am nächsten Tag noch auf Seite sechs. Erst am 18. März findet die volle Tragweite der Pariser Schüsse auch in Wien einen Widerhall. Die Affäre rückt auf Seite zwei der Zeitung vor. Die politischen Folgen seines Rücktritts beschäftigen das offizielle Wien: »Herr Caillaux war durchaus kein Minister, von dem man fürchten hätte müssen, er werde nationalistischen Neigungen nachgeben und Frankreich in einen Weltkrieg hineintreiben. Im Gegenteil. Während der Marokkokrise wurde ihm vorgeworfen, er habe heimlich Verhandlungen mit Deutschland angeknüpft, um rascher zu einer Verständigung zu kommen … Es kann kein Zweifel darüber bestehen: jede Regierung, die sich auf die Gruppen der Rechten stützen muß, kann naturgemäß auch leichter von den Kriegshetzern dazu veranlaßt werden, Frankreich noch tiefer als bisher in das Rüstungsfieber und in die Revanchestimmungen hineinzureißen. Deshalb können die Schüsse der unglücklichen Frau, die jetzt vor ihren Richtern steht, eine Bedeutung annehmen, die viel größer ist, als sie möglicherweise zu ermessen imstande war.«

Während die Welt über die politischen Auswirkungen des Mordes rätselt und Wien eine Verschlechterung der Beziehungen zur französischen Republik befürchtet, wird für Madame Caillaux eine Zelle im Gefängnis Saint-Lazare damengerecht eingerichtet. Der Direktor selbst lässt Bettwäsche und Vorhänge herbeischaffen, er stellt seinen eigenen bequemen Stuhl in die Zelle. Und für die prominente Gefangene wird mehrmals pro Tag Essen aus einem nahen Nobelrestaurant serviert, livrierter Kellner inklusive.

Gefangen ist Henriette Caillaux aber dennoch. Der Prozesstermin wird für den 28. Juni 1914 festgesetzt. Noch ahnt niemand, dass an diesem Tag ein junger Student in der bosnischen Hauptstadt Sarajewo zwei tödliche Schüsse abgeben wird.[45]

16. März 1914 **»Jene österreichische Apathie, die unserem politischen Leben ein so trostloses Gepräge aufdrückt«**

Montagnachmittag holen Parlamentsangestellte die beiden großen Fahnen vor dem Wiener Parlament am Ring ein. Damit wird für alle augenfällig: Der Kaiser hat die Volksvertretung »vertagt«, de facto auf Zeit abgeschafft. Die 1911 erstmals frei von den männlichen Bür-

+ *1916*

Regiert ohne Parlament: Österreichs
Ministerpräsident Karl Graf Stürgkh
lässt den Reichsrat ausschalten.

gern gewählten Abgeordneten erhalten das letzte Mal ihre Diäten in
bar ausgezahlt. Dann ist Schluss.

Nach monatelanger totaler Obstruktion der tschechischen Abgeordneten, die durch die Lahmlegung des Reichsrats einen deutsch-tschechischen Ausgleich erzwingen wollten, kann die Regierung von Ministerpräsident Stürgkh endlich ohne eine – für sie – lästige Volksvertretung regieren. Wegen der Blockadepolitik der tschechischen Vertreter im österreichisch-ungarischen Reichsrat beschließt die Regierung in Wien künftig mit kaiserlichen Notverordnungen zu regieren.

Die Blockade des Reichsrats durch die tschechischen Parteien hat zwei entscheidende Vorhaben der Regierung verzögert. Die geplante Erhöhung des Rekrutenkontingents für ein Jahr hätte die Kampfkraft der k. u. k. Armee stärken sollen. Die Freigabe einer ersten Rate für den Ausbau der Eisenbahn Richtung Bosnien diente gleichfalls ausschließlich strategisch-militärischen Interessen. Und mit der Ermächtigung, eine neue Anleihe aufzunehmen, wollte sich die Monarchie relativ günstiges Geld auf den internationalen Kapitalmärkten beschaffen. Das alles braucht, wer Krieg führen will.

Die Beurteilung dieses verfassungsrechtlich höchst bedenklichen Aktes fällt je nach Standpunkt unterschiedlich aus. Während die Wiener Zeitungen und das Wiener »politische Parkett« überwiegend die Verhängung des »Artikel 14« begrüßen, kommentiert das deutschsprachige *Prager Tagblatt* schon am Dienstag die Vorgänge in Wien deutlich klarsichtiger und kritischer als die schreibende Zunft in der Hauptstadt: »Graf Stürgkh konnte also den vorbereiteten Plan ausführen. Daß die Vertagung des Parlaments tatsächlich längst beschlossene Sache war, geht aus mehr als einer Tatsache hervor; die Vorbereitungen dazu waren schon am Samstag getroffen, die notwendige Urkunde lag parat … Die in allen konstitutionellen Staaten wichtigen Fragen des parlamentarischen Lebens werden ohne Parlament, ohne Kontrolle der Volksvertretung erledigt werden, alle anderen Angelegenheiten aber, die für das kulturelle Dasein des Landes, für Industrie und Wirtschaft von Bedeutung sind, verschwinden vorläufig ganz in den Hintergrund und dies wahrscheinlich auf längere Zeit. Denn kein Mensch weiß vorläufig, wie lange die parlamentslose Zeit währen soll. Es ist kein Zweifel, daß mit der heutigen Vertagung ein politisch hochwichtiges Ereignis sich vollzieht, ein Vorgang, der in ganz Österreich ein lautes Echo wecken müßte. Und doch ist's fraglich, ob diese Tatsache auch nur die sonst politisch interessierten Kreise ernstlich bewegen wird; die Gleichgültigkeit der Bevölkerung gegenüber Verfassungsfragen ist so groß geworden, das Ansehen des Parlaments so gewaltig gesunken, daß man wahrscheinlich auch dieses Ereignis mit jener österreichischen Apathie hinnehmen dürfte, die unserem politischen Leben ein so trostloses Gepräge aufdrückt.«

Das Wiener *Fremdenblatt* berichtet auf der Titelseite über die lang erwartete Ausschaltung der Volksvertretung durch den Notverordnungsparagrafen. Fast alle Tagesblätter in der Reichs- und

Residenzhauptstadt stimmen der ungewöhnlichen Maßnahme zu. »Aufgrund Allerhöchster Ermächtigung ist der Reichsrat heute vertagt worden. Nach den gestrigen Prager Beschlüssen der czechischen Parteivorstände war die letzte Hoffnung geschwunden, daß die Obstruktion eingestellt werden könnte ... Hatten sich beim Präsidium für die morgige Sitzung des Abgeordnetenhauses zum Protokoll nicht weniger als 58 czechische Redner zu Wort gemeldet.«

Die tschechischen Abgeordneten protestierten mit ihrer Haltung gegen das Verhalten deutscher Parlamentarier in der Doppelmonarchie.

»Gestern Abend erfolgte die Vertagung des Hauses. Ich bin überzeugt, dass Stürgkh die nun beginnende §-14-Periode nicht lange überdauern wird.« Der Abgeordnete Josef Redlich irrte mit seinem Tagebuch-Eintrag. Die Regierung von Ministerpräsident Stürgkh regierte das Land noch in den ersten drei Jahren des Weltkrieges mit Notverordnungen. Insgesamt wurden mehr als 300 solcher »Gesetze« im Namen Seiner Majestät verfügt. Unter klarem Bruch der Reichsverfassung erlaubte der Kaiser mit einer Notverordnung der Regierung, auch selbst »Notverordnungen« zu erlassen. Dabei erfolgten tiefe Eingriffe ins Verfassungsrecht. So wurde die Geschworenengerichtsbarkeit ausgesetzt und das Allgemeine Bürgerliche Gesetzbuch drei Mal novelliert. Erst im Jahr 1917 ermöglichte der junge Kaiser Karl I. die Einberufung des Reichsrates, der alle Notstandsverordnungen nachträglich legitimierte.[46]

17. März 1914 **»Die außerordentlich aufregenden Vorgänge in Wien«**
Auch im Angesicht des scheinbar Undenkbaren bewahrt die österreichische Bürokratie Form.

Am 17. März unterschreibt der k. u. k. Oberstleutnant-Auditor Heinrich Kwokal den »Bericht und Antrag« in einer Causa, die die Monarchie im Mai 1913 verstört hat.

Am frühen Morgen des 25. Mai 1913 griff Oberst Alfred Redl im Zimmer Nr. 1 des Hotel Klomser in der Wiener Herrengasse zur

Tödlicher Verrat: Oberst Alfred Redl verkaufte die streng geheimen Aufmarschpläne gegen Russland an den Geheimdienst des Zarenreichs.

Browning-Pistole, die ihm, nebst einer aufgeschlagenen Bedienungsanleitung und einem Papiersäckchen mit tödlichem Bandwurmmittel, auf den Schreibtisch seines Quartiers gelegt worden war. Der Offizier tötete sich mit einem Schuss durch den Mund.

Das war das Ende der größten Spionage-Affäre der Monarchie. Es war der Beginn eines beispiellosen Skandals, der das Ansehen der Armee in den Grundfesten erschütterte. Der Generalstabsoffizier hatte über Jahre gegen immense Summen Geheimakten an das zaristische Russland verkauft und mit dem Geld seine homosexuelle Beziehung zu einem Ulanen-Leutnant finanziert. Der in Lemberg geborene Offizier war nicht irgendjemand. Redl war stellvertretender Leiter des Evidenzbüros, also des habsburgischen Geheimdienstes, gewesen. Er hatte Zugang zu höchst geheimen Plänen, die er fotografierte und an seine Auftraggeber verkaufte.

In der Nacht vom 24. auf den 25. Mai waren drei hohe Offiziere in Zivil bei Redl erschienen und hatten »kurzen Prozess« gemacht. Dem Generalstäbler wurde »freigestellt« sich selbst zu »justifizieren«. Damit blieb das wahre Ausmaß des Verrats verborgen, etwaige Verantwortlichkeiten hoher und höchster Militärs mussten nicht mehr untersucht werden.

Am Morgen des nächsten Tages wurde Redls Dienstwohnung im Stabsgebäude des 8. Korpskommandos, dem Palais Liechtenstein auf der Prager Kleinseite, untersucht, es wurden Schreibtisch und Schränke aufgebrochen und Koffer voll belastenden Materials sichergestellt. Das unter Verschluss gehaltene Protokoll über die Untersuchung hält fest: »Außerdem wurden zahlreiche Briefe, Photographien und photographische Platten vorgefunden, durch welche gleichzeitig auch hervorkam, daß Redl mit Leutnant Horinka und noch einigen anderen Männern im homosexuellen Verkehr gestanden war.«

Oberst von Urbanski, Redls Vorgesetzter und Geheimdienstchef, nahm Beweise und Unterlagen im Koffer mit und reiste mit dem Nachtzug von Prag nach Wien zurück. Weitere Untersuchungen wurden veranlasst.

Leider übersahen die Herren Offiziere ein weiteres »photographisches Gerät«, das Monate später inklusive zwölf Filmplatten bei einer Versteigerung des Nachlasses von Redl an einen Prager Mittelschüler ging. Dieser entdeckte die belichteten Negative und ließ sie ausarbeiten. Mit den abgebildeten Akten konnte der 17-Jährige wenig anfangen, er erkannte immerhin, dass es sich dabei um brisante Dokumente handeln musste. Er übergab die Fotos seinem Gymnasialprofessor, der sie wiederum an die Militärbehörden weiterreichte, nicht ohne vorher die Zeitungen zu informieren.

Die dramatische Spionage-Affäre war somit um eine »typisch« österreichische Facette bereichert: Schlamperei.

Thronfolger Franz Ferdinand tobte in der Militärkanzlei und forderte eine rückhaltslose Untersuchung, die vom Obersten Militärgerichtshof am 7. Februar 1914 auch eingeleitet wurde. Die Militär-juristen analysierten penibel die Vorgänge in der Prager Wohnung des Meisterspions, listeten Kompetenzkonflikte und Versäumnisse auf, erkannten aber schließlich, dass es keinerlei dienstrechtliche Verfehlungen gegeben habe. Es gab Milderungsgründe: »Bei Beurteilung desselben wäre jedoch beim Oberst v. Urbanski und Majorauditor Dr. Vorlicek als mildernd in Betracht zu ziehen die außerordentlich aufregenden Vorgänge in Wien in der Nacht zum 25. Mai d. J., die anschließende Bahnfahrt nach Prag und aufreibende Tätigkeit bis spät abends selbst und hierdurch verursachte bedeutende Abspannung.«

Erzherzog Franz Ferdinand überzeugten die Argumente nicht. An den Rand des Protokolls schrieb er: »Das kann man in diesem Fall und bei solchen Funktionären nicht gelten lassen. Das muß man aushalten können.« Der Thronfolger piesackte Hofrat Urbanski, den er offenbar für unfähig hielt, so lange, bis er in den vorzeitigen Beamtenruhestand entschwand.

Erzherzog Franz Ferdinand war bei Hofbeamten nicht sehr beliebt.[48]

17. März 1914 »24-Stunden-Zählung auf dem Gebiete der Eisenbahn-, Post- und Telegraphenwesen«

In Deutschland und in Österreich wird der Tag bald 24 Stunden haben. Beide Monarchien haben die Einführung der »24-Stunden-Zählung auf dem Gebiete der Eisenbahn-, Post- und Telegraphenwe-sen« vereinbart. Da will die neutrale Schweiz nicht zurückstehen. Die Schweizer Gesandten in Berlin und Wien werden beauftragt, sich mit den »kompetenten Faktoren« in Verbindung zu setzen. Die Regierung in Bern will zeitgleich mit Österreich und Deutschland auf die neue Uhrzeit umstellen. Dabei ist es bis heute geblieben. Mit Ausnahme der USA, Teilen von Kanada, Australien und Neuseeland.

18. März 1914 **»Sehr dem Alkoholgenuß ergeben«**

Eine rätselhafte Epidemie in einer kleinen Trentiner Gemeinde alarmiert die österreichischen Gesundheitsbehörden. In dem Weiler Pozzachio rund 90 Kilometer südlich von Bozen sind mehrere Dutzend Bewohner über Nacht an hohem Fieber erkrankt. Auf der Haut bilden sich schwarze Flecken und Punkte. Vier junge Männer sterben innerhalb eines Tages am extrem hohen Fieber. Die Infektion scheint nicht auf Frauen übertragbar zu sein. Die Männer aus Pozzachio haben keinen guten Ruf. Die Wiener *Neue Zeitung* will wissen, dass sie »sehr dem Alkoholgenuß ergeben sind«, aber in den vergangenen Monaten Arbeit beim Festungsbau gefunden haben. Österreichs Armee lässt die Südgrenze zum verbündeten Königreich Italien mit einer Kette von Bunkeranlagen sichern. Dabei kommen Arbeiter aus vielen Teilen der Monarchie zum Einsatz. »Fremde Arbeiter« könnten die unbekannte Seuche eingeschleppt haben.

Die k. u. k. Bezirkshauptmannschaft in Rovereto reagiert rasch. Über den kleinen Ort wird die Quarantäne verhängt, es wird nach Innsbruck telegrafiert und um die Entsendung einer »Autorität auf dem Gebiete der Bakteriologie« gebeten. Man fürchtet den Ausbruch von Cholera, gar von Pest. Der Innsbrucker Privatdozent für pathologische Bakteriologie, Dr. Freiherr von Werdt, reist unverzüglich mit dem Expresszug aus Innsbruck an und kann Entwarnung geben: keine Pest, keine Cholera und keine Blattern. Die Ursache der tödlichen Infektion findet er nicht. Leichenteile werden nach Innsbruck zur genaueren bakteriologischen Untersuchung mitgenommen. Auch aus weiteren Trentiner Dörfern werden plötzliche und unerklärbare Erkrankungen gemeldet. 17 Todesfälle soll es schon geben. Um die betroffenen Ortschaften zieht das Militär einen Sperrgürtel.

So rasch das Fieber aufgeflackert ist, so schnell verlischt es.

Die Untersuchungen an der Universität Innsbruck bleiben ohne konkretes Ergebnis. Freiherr von Werdt vermutet, es könnte sich um einen Ausbruch des »Picardschen Schweißfiebers« gehandelt haben. Die Krankheit war erstmals 1708 in der Picardie im Norden Frankreichs aufgetreten und forderte im 18. Jahrhundert Tausende Opfer.

19. März 1914 »In der Dotierung der Armee mit Offizieren treiben wir einen großen Luxus«

In der k. u. k. Armee glänzt der Zauber der Montur. Doch nicht alles, was glänzt, ist auch Gold. Österreichs bewaffnete Streitmacht leidet unter chronischem Geldmangel. Es fehlt an moderner Artillerie und ausreichend Maschinengewehren, dafür leistet sich das Heer der Monarchie ein stattliches Offizierskorps. Die quasi amtliche *Armeezeitung* rechnet vor: »Auf einen Friedensstand von 763 000 Mann entfallen in Deutschland nicht mehr wie 30 700 Offiziere. In Oesterreich-Ungarn dagegen haben wir bei 340 000 Mann Präsenzstand 18 300 Offiziere. Im Verhältnis zu Deutschland wären daher nur 14 300 präsent dienende Offiziere erforderlich. Denn es entfällt in Oesterreich-Ungarn schon auf je 18, in Deutschland aber erst auf je 24 Mann ein Offizier.« Noch besser ist die Truppe der Monarchie mit Generälen ausgestattet. 1700 Soldaten werden rechnerisch von einem »Goldfasan« kommandiert. Mehr, aber schlechter bezahlt. So einfach ist die österreichische Beamtenformel, die auch fürs Heer gilt. »In der Dotierung der Armee mit Offizieren treiben wir einen großen Luxus, einen Aufwand, den wir offenbar nicht bestreiten können.« Der Kommentator der *Armeezeitung* schlägt eine Verkleinerung des Offizierskorps und dafür die Vermehrung der Unteroffiziersstellen vor. Denn die Offiziere sollen ja in erster Linie fesch sein und sich dann erst um die Trivialitäten des Soldatenalltags kümmern. »Es ist ja wirklich ganz unglaublich, was vom Offizier bei uns alles verlangt wird: Abortvisiten, Fußlappenkontrolle usw.« Dergleichen anrüchige Tätigkeiten könnten »gewiß jedem Korporal« überlassen bleiben, denn »der Offizier soll ja ein ›Herr‹ sein und daher nur als solcher auftreten«. Das Herumbrüllen mit den Rekruten darf gefälligst dem gemeinen Unteroffizier überlassen bleiben.

Der Berechnung der *Armeezeitung* kann jeder Militärattaché entnehmen, dass die glorreiche k. u. k. Truppe im Friedensfall nur halb so groß ist wie die deutsche Armee. Um selbst einen kleineren Nachbarn, etwa das Königreich Serbien, anzugreifen, müsste Österreich-Ungarn alle Wehrpflichtigen mobilisieren. Aus dem Stand ist die k. u. k. Armee zu keiner kriegerischen Aktion fähig.[49]

20. März 1914 »Gesiegt!«

»Die christlichsoziale Partei blickt auf einen schweren erbitterten Kampf zurück. Ein herrlicher Sieg lohnt reichlich, was der Kampf an Opfern gefordert. Der dritte Wahlkörper, der in seiner Gesamtheit zur Urne schritt, hat sein Vertrauen zur christlichsozialen Partei in glänzender Art erwiesen. Alle 47 Mandate, welche die christlichsoziale Partei bisher innehatte, wurden – teilweise sogar mit erdrückenden Mehrheiten – behauptet. In Ottakring wurde das eine Mandat den Sozialdemokraten wieder abgenommen. Die Niederlage der Gegner ist eine vollkommene.« Die *Christlich-soziale Arbeiter-Zeitung* versteigt sich am Tag nach den Wiener Gemeinderatswahlen im dritten und vierten Wahlkörper zu allerhöchsten Tönen. Doch die Vorherrschaft der »Schwarzen« im später »roten Wien« wurzelt nicht in einer echten Wählermehrheit nach dem Prinzip: »One man, one vote.« In der Reichshauptstadt wird noch in vier Wahlkörpern abgestimmt, in die die Wähler je nach Steuerleistung eingestuft werden.

Wochenlange Propagandareden und Kampagnen haben gefruchtet. Im März 1914 können sich die Christlichsozialen ein weiteres Mal die Mehrheit im Wiener Rathaus sichern. Nach dem Abgang und Tod des großen Populisten Karl Lueger, der einer der beliebtesten Wiener Bürgermeister war, ist die Mehrheitspartei in eine veritable Krise geraten. Der wenig charismatische, aber fleißige Nachfolger Luegers, Bürgermeister Richard Weiskirchner, hatte die zerstrittenen Fraktionen seiner Partei noch einmal geeint und bei den Rathauswahlen einen großen Erfolg gefeiert. Ein letztes Mal behaupteten sich die Christlichsozialen mit ihrer aggressiven antisemitischen Polemik gegen die »Judenliberalen« und gegen die »Sozialdemokratie«.

Während die *Reichspost* und andere kleinbürgerliche Blätter jubeln, verschweigt die liberale *Neue Freie Presse* den Wahltriumph des Kleinbürgertums über die Großbürger.

Die Wahlkampftöne im März 1914 sind schrill, aggressiv und bösartig. Nicht nur das christlichsoziale Parteiblatt jubelt. Auch das von August Kirsch herausgegebene katholische *Neuigkeiten-Weltblatt* beklatscht den totalen Sieg der Partei des »kleinen Mannes«. Die Feindbilder sind klar gezeichnet: »Nach wie vor wird die Partei, die Wien zur Weltstadt und das Volk – wenigstens zum Teil – zum Herren seiner Geschicke gemacht, getreu dem Vermächtnis ihres großen Führers und ihrer Begründer, alles daran setzen, um das Zentrum des Reiches auch künftighin nicht dem jüdischen Geist und dem roten Terrorismus zu überlassen. Das rote Gefolge des Geldsackliberalismus ist wieder in seine Schranken gewiesen, die rote Flut ist gestaut.« Freilich gelang dies nur mit Hilfe des Kurienwahlrechts, das Wählen nur in drei – später erst vier – Wahlkörpern möglich machte. Die Stimmbürger waren je nach Steuerleistung einer Kurie zugeteilt. Wer mehr als 500 Gulden pro Jahr Abgaben zahlen musste, durfte in der ersten Kurie wählen. Im zweiten Wahlkörper waren Hausbesitzer, Offiziere, Akademiker und höhere Beamte und Lehrer vertreten. Der dritte Stand bildete die eigentliche Hausmacht der Christlichsozialen: Kleingewerbetreibende und niedere Beamte. Die jeweiligen Kurien stellten – unabhängig von der Zahl der Wahlberechtigten – jeweils 40 Volksvertreter. Dieses System sicherte den begüterten Schichten einen wesentlich größeren Einfluss, als er ihnen bei einem allgemeinen, gleichen Wahlrecht zugestanden wäre. In der österreichischen Reichshälfte galt schon das allgemeine, gleiche Wahlrecht für Männer, die älter als 23 Jahre waren. Die Nobilitäten der ungarischen Reichshälfte konnten sich hingegen das Privileg eines Kurienwahlrechts länger erhalten. Nur vier Prozent aller Einwohner Ungarns durften auch wählen. Mit dem allgemeinen (Männer-)Wahlrecht in Österreich begann auch der Siegeszug der großen Massenparteien. Die im Mai 1907 durchgeführten Neuwahlen brachten einen knappen Sieg der Christlichsozialen. Sie erreichten 96 Mandate im Reichsrat, die Sozialdemokraten wurden mit 87 Mandaten knapp dahinter zweitstärkste politische Kraft. Die Deutschnationale Bewegung des Georg Heinrich Ritter von Schönerer fiel hingegen auf nur noch drei Mandate zurück. Im Parlament der »cisleithanischen« Reichshälfte waren damit die deutschsprachigen Abgeordneten in der Minderheit.[50]

22. März 1914 »Die Damenschaft hat inzwischen Eingang in den Bereich der Kaffeehäuser gefunden«

Die moderne Zeit bringt Rauchverbote und bessere Sitten im Kaffeehaus. War es um die Mitte des 19. Jahrhunderts noch üblich, dass die – ausschließlich – männlichen Gäste mit dem exzessiven Rauchen von Pfeifen die Sicht in der entsprechend stinkenden Lokalität vernebelten, war mit der Moderne des 20. Jahrhunderts auch bessere Luftqualität in die Cafés eingekehrt. Schuld daran waren wieder einmal: die Damen. Das jedenfalls wusste Herr Karl Silmbroth einem Lokalredakteur der *Neuen Zeitung* anlässlich eines seltenen Berufsjubiläums ins Notizheft zu diktieren, das am 22. März 1914 im Wiener »Café Reisenleitner« gefeiert werden sollte. Der Lokalredakteur begab sich dafür zur Recherche dorthin, was er ohnehin regelmäßig tat, und erhielt einen historischen Rückblick auf die Entwicklung der Wiener Kaffeehäuser. »Vor fünfzig Jahren lagen nur wenige Zeitungen auf. Die Gäste rauchten noch aus eigenen, entweder mitgebrachten oder im Lokale aufbewahrten Pfeifen. Heute verbietet sich dieser keineswegs sympathische Brauch schon mit Rücksicht auf die Damenschaft, die inzwischen Eingang in den Bereich der Kaffeehäuser gefunden hat.«

Oberkellner Karl Silmbroth, von allen Gästen seit je »Herr Karl« gerufen, beging sein 40-jähriges Berufsjubiläum. Wie nicht anders

zu erwarten: im Dienst. Ein Zahlkellner in einem Wiener Kaffeehaus war (und ist) eine Respektsperson. Er weist den Stammgästen
ihre gewohnten Lieblingssitze zu, entfernt »Reserviert«-Schilder,
wenn eine lokal berühmte Person erscheint, bringt die Lieblings-
zeitung des Gastes und erzählt die neuesten Geschichten und Gerüchte, die ihm in seiner zentralen Stellung an diesem Informati-
onsknoten des Wiener Lebens zugetragen werden oder die er wenig
diskret belauscht hat. »Herr Karl« vom Café Reisenleitner war 1914
zumindest im »Kaiviertel« beim Donaukanal eine wohlbekannte
Persönlichkeit, mit der man sich durch ein angemessenes Trinkgeld,
respektvolle Freundlichkeit und keine unangebrachte Eile einigermaßen gut zu stellen versuchte. Das Wesen eines idealen Kellners in
einem Wiener Kaffeehaus zeichnet sich ja durch eine heikle Balance
zwischen übertriebener Freundlichkeit, distanzwahrender Distanz-
losigkeit, einer Prise Arroganz und wohlwollender Strenge gegenüber dem Stammgast aus. Laufkundschaft kann nur auf routinierte
Bearbeitung der Anliegen, etwa eine »Mélange« oder einen »Ein-
spänner«, hoffen, diese aber keineswegs mit Bestimmtheit erwarten. Herr Karl Silmbroth war so ein Wiener Original, der seine Kell-
nerkarriere als halbwüchsiger »Pikkolo« im weißen Kellnerjackett
begonnen hatte, ehe er die höheren Weihen erhielt und es schließlich zum Zahlkellner brachte. Der rüstige Jubilar, dem es keineswegs nach Pensionierung lüstete, wusste auch von beeindrucken-
den Karrieren renommierter Kaffeesieder zu erzählen, die als
Pikkolos im alten Matschakerhof begannen und es zu Vermögen
und Ansehen brachten. Er selbst hatte immerhin eine Lebensstel-
lung gefunden, die ihren Mann auch nährte. Herr Karl war 40 Jahre
auf seinem Posten und gedachte ihn auch keineswegs wegen außer-
gewöhnlicher Ereignisse – etwa eines Weltkrieges – zu verlassen.

23. März 1914 **»Die deutsch-österreichischen Beziehungen erblühen«**
Auf dem Weg zur griechischen Insel Korfu trifft Kaiser Wilhelm II.
zu einem zweitägigen Besuch Österreich-Ungarns in Wien ein. Sein

Besuch wird von der Wiener Presse einhellig begrüßt. Die *Neue Freie Presse* bemüht zur Beschreibung der deutsch-österreichischen Freundschaft lyrische Töne. Das Aufblühen der Natur auf Korfu wird mit dem der deutsch-österreichischen Beziehungen nach winterlichen Krisen verglichen. Bei seinen Konsultationen mit Kaiser Franz Joseph I. und vor allem mit Thronfolger Erzherzog Franz Ferdinand geht es weniger um Poesie als um harte Bündnisverpflichtungen. Die dunklen Kriegswolken überschatten den wunderbar warmen März. Deutschland will sich seines Bundesgenossen neuerlich versichern. Das Kaiserreich spürt die zunehmende militärische Gefahr durch das Zarenreich. Versuche, St. Petersburg von einem Bündnis mit Frankreich abzubringen, haben nicht zu viel mehr als Versprechungen geführt. Die »harten Fakten« werden von der deutschen Militärführung als offene Bedrohung empfunden. Kaiser Wilhelm II. ist auf einer Ferienreise in den sonnigen Süden. Da trifft es sich gut, dass er auf dem Weg dorthin seine zwei engsten Bündnispartner trifft: in Wien den greisen Kaiser Franz Joseph, einige Tage später den italienischen König Viktor Emanuel III. Er ist im Dreibund mit Deutschland und Österreich-Ungarn der dritte.

24. März 1914 »In sehr heiterer Stimmung«

In Venedig fällt ein Matrose ins Wasser. Und Kaiser Wilhelm II. ist »in sehr heiterer Stimmung«. Der Monarch logiert an Bord seiner Yacht, der *Hohenzollern*, betrachtet wiederholt das »herrliche Panorama« der Lagunenstadt, ehe er sich in ein Ruderboot verfügt und sich von zehn Matrosen zum Palazzo der österreichisch-italienischen Grafenfamilie Mocenigo-Wallis am Canal Grande rudern lässt. Beim Anlegen verwechselt der Steuermann freilich die Palazzi. Er erkennt erst spät den peinlichen Fehler. Ein Matrose ist bereits an Land gesprungen, um die kaiserliche Barke zu vertauen. Dabei stürzt er in den trüben Kanal und muss von den Matrosen auf den begleitenden Motorbooten geborgen werden. Der deutsche Kaiser ist in der Zwischenzeit beim richtigen Palazzo angekommen und kann entspannt den Nachmittagstee mit dem bekannten Kunstfreund und Pflanzensammler Josef Graf Wallis und Contessa Amelia genießen. Am nächsten Tag wird er Italiens König Viktor Emanuel III. treffen. Und nicht nur diesen.

Aus Tarvis wurde berichtet: König Friedrich August von Sachsen sei unter dem Inkognito-Namen Graf Isenburg zu einem mehrtägigen Aufenthalt nach Venedig gereist. Angesichts deutscher und österreichisch-ungarischer Zweifel an der Bündnistreue Italiens im Dreibund versicherten sich die Monarchen ihrer gegenseitigen Solidarität. Wilhelm II. konnte beruhigt auf seiner *Hohenzollern* nach Korfu segeln und dort im »Achilleion«, dem romantischen Lustschloss der ermordeten Kaiserin Elisabeth, entspannte Tage verbringen. Die griechische Königsfamilie machte sich auf den Weg nach Korfu. Immerhin waren die hocharistokratischen Herrschaften alle miteinander verwandt, verheiratet oder verschwägert.

27. März 1914 »O Wundermacht des Bernhardi.
Jeder decouvrirt sich bei dieser Gelegenheit«

Arthur Schnitzler wird mit dem »Raimund-Preis« ausgezeichnet und erfährt es aus der Zeitung. In sein Tagebuch notiert der Arzt und Schriftsteller: »Absicht die 2000 Kr. der Kleiststiftung zu widmen.« Schnitzler erhält den Literaturpreis für sein Drama *Der junge Medardus*, das seit vier Jahren am Burgtheater unter der Regie von Hugo Thimig auf dem Spielplan steht. Schnitzler hat das Historiendrama in fünf Akten anlässlich des 100. Jahrestags der Schlacht bei Aspern geschrieben. 1809 hatten Habsburgs Truppen dem Franzosen-Kaiser Napoleon eine erste empfindliche Niederlage zugefügt, die gewonnene Schlacht bei Aspern entschied freilich den Krieg nicht. Kaum drei Wochen später schlug die »Grande Armée« das österreichische Heer bei Wagram. Napoleon konnte Wien besetzen.

Schnitzler reagiert auf die seltene Ehrung betont unterkühlt. Am Nachmittag diktiert er weiter seine Novelle *Fink und Fliederbusch*, ehe seine Schwester Gisela Hajek mit Ehemann und deren adoptierter

Tochter Margot »zum Thee« erscheint. Den Abend verbringt das Ehepaar Schnitzler im Musikvereinssaal. Man hört die »Gurre«-Lieder von Arnold Schönberg. Danach soupiert die feine Gesellschaft im Imperial mit Familie Zuckerkandl. Tage später erfährt Schnitzler, dass er für sein Drama *Professor Bernhardi* schon im Jänner des Jahres für den »Grillparzerpreis« nominiert war, aber der Widerspruch des Philosophen Friedrich Jodl den Zuschlag verhindert habe. Raoul Auernheimer, Feuilletonist der *Neuen Freien Presse*, bestätigt Schnitzler den Ablauf der Jury-Sitzung. Hugo Thimig habe aus Angst, seinen Posten am Burgtheater zu verlieren, gegen Schnitzler gestimmt, obwohl er vom Drama *Professor Bernhardi* »sehr ergriffen« war. Anton Bettelheim hatte Thimig mit dem Hinweis, »die Entscheidung werde einen Sturm hervorrufen«, umgestimmt.

Das Drama blieb bis 1918 in Österreich verboten und konnte nur in München aufgeführt werden. Schnitzler greift in dem Stück Tabuthemen der Wiener Gesellschaft auf. Der jüdische Arzt Bernhardi wird im Spannungsverhältnis zwischen deutschnationalem Antiklerikalismus und gesellschaftsfähigem Antisemitismus zerrieben: Bernardi verliert seine Funktion als Klinikchef und seinen Doktortitel, weil er einer Sterbenden in einer katholischen Klinik die »letzte Ölung« verweigert haben soll. Ein solches Theaterstück durfte 1914 in Wien keine öffentliche Anerkennung erhalten.

Schnitzler reagiert verbittert: »O Wundermacht des Bernhardi. Jeder decouvrirt sich bei dieser Gelegenheit – und zeigt sich, wie ich ihn kenne. Und dabei muss man (– in Österreich, Wien, 1914 – bedenkend, daß ich ein Jude bin –) noch sagen ... Ein ganz anständiger Mensch ...«[51]

28. März 1914 »Bequeme Unterkunft an Bord der Hungaria«
Österreichs größter Dampfer, die *Franz Joseph I.*, sticht im Hafen von Triest in See. Ziel der Reise ist New York. Mit einer Länge von 145 Metern ist es das Flaggschiff der österreichisch-ungarischen Handelsmarine. An Bord des erst drei Jahre alten Dampfers befinden

Österreichs größtes Passagierschiff, die *Kaiser Franz Joseph I.*, vor der algerischen Küste auf dem Weg nach New York

sich Hunderte Auswanderer, die aus dem fernen Osten des Kaiserreichs im »Wilden Westen« Amerikas ihr Glück suchen wollen. Zehntausende verlassen in den Jahren nach der Jahrhundertwende Galizien und hoffen auf eine gute Zukunft jenseits des Atlantiks. Das Geschäft mit der Emigration blüht. Seit ihrer Gründung vor zehn Jahren hat die Schifffahrtslinie Austro-Americana mehr als 30 Schiffe unter Dampf gesetzt. Wöchentlich gehen Liniendampfer von Triest über Patras, Palermo, Algier, Barcelona, Almeria oder Lissabon nach Nord- und Südamerika. Passagiere werden auch auf Teilstrecken befördert. Die lukrativen Routen aus den österreichischen Seehäfen sind zwischen dem Österreichischen Lloyd und der Austro-Americana aufgeteilt. Beide Schifffahrtslinien erhalten beträchtliche Staatssubventionen. So soll Österreich-Ungarns Handels- und Passagierflotte gegen die deutsche und englische Konkurrenz bestehen können. Die meisten Auswanderer aus der Monarchie gehen in Hamburg und Rotterdam an Bord von Schiffen der Hamburg-Amerika-Linie.

Am 11. März ist auf der Schiffswerft San Rocco bei Triest der große Lloyd-Dampfer *Hungaria* mit 10 900 Registertonnen vom Stapel gelaufen. Er soll auf der Route Triest–Shanghai und Triest–Bombay eingesetzt werden. Für 133 Passagiere der 1. Klasse bietet die *Hungaria* »bequeme Unterkunft«, einen Musiksalon, Lese- und Schreibzimmer und einen Turnsaal mit Fahrrädern, Holzpferden und gar Ruderapparaten. Die Passagiere am Oberdeck müssen sich die Zeit vertreiben, denn die Fahrtgeschwindigkeit der *Hungaria* beträgt lediglich 13,5 Knoten. Damit dampft das modernste Schiff des österreichisch-ungarischen Lloyds deutlich im Kielwasser der internationalen Konkurrenz. Die *Titanic* der »White Star Line« war – wie ihr Schwesterschiff *Olympic* – mehr als vier Mal so groß und konnte mit 17 Knoten sehr viel schneller den Atlantik überqueren – wenn nicht gerade ein Eisberg im Nebel übersehen wurde.[52]

29. März 1914 »Ich freue mich schon sehr auf die schönen Zeiten, die wir miteinander verbringen werden«

Albert Einstein kommt mit dem Zug aus dem holländischen Leiden über Aachen in Berlin an. Ob ihn jemand am Bahnhof erwartet hat? Vielleicht ist seine Cousine Elsa gekommen, vielleicht aber auch Herren der Preußischen Akademie der Wissenschaften, die ihr prominentes neues Mitglied begrüßen. Der berühmte Physiker Max Planck hatte Albert Einstein heftig gedrängt, eine Professur ohne Lehrverpflichtung in der Hauptstadt des Deutschen Kaiserreichs anzunehmen. Als einer der ersten hatte er die Bedeutung von Einsteins Arbeit »Zur Elektrodynamik bewegter Körper« erkannt, die dieser im Juni 1905 verfasst hatte. Die Schrift gilt als Grundlage der »speziellen Relativitätstheorie«. Planck und Einstein lernten sich bei der »Tagung der Deutschen Naturforscher« in Salzburg kennen.

Albert Einstein hatte seine baden-württembergische Staatsbürgerschaft zurückgelegt und war schon als junger Mann – rechtzeitig vor seiner Einberufung zum Militärdienst – in die Schweiz gegangen. Nach seiner Habilitation an der Universität Bern im Jahr

1907 und ersten dort abgehaltenen Vorlesungen wurde er 1909 auf den außerordentlichen Lehrstuhl für Theoretische Physik an der Universität Zürich berufen. Dann erhielt Einstein einen Ruf in die k. u. k. Monarchie. Er wurde ordentlicher Professor an der deutschsprachigen Karls-Universität in Prag. Dort hielt es ihn aber nur ein Jahr.

Nach nur zwei Semestern in Prag ging der Physiker zurück nach Zürich. Doch die deutschen Kollegen wollten den jungen Star nach Berlin locken. Die Hauptstadt des Kaiserreichs und die Friedrich-Wilhelms-Universität waren zum »Mekka der Physik« geworden. Die Kollegen besuchten den Forscher in Zürich, versprachen ihm eine mit 12 000 Mark pro Jahr wohl dotierte Forschungsprofessur an der Universität Berlin und die Mitgliedschaft in der Preußischen Akademie der Wissenschaften, die einen zusätzlichen »Ehrensold« versprach. Einstein sah die Vorteile, von der für ihn lästigen Lehrverpflichtung befreit zu werden und sich ganz auf die Forschung konzentrieren zu können.

Berlin übte auf ihn auch aus einem höchst privaten Grund eine große Anziehungskraft aus. Einstein hatte sich in seine Cousine Elsa Löwenthal verliebt, und das keineswegs nur platonisch. Eine örtliche Trennung von seiner serbischen Gattin Mileva schien für Einstein ebenso verlockend wie das Angebot, Mitglied der renommierten Preußischen Akademie zu werden. Die Entscheidung zur Übersiedlung nach Berlin war schon im Spätherbst 1913 gefallen. Er schrieb seiner geliebten Cousine Elsa nach Berlin: »Ich freue mich schon sehr auf die schönen Zeiten, die wir miteinander verbringen werden. Das schönste sollen unsere Spaziergänge im Grunewald sein und bei schlechtem Wetter unsere Zusammenkünfte in Deinem Zimmerchen.« Einstein bezog eine Wohnung im sogenannten »neuen Westen« Berlins. Seine Frau Mileva kam mit den Söhnen erst Wochen später aus Zürich in die deutsche Metropole. Sie musste leider noch in Locarno zur Kur bleiben. Albert Einstein dürfte sie nicht sehr gedrängt haben.

Berlin war in jenen Tagen eine aufregende Stadt. Die in Wien als Ottilie Godeffroy geborene Schauspielerin Tilla Durieux beschrieb die Stimmung im Berlin jener Tage: »Arbeitslust, Lebensfreude füllte Berlin bis zum Platzen und kein Mensch ahnte, daß in unserem tollen Reigen das Kriegsgespenst drohend mittanzte. Es war, als ob jeder noch in einer unbewußten Angst drängte, das Leben zu genießen, zu lachen, zu tollen, bevor das Entsetzliche hereinbrach.«

Die deutsche Metropole nahm die »wilden« Zwanzigerjahre vorweg. Statt Walzer tanzte Berlins Bohème den aus Amerika importierten »Onestep« und erfreute sich an frechen Schlagern. Dem späteren Nobelpreisträger Einstein gefiel es im rauschhaften Berlin. Die Nähe zur Geliebten beschleunigte die amtliche Trennung von seiner Ehefrau, die nach wenigen Wochen Berliner Luft die gemeinsame Wohnung im Streit verließ. Einstein verkehrte mit der Mutter seiner Kinder nur noch schriftlich, stritt um die zu zahlenden Alimente, aber musste sich bei Regenwetter nicht mehr im »Zimmerchen« seiner Cousine verstecken. Das Paar lebte fortan seine Liebe höchst offiziell.

Bei Kriegsbeginn verweigerte sich Einstein dem allgemeinen Taumel und bewies in der Kriegsbegeisterung Nüchternheit. Während praktisch die gesamte Intellektuellenszene, unter anderem auch sein Freund und Mentor Max Planck, den Kriegsaufruf »An die Kulturwelt!« unterschrieb, formulierte der Physiker einen visionären »Aufruf an die Europäer«, den freilich nur vier Wissenschafter unterstützten. Europa sollte zu einer Einheit umgestaltet werden. Der Kriegstaumel im hochsommerlichen Berlin verstärkte Einsteins Abneigung gegen die »große Zeit«.[53]

30. März 1914 »Alopecias vulpes geht einem dalmatinischen Fischer ins Netz«

Peter Jurjan Bielac durfte seinen seltenen Fang ans Budapester Museum verkaufen. Dem dalmatinischen Fischer war ein vier Meter langer und 150 Kilo schwerer Fuchshai ins Netz oder an die Angel gegangen. Das Ereignis und die Beute waren einen Bildbericht im *Interessanten Blatt* wert. Im Frühjahr 1914 galt der Fuchshai mit seiner markanten langen Flosse, die an einen Fuchsschwanz erinnert, als extrem seltener Fang in der Adria. Die Population der Fuchshaie und ihre Jagdreviere dürften sich in den vergangenen hundert Jahren doch deutlich geändert haben. Der »Alopecias vulpes« steht heute zwar auf der Liste gefährdeter Fischarten, kommt aber im Mittelmeer vor der spanischen und französischen Küste häufig vor. Der exzellente Schwimmer gilt als beliebte Beute für Sportangler, da er seinem menschlichen Widerpart einen harten Kampf liefert und dabei spektakulär aus dem Wasser springt.

Der »im vollständig ausgewachsenen Zustande« gefangene Fuchshai vor Dalmatien wurde am Strand von Vela Lucka präsentiert, ehe der Fisch präpariert nach Budapest transportiert wurde. Im Museum tauchte er unter.[54]

30. März 1914 »Es ist ein so namenloses Unglück, wenn einem die Welt entzweibricht«

»Der Verlag der *Fackel* hat 100 Kronen für Sie überwiesen, die ich mit dem Coupon der Postanweisung hier schicke. Wie geht es Ihrer Frau Schwester? Und wann kommen Sie? Es scheinen jetzt schöne Tage zu kommen. Bitte, sind Sie so freundlich und schicken Sie mir den beiliegenden Korrekturabzug umgehend zurück!«

Ludwig von Ficker ist Freund, Förderer und Quartiergeber des mittellosen Salzburger Lyrikers Trakl. In der Halbmonatsschrift *Der Brenner*, die Ficker herausgibt, werden viele Gedichte Trakls veröffentlicht. Der Lyriker antwortet postwendend am 2. April aus Berlin: »Es haben sich sonst in den letzten Tagen für mich so furchtbare Dinge ereignet, daß ich deren Schatten mein Lebtag nicht mehr loswerden kann. Ja, verehrter Freund, mein Leben ist in wenigen Tagen unsäglich zerbrochen worden und es bleibt nur noch ein sprachloser Schmerz, dem selbst die Bitternis versagt ist. Vielleicht schreiben Sie mir zwei Worte: ich weiß nicht mehr ein und aus. Es ist ein so namenloses Unglück, wenn einem die Welt entzweibricht. O mein Gott, welch ein Gericht ist über mich hereingebrochen. Sagen Sie mir, daß ich nicht irre bin. Es ist steinernes Dunkel hereingebrochen. O mein Freund, wie klein und unglücklich bin ich geworden.«

Trakl war aus Innsbruck nach Berlin geeilt. Seine Schwester Margarethe hatte eine dramatische Fehlgeburt erlitten. Georg wollte seiner »Gretl« am Krankenlager zur Seite stehen. Den Dichter und die Musikstudentin verband mehr als schwesterliche Liebe. »Gretl« war der Lebensmensch des Dichters, womöglich auch seine Geliebte.

Margarethe Trakl hatte seit drei Jahren an der Hochschule für Musik in Berlin-Charlottenburg studiert und den 34 Jahre älteren Buchhändler Arthur Langen geheiratet. Zur Eheschließung der nicht Volljährigen war die Zustimmung von Georg Trakl erforderlich gewesen, der als Bruder auch Vormund seiner Schwester war. Er unterschrieb höchst unwillig: »Triff mich Schmerz! Die Wunde glüht. Dieser Qual hab' ich nicht acht.« Margarethes Ehe wird zur Katastrophe. Wenn die Heirat als Flucht aus Alkohol- und Drogensucht geplant war, scheitert dieser Ausflug ins Bürgerliche. »Gretl« macht weiter Bekanntschaften, konsumiert Rauschgift und führt ein Leben, das gern der »Bohème« zugeordnet wird. Georg Trakl bleibt auch während der Berliner Zeit mit seiner Schwester eng verbunden. Die Nachricht von der »Fehlgeburt« schockt den Dichter. War es eine Abtreibung? War es sein Kind, entstanden aus einer inzestuösen Beziehung? Gewissheit auf diese Fragen gibt es nicht. Alle Briefe zwischen Georg und Margarethe Trakl wurden vernichtet. Als Quellen bleiben nur die Interpretationen von Trakls Gedichten.

Der Dichter versinkt immer öfter und immer tiefer in seiner Depression, der er durch exzessiven Drogenkonsum zu entkommen sucht. Als gelernter Apotheker weiß Trakl um die Wirkung von Narkotika wie Alkohol, Zigaretten, Morphium und Äther. Bei Spaziergängen führt er ein Fläschchen Chloroform mit sich. Er tränkt sein

Taschentuch damit und betäubt sich buchstäblich bis zur Besinnungslosigkeit. So will er sich einer für ihn untragbaren Wirklichkeit entrücken.

Dabei feiert der Dichter Erfolge. Seine Lyrik wird nicht nur in der Literaturzeitschrift seines Freundes Ludwig von Ficker veröffentlicht, auch deutsche Zeitschriften drucken die dunklen Gedichte des Salzburgers. Der Leipziger Verleger Kurt Wolff gibt 1913 einen Gedichtband von Trakl heraus. Der expressionistische Künstler schließt Bekanntschaft mit den Großen des Wiener Kulturbetriebs: Karl Kraus, Adolf Loos und Oskar Kokoschka.

In Trakls Gedichten leuchten dunkle Ahnungen auf. Im *Brenner* wird im Frühjahr 1914 das Gedicht »Die Nacht« gedruckt. »Golden lodern die Feuer | Der Völker rings. | Über schwärzliche Klippen | Stürzt todestrunken | Die erglühende Windsbraut, | Die blaue Woge | Des Gletschers | Und es dröhnt | Gewaltig die Glocke im Tal: | Flammen, Flüche | Und die dunklen | Spiele der Wollust, | Stürmt den Himmel | Ein versteinertes Haupt.«

Unmittelbar nach Kriegsbeginn meldet sich der Dichter freiwillig als Sanitätsgehilfe. Er wird eingezogen und an die galizische Front bei Grodek (heute in der Ukraine) verlegt. Das, was er dort erleben muss, erträgt er nicht. Er erleidet einen psychotischen Schub, bricht zusammen, versucht sich selbst zu töten und wird ins Lazarett nach Krakau eingeliefert. Dort schreibt Trakl das Gedicht »Grodek«, in dem er das erlebte Grauen literarisch verarbeitet. Wenige Tage später flieht er aus der Welt.[55]

1. April 1914 »Leider ist das Buch dilettantisch und bühnenwidrig«

Die einzige Uraufführung der Saison in der Hofoper wird zum persönlichen Triumph für den Komponisten Franz Schmidt. Nach jedem Akt wird der erste Cellist des Hofopernorchesters auf die Rampe vor den Vorhang gebeten und stürmisch gefeiert. Der Spätromantiker hat eine treue Anhängerschar, die seine erste dramatische Opernpremiere lebhaft akklamiert. Der in Pressburg geborene

Wiener hat das Libretto nach dem Roman *Notre Dame* von Victor Hugo geschrieben. Der Erfolg in der Hofoper ist ein später Erfolg für Schmidt. Seit acht Jahren war die Aufführung der Oper im renommierten Haus am Ring immer wieder verhindert worden. Gustav Mahler hatte Schmidts Werk in seiner Funktion als Hofoperndirektor abgelehnt. Unter der Direktion von Franz Schalk hebt sich der Vorhang für das wohltönende Werk. Hugo von Hofmannsthal lobt die gute Textverständlichkeit des Gesanges in einem Brief an Richard Strauss als modellhaft, vernichtet aber das Libretto als »absurd« und »albern«. Auch die Musikkritiker der Wiener Presse üben den Spagat. Im *Fremdenblatt* unterscheidet der Kritiker ebenfalls zwischen Musik und Libretto: »In der Hofoper fand heute die Uraufführung der dreiaktigen Oper *Notre Dame* von Professor Franz Schmidt mit rauschendem Erfolg statt, wie es bei der Achtung, die dem Komponisten hier mit recht gebührt, zu erwarten war. Leider ist das Buch, das er sich im Verein mit Leopold Wilk aus Victor Hugos gleichnamigem Roman gezimmert hat, so dilettantisch und bühnenwidrig, daß eine Wirkung nur von der prächtigen Dekoration ausgeht, die den berühmten Dom von außen und innen, von oben und unten im romantischen Lichte zeigen. Die Musik an sich verrät in jedem Takt den Meister seiner Kunst, wie den Neuling im dramatischen Genre.«

Dieser höflich in Watte gepackte Verriss kann den anfänglichen Erfolg der Komposition nicht gefährden. *Notre Dame* wird vor, während und nach dem Krieg häufig aufgeführt. Der künstlerische Ruf der Wiener Hofoper ist 1914 nicht mehr der beste. Die Zahl der Uraufführungen ist gering. Richard Wagners *Parsifal* und Giacomo Puccinis *Das Mädchen aus dem Goldenen Westen* sind Kassenfüller. Das Ballett *Josephs Legende* sollte die letzte Richard-Strauss-Premiere zu Friedenszeiten werden. Franz Schmidt bleibt als spätromantischer Komponist aber im Schatten von Mahler, Strauss und Zemlinsky.

Seinen Nachruhm gefährdet der Komponist durch Verstrickungen in der Nazi-Zeit. Dabei hat Schmidt eine jahrelange Liebesaffäre mit der jüdischen Kaufhauserbin Ella Zwieback. Eine Ehe des aus kleinbürgerlichen Verhältnissen stammenden Schmidt wird von Ellas Eltern verhindert. Die Tochter wird mit einem deutlich älteren Mann verkuppelt, bekommt zwei Kinder und vertreibt sich die Zeit mit Klavierunterricht. Es bleibt freilich nicht beim vierhändigen Klavierspiel. Franz Schmidt und Ella Zwieback bekommen einen gemeinsamen Sohn. Ganz Wien weiß von der Liaison, doch für die reiche Erbin aus bestem jüdischen Haus wäre es damals unmöglich gewesen, sich zu einem außerehelichen Kind von einem Klavierlehrer zu bekennen.

Das romantische »Intermezzo« aus *Notre Dame* wird so zur schwelgerischen Begleitmusik einer Affäre in Wiens feiner Gesellschaft.

5. April 1914 **»Der Tormann hat die Wendung des Spiels nicht recht erwartet«**
Im Fußball ist es die gute alte Zeit. Wien schlägt Berlin bei einem Städtevergleichskampf auswärts mit 3:0. »Es waren wohl mehr als 10 000 Zuseher, die das schöne Frühlingswetter auf den Preußenplatz gelockt hatte, um dem Wettkampf der Elf Berlins gegen die Repräsentanten Wiens beizuwohnen. Diesmal war es den Berlinern nicht vergönnt, ihrem Team zuzujubeln. Die erste Halbzeit stand im Zeichen einer gewissen Unsicherheit hüben und drüben. Man merkte beiden Mannschaften an, daß sie Fühlung zueinander suchten.« Die täglich erscheinende *Sport-Revue*, eine Beilage zum *Fremdenblatt*, berichtet am Montag nach dem Spiel ausführlich über die Partie in Berlin.

Die sogenannten »Städtevergleichskämpfe« waren Vorläufer der Länderspiele. De facto spielten auf beiden Seiten »Nationalmannschaften«. Und die Rivalität zwischen den athletischen deutschen Kickern und den technisch überlegenen Wienern war schon zu Beginn des vorigen Jahrhunderts groß. »Der Erfolg, den der Wiener Fußballsport durch das gestrige Resultat erzielte, ist wenn auch kein überraschender, so doch ein sehr beachtenswerter und stellt unsere

Mannschaft in die erste Reihe kontinentaler Städteteams!«, jubelten die Wiener Zeitungen. Das Interesse an diesem Spiel war »außerordentlich«. Das *Sport-Journal* berichtete – in Ermangelung von Live-TV-Übertragungen – von Hunderten telefonischen Anfragen in der Redaktion. »Interessanterweise erkundigte sich ein höherer Offizier nach dem Ausgang des Kampfes in Berlin. Er zeigte sich sehr erfreut, was in dem Ausrufe zum Ausdruck kam: ›Es freut mich wirklich, daß unsere Jungens etwas können.‹« Am Sonntag vor Ostern 1914 ging es um Fußball, aber wie immer, wenn Österreicher gegen Deutsche antreten, schwingt ein Minderwertigkeitsgefühl auf der einen und eine leichte Überheblichkeit auf der anderen Seite mit.

Nicht nur der »höhere Offizier«, auch der Kapitän der Wiener Mannschaft, Karl Tekusch, hatte die politische Bedeutung des Fußballmatches erkannt und vertraute dem *Sport-Journal* an: »Das gestrige Städtewettspiel Berlin-Wien ist für unseren Fußballsport von größerer Bedeutung als ein sonstiges Teammatch, denn es hat das gänzlich gesunkene Prestige Wiens in Berlin mit einem Schlage wieder hergestellt. Wie weit unser Ansehen bereits gesunken war, zeigt eine Berliner Zeitungsnotiz, die zu berichten wußte, daß die Städtevergleichskämpfe mit Wien von nun an nicht mehr regelmäßig stattfinden würden, da das Interesse daran aufgrund der minderen Qualität der Wiener erlahmt sei. Wir konnten aber diesmal unserem Verbündeten aus dem Norden zeigen, daß sie uns nicht in allem über sind.« Der Philosphiestudent Karl Tekusch bringt die vorherrschende Stimmung »im Reich« und in der Monarchie auf den Punkt. Die Minderwertigkeitsgefühle gegenüber dem deutschen Verbündeten sollten die gesamten Kriegsjahre bestimmen.

Der Beweis, dass die Wiener mit den Preußen mithalten können, liefert die Wiener Elf in der zweiten Halbzeit. Die Wiener Kicker sind »entschieden überlegen« und die Berliner verdanken es nur der »gediegenen Arbeit« ihres Torwarts, dass sie nicht längst ins Hintertreffen geraten sind. Aber dem Dauerdruck ist die deutsche Abwehr nicht gewachsen. »In der 32. Minute will Berlins rechter

Läufer Ludwig die Gefahr abwenden, indem er den Ball an den eigenen Torhüter abgibt. Ob nun der Schuß zu scharf oder der Tormann diese Wendung des Spieles nicht erwarte hatte – der Schuß saß.« Und die Wiener Gäste legen nach: 3:0. Der Reporter der *Sport-Revue* lobt das faire Berliner Publikum. »Die Leistung der Sieger wurde durch lebhafte Beifallskundgebungen anerkannt.« Dabei gibt sich der Mannschaftskapitän Karl Tekusch nach dem Spiel sehr selbstkritisch. Die Wiener hätten in der ersten Halbzeit zu langsam und zu müde gespielt. Verantwortlich dafür sei die strapaziöse Anreise gewesen. Denn die Kicker hatten die »ermüdende Fahrt III. Klasse noch nicht verdaut«. Auch mit dem Schiedsrichter muss das *Sport-Journal* ein wenig hadern. »Der Schiedsrichter zeigte sich dem Spiel nicht ganz gewachsen. Namentlich für Offside-Positionen scheint er nicht das richtige Verständnis zu haben.« Schwamm drüber. Es wird die kommenden hundert Jahre nicht sehr oft vorkommen, dass Österreicher gegen Deutsche am Fußballfeld so deutlich gewinnen.

Das erste April-Wochenende 1914 brachte für Wiens Fußballvereine überhaupt ungeahnte Erfolge. Die »Amateure«, Vorläufer-Verein der »Wiener Austria«, hatten die Bayern aus München zu Gast und lieferten einander am Sportplatz des »Wiener Associationfootball-Clubs« (W.A.F.) in Wien-Hütteldorf einen »lebhaften« Kampf. Die Violetten feierten gegen die Bayern einen »braven Sieg«, obwohl die Gäste aus München den zahlreichen »Amateure«-Fans einen fintenreichen und technisch überlegenen Fußball vorführten. Allein es reichte nicht zum Sieg der »Bayern«. Und auch »Rapid« konnte ein Erfolgserlebnis gegen eine deutsche Spitzenmannschaft feiern. Auf der »Pfarrwiese« in Hütteldorf besiegten die »Grün-Weißen« den schlesischen Meister Troppau.

Fußball ist vor dem Ersten Weltkrieg auf dem Weg zum Massensport. Es gibt zahlreiche Vereine, Meisterschaften und traditionsreiche Sportplätze. Die Fußballclubs rekrutieren ihre Anhänger meist aus der unmittelbaren Wohnumgebung. Fußball ist im eigentlichen Sinn identitätsstiftend. Die »Dornbacher«, die »Döblinger«, die

»Hütteldorfer« – Synonyme für Vereine, die den Massen in den Vorstädten Heimat bieten. Der Wiener Fußball hat vor Kriegsbeginn europäisches Niveau. So besiegt der W.A.F. den dreifachen englischen Meister FC Sunderland – ein ungeheures Sportereignis. Gelten doch um die Jahrhundertwende die Vereine aus dem »Mutterland des Fußballs« als unbesiegbar.

5. April 1914 »Der Vater vertrinkt alles in Rum«

An diesem kalten Apriltag »ging Marie Matlas ins Wasser«. Vor den Augen ihrer vier Kinder versucht sich die schwangere Frau in einem Ziegelteich in der Nähe des Laaerbergs in Wien-Favoriten zu ertränken. Die *Illustrierte Kronen-Zeitung* berichtet zwei Tage später über den Selbstmordversuch der Arbeiterfrau: »Allgemein bringt man der armen Frau herzliches Mitleid entgegen.«

Elend und Not der Arbeiter und ihrer Familien in den Wiener Außenbezirken waren allgemein bekannt. Die meist böhmischen und mährischen Zuwanderer arbeiteten und lebten in der Umgebung der großen Ziegelfabriken. Das rasante Wachstum Wiens hatte einen Bauboom ausgelöst. Alle Ringstraßenbauten und Gründerzeithäuser wurden aus den Ziegeln erbaut, die am Rande von Wien, am Laaer- und Wienerberg, geschlagen wurden. Die tschechischen Zuwanderer waren – trotz harter Arbeitsbedingungen – die schlechtest bezahlte Bevölkerungsruppe. Um 1910 galt Wien als zweitgrößte tschechische Stadt. Doch die »Ziegelbehm« assimilierten sich unter Druck rasch. Schon in der zweiten oder dritten Generation sprach kaum noch jemand Tschechisch. Um das Wiener Bürgerrecht zu erlangen, mussten alle einen Eid darauf ablegen, den »deutschen Charakter Wiens« zu stärken. Die Gründung von »Sokol«-Turnvereinen und »Komensky«-Schulen stieß daher immer wieder auf heftigen Widerstand der Deutschnationalen. Die katastrophalen Lebensbedingungen der Ziegelarbeiter in Favoriten wurden vom Arzt Victor Adler beschrieben und zu einem prägenden Motiv für die Gründung der sozialdemokratischen Arbeiterpartei. Adler war 1852 in Prag geboren, kannte Sprache und Mentalität der Tschechen.

Der tschechische Nationalist und Reichsratsabgeordnete Antonín Hubka schreibt in einem Bericht über die Situation der Tschechen in Wien:»Die vulgärsten Witze und Lieder stehen auf der Tagesordnung. Die jungen Mädel, kaum der Schule entwachsen, verfallen hier dem Verderben, die jungen tschechischen Gesellen lernen hier schlemmen und opfern den letzten Kreuzer für Alkohol und Tanz. Sonntags sind die Gasthäuser im Prater fast nur durch das tschechische Volk vollbesetzt, das sich aber so benimmt, daß man über seine Zukunft verzweifeln möchte.« Das war zu pessimistisch gedacht. Schon in der zweiten Generation waren die »Behm« meist zu echten Wienern geworden.[56]

6. April 1914 »Keine Fußwaschung in der Hofburg«

Ein apostolischer Kaiser sieht sich in der Tradition des Papstes. Seine Majestät zeigte alljährlich am Gründonnerstag Demut und wusch ausgewählten treuen Untertanen symbolisch sorgfältig die Füße. Im Jahr 1914 entfiel diese feierliche Zeremonie. Der Kaiser war selbst ein Greis geworden und mochte sich die Strapaze nicht mehr zumuten. Dennoch sollten zwölf Männer und – auf besondere Anordnung von Kaiser Franz Joseph – auch »zwölf Greisinnen« am Gründonnerstag beschenkt werden. Die Damen und Herren hatten sich durch ihr hohes Alter und ausgewiesene Armut für die rituelle Fußwaschung qualifiziert. Sie wurden vor der Zeremonie ärztlich untersucht, gewaschen und einheitlich in »altdeutsche Kleidung« gewandet.

Die Habsburger knüpften mit dieser Geste bewusst an die katholische Tradition an und stellten ihre Herrschaft und die Herrscherperson in eine Reihe mit Bischöfen und Päpsten, die vor dem Karfreitag in Erinnerung an das letzte Abendmahl diese rituelle Handlung vollzogen hatten. Für die Herrscher aus dem Hause Habsburg stellte die Fußwaschung eine öffentliche Bekundung ihrer

Demut vor Gott und ihrer christlichen Nächstenliebe dar, die zum Kanon der Tugenden eines Herrschers von »Gottes Gnaden« gehörten. Das Ritual wurde bis zum Ende der habsburgischen Herrschaft gepflegt. Antonia Uher war die älteste Arme, die vor Ostern 1914 für die kaiserliche Fußwaschung auserkoren worden war. Sie hatte bereits ihren 94. Geburtstag gefeiert. Frau Uher erhielt 30 Kronen (»Silberlinge«) in bar, einen Zinnbecher und einen »Majolika-Apostelkrug«. Die Füße musste sie sich eigenhändig waschen.[57]

6. April 1914 »Hoch droben übern Spiegel zieht ein Boot«

Max Reger kann nicht mehr. Der deutsche Komponist schickt am 6. April 1914 aus Meran einen Brief mit seinem Abschiedsgesuch an den Herzog Georg von Sachsen-Meiningen. Der deutsche Fürst ist sein Freund und großer Gönner. Obwohl der lebensfrohe Organist und Tondichter noch voll künstlerischer Schaffenskraft ist, fühlt er sich körperlich den Aufgaben eines Leiters des Meininger Hoforchesters nicht mehr gewachsen. Der unmäßige Esser und geeichte Trinker hat psychische Probleme und ist im Frühjahr 1914 zusammengebrochen. Hundert Jahre später würde man die Krankheitssymptome als »Burn-out« bezeichnen. Doch Reger dürfte einen Schlaganfall erlitten haben und wird von seinen Ärzten zur Kur ins Südtiroler Nobelbad Meran geschickt.

Seit Kaiserin Elisabeth (»Sisi«) die einmalige klimatische Lage des Städtchens am Schnittpunkt von Vinschgau und Etschtal erkannt hatte, war Meran zu einem der beliebtesten Kurorte für die Schönen und Reichen Europas geworden. Kaiserin Elisabeth verbrachte vier Winter in Meran und quartierte sich im eigens um 23 000 Gulden renovierten Schloss Trautmansdorff ein. Viele Russen folgten dem Beispiel der österreichischen Kaiserin, die in ihrer jahrzehntelangen Flucht vor dem Wiener Kaiserhof so ziemlich alle wunderschönen Plätze für sich entdeckt hatte. Die Anreise war ihnen leicht gemacht worden. Zwischen dem fernen St. Petersburg und Meran verkehrte regelmäßig ein luxuriöser Kurswagen der

Bahn. Schriftsteller und Komponisten, Politiker und Banker wandelten an der Passer-Promenade am Neubau des Kurhauses vorbei, das im Frühjahr 1914 schon im vollen Glanz erstrahlte, wenn es auch erst im Dezember 1914 eröffnet werden sollte. Max Regers und Christian Morgensterns Spazierwege kreuzen einander. Vielleicht begegnet der rekonvaleszente Tonsetzer dem todgeweihten Dichter. Morgenstern schreibt in Meran ein düsteres Gedicht, das als Anspielung auf seinen nahenden Tod und die kommende Katastrophe gedeutet werden kann:»Hoch droben übern Spiegel zieht ein Boot ... | Das Ruder ruht. Und eine Stimme bebt: | Horch, Herz, da drunten läutet jetzt der Tod ... | Da fühl ich, wie mein Sinn dem Graun entstrebt – | Ich reisse los mich von Vinetas Not | und sage laut: Doch dein Geliebter lebt!«

Christian Morgenstern ist am 31. März in der Villa Platter-Helioburg gestorben.

Für den Komponisten Reger wirkt die heitere Atmosphäre des Kurorts hingegen heilend. Er kuriert seine Erschöpfungszustände im schlossartigen Nobelsanatorium Martinsbrunn. Hier sollen sich die Kranken nicht krank fühlen. Meran wird für Reger zu einer neuen Quelle der Inspiration: Es entsteht eine ganze Reihe musikalischer Pläne. Ende April muss er das frühsommerliche Meran verlassen. Er wird nicht wiederkommen. Schon 1916 stirbt er in Leipzig.[58]

13. April 1914 »Fünfstöckiges Mährisch-Ostrau!«

Adolf Loos verschaut sich im April 1914 an der Ecke Kohlmarkt und Wallnerstraße in eine knapp 30 Jahre jüngere Schülerin der »Schwarzwald-Schule«: Grethe Hentschel. Zwischen dem fast zwei Generationen älteren Architekten und der Schülerin entwickelt sich eine enge Beziehung. Loos macht der Gymnasiastin sogar einen Heiratsantrag, den Grethe aber ablehnt. Sie scheint »vernünftiger« als ihr deutlich reiferer Verehrer zu sein. Das Mädchen ahnt, dass ihr Vater der Beziehung nie zugestimmt hätte. Und er hätte recht

Ein Architekt an der
Mädchenschule: Adolf Loos
unterrichtete 1914 am
Wiener Privatgymnasium
der Eugenie Schwarzwald.

gehabt. Loos ist zu diesem Zeitpunkt seit einem Jahrzehnt mit der englischen Tänzerin Elizabeth »Bessie« Bruce liiert. Seine spätere Frau Elsie Altmann beschreibt die Vorgängerin: »Sie ist groß und blond, hat schöne Hände und lange Beine, ein liebes süßes Gesicht, eine Mischung aus Botticelli-Engel und Gibson-Girl.« Der berühmte Architekt und das Revue-Girl finden rasch zueinander. Treue ist für beide nur ein Wort. Als »Bessie« an Tuberkulose erkrankt, finanziert Loos zwar den monatelangen Kuraufenthalt in Davos und später in Leysin, nützt aber die Abwesenheit seiner Geliebten für Abenteuer. Grethe Hentschel entzieht sich seinem Werben. Die junge Frau und der ältere Architekt bleiben den Rest ihres Lebens in freundschaftlichem Kontakt.

Der Wiener Architekt unterrichtet kaum hundert Meter von seinem zwei Jahre zuvor fertiggestellten, höchst umstrittenen »Haus ohne Augenbrauen« am Michaelerplatz an der »Schwarzwald-Schule«, einer privaten Mädchenschule für höhere Töchter. Es ist eine der ersten Schulen im alten Österreich, an der Mädchen maturieren durften. 1912 stellt die Direktorin der Schule, Eugenie Schwarzwald, dem berühmten Architekten Räumlichkeiten in ihrem »Lyzeum« für seine eigene »Bauschule« zur Verfügung. Loos hat auch die Inneneinrichtung der Privatwohnung von Familie Schwarzwald auf der Josefstädterstraße geplant. Eugenie Schwarzwald, die in Wien nur »Frau Doktor« genannt wird, ist eine beeindruckend moderne Frau am Beginn des 20. Jahrhunderts. Ihre Erziehungsmethoden sind ungewöhnlich, ihre Haltung aufgeklärt. Und sie »rekrutiert« im benachbarten »Café Herrenhof« Berühmtheiten der Zeit als Lehrer für ihre Mädchen. Neben Loos unterrichten der Maler Oskar Kokoschka und der Verfassungsrechtler Hans Kelsen an der Mädchenschule. Robert Musil leiht der Romanfigur Diotima in seinem Werk *Der Mann ohne Eigenschaften* Charakterzüge der Eugenie Schwarzwald.

Im ersten Jahr zahlten drei »ordentliche Hörer« pro Semester 25 Kronen Schulgeld an Loos. Der später weltberühmte Architekt unterrichtete aber zahlreiche außerordentliche Studenten in seiner Privatschule. Sie ignorierten das per Aushang am Schwarzen Brett der Technischen Hochschule deklarierte Verbot, Vorträge von Loos zu besuchen.

Nachdem Otto Wagner an der Akademie für bildende Künste emeritieren musste, waren einige seiner Schüler, darunter Richard Neutra und Rudolf M. Schindler, zu Loos gekommen und hatten ihn aufgefordert, sich um die Nachfolge Wagners zu bemühen. Loos fühlte sich geschmeichelt, wusste jedoch, dass er im k. u. k. Universitätsbetrieb keine Chance auf einen eigenen Lehrstuhl haben würde: zu radikal waren seine Ansichten, zu modern seine Bauten, zu pointiert seine Sprache, zu eindeutig seine Wertung von Kollegen, zu kritisch seine Haltung. 1914 formulierte er über die Neubauten in der kaiserlichen Residenzstadt: »Wenn ich mich bei der Oper aufstelle und zum Schwarzenbergplatz herunterblicke, so habe ich das intensive Gefühl: Wien! Wien, die Millionenstadt. Wien, die

Metropole eines großen Reichs. Wenn ich aber die Zinshäuser am Stubenring betrachte, dann habe ich nur ein Gefühl: fünfstöckiges Mährisch-Ostrau.«

Die Gründung der Bauschule fand auch im *Pester Loyd* Beachtung. Das Budapester Blatt schrieb am 13. April 1912: »Die echt wienerische Indolenz, allen markanten, aus der invertierten bequemen Geschmacksrichtung hinausstrebenden Persönlichkeiten gegenüber hat zu einem eigensinnigen Affront gegen den Architekten Adolf Loos geführt. Seit mehr als einem Jahrzehnt kämpft der Künstler gegen den gerade in Wien immer mehr überhandnehmenden Bauunfug.«

Die räumliche Nähe der »Bauschule« zu den Unterrichtsräumen von fünf Dutzend sehr jungen Damen wirkte durchaus befruchtend auf die Arbeit. Die aufgeladene Atmosphäre in der Schule zwischen berühmten Vortragenden und begüterten »Backfischen« wurde zehn Jahre später von Egon Friedell und Alfred Polgar parodiert: »Ich habe die berühmten Philanthropen bei der Arbeit gesehen. Sage ich, es war ein Erlebnis, so sage ich zu wenig. Es waren mindestens vierzig Erlebnisse auf einmal. Unvergesslich der hinreißende Rhythmus des Tuns und Wohltuns, der einem schon auf den Gängen des philanthropischen Heims entgegendröhnt. Eine Schar junger Mädchen, die Wangen gerötet von der Einführung in die neuere deutsche Literatur, die ihnen soeben von der verehrten Frau zuteil geworden, stürmt durch den Korridor zum Schönberg-Kurs. Ihnen begegnet eine leidenschaftliche Gruppe, die nach Verlassen der Räume strebt, wo Meister Adolf Loos' Kanzel von Hörern umlagert ist. Den jungen Leuten steht die Verachtung des Ornaments auf der offenen Stirne geschrieben.« Loos hielt in der Schwarzwald-Schule wöchentlich zwei Unterrichtsstunden über »Kunstgeschichte«. Der Kurs wurde von 56 Schülerinnen belegt. Der Architekt spazierte mit seinen Damen durch die Innenstadt und übte Architekturkritik am realen Objekt. Im Jahresbericht der Lehranstalt schrieb Loos: »Dazwischen wurden auch Fragen des modernen

Stils, der modernen Literatur und der modernen Wohnungseinrich-
tung erörtert und einige von mir eingerichtete Wohnungen, das
Haus Steiner in Hietzing und das Haus am Michaelerplatz besucht.« Eine für den April 1914 geplante Studienreise nach Venedig,
Florenz und Rom kam dann allerdings nicht mehr zustande.

Loos bleibt weiter für die Reize junger Frauen – allzu – empfäng-
lich. Im Bad Vöslauer Thermalbad »spechtelt« der angesehene Architekt ganz jungen Damen nach. Drei Jahre nach seinem Heiratsantrag an Grethe begegnet Loos der 17-jährigen Elsie Altmann, auch
sie eine Schülerin der Schwarzwald-Schule. Elsie nimmt Ballett-
unterricht bei den Schwestern Wiesenthal, deren Studio sich in der
Beatrixgasse im dritten Bezirk befindet. Im gleichen Haus hat Loos
sein Atelier. Bei Elsie Altmann ist das Werben des 48-Jährigen erfolgreich: Kaum 19 Jahre alt, heiratet sie den Architekten und wird
seine zweite Ehefrau.

Mit zunehmendem Alter verstärkt sich bei Loos die Neigung zu
jungen Frauen, zu Mädchen, zu Kindern. In den 1920er Jahren wird
er wegen Pädophilie verhaftet, angeklagt und vor Gericht gestellt.
Seine Frau Elsie Altmann verfolgt den für sie peinigenden Prozess
und ist von der Schuld ihres Mannes überzeugt, obwohl das Gericht
ihn in nichtöffentlicher Verhandlung freispricht.[59]

15. April 1914 »Ich und die Farbe sind eins«

Am 15. April 1914 entdeckt Paul Klee im tunesischen Kairuan die
Farbe. Der Maler war mit seinem Schulfreund Louis Moilliet, den er
am »Literarischen Gymnasium« in Bern kennengelernt hatte, Anfang des Monats mit dem Zug nach Marseille gereist und hatte dort
August Macke getroffen. Das Maler-Trio schiffte sich in der südfran-
zösischen Hafenstadt ein und brach nach Tunis auf. Wahrscheinlich
hatten die Reiseberichte Kandinskys und Münters, die schon ein
paar Jahre zuvor den Orient erkundet hatten, Paul Klees Reiselust er-
weckt. Er überredete August Macke, ihn auf dieser Orientfahrt zu
begleiten. Die drei befreundeten Maler sahen die Reise als Studien-

fahrt. Louis Moilliet war schon mehrere Male in Tunesien gewesen. Auf dieser Reise sollte ein Maler den anderen anregen. Sie erhofften sich von diesem anderen, diesem südlicheren Licht neue Impressionen, neue Anregungen für Bild- und Farbgestaltung.

Zur gleichen Zeit nimmt Egon Schiele an der »Internationalen Secession« in Rom teil. Es ist seine erste größere Ausstellung im Ausland und eine erste Begegnung mit den Strömungen der Kunst außerhalb der Monarchie. Schon 1911 sind im österreichischen Pavillon in Rom Werke der Wiener Werkstätte und Bilder von Gustav Klimt gezeigt worden, drei Jahre später dann Bilder des weit radikaleren Egon Schiele. Schiele kämpft nicht mit der Farbe. Der 24-Jährige hatte sich vor zwei Jahren gegen den Vorwurf des Kindesmissbrauchs verteidigen müssen. Er war verhaftet und angeklagt, aber schließlich in diesem einen schwerwiegenden Anklagepunkt freigesprochen worden. Für die »Verbreitung unsittlicher Zeichnungen« wurde er zu drei Tagen Kerker verurteilt. Die Strafe hatte er mit seiner 24-tägigen Untersuchungshaft längst abgebüßt. Die drei Wochen in der Neulengbacher Gefängniszelle waren für Schiele ein Schockerlebnis.

Das Jahr 1914 hatte für Egon Schiele durchaus vielversprechend begonnen. Im Jänner lernte er Edith Harms, die junge Tochter eines Schlossermeisters, kennen, dessen Werkstätte sich gegenüber Schieles Atelier auf der Hietzinger Hauptstraße 101 befand. Der Maler begegnete den beiden Harms-Schwestern auf der Straße, kokettierte ein wenig mit den jungen Damen und begann sich für die drei Jahre jüngere Edith zu interessieren. Die Beziehung zu seiner langjährigen Geliebten Wally Neuziel scheiterte in diesen Wochen.

Während Schiele 1914 Malerei und Liebelei künstlerisch produktiv miteinander vereint, blüht Paul Klee im Licht und der Sonne Nordafrikas auf. Er schreibt schon am ersten Tag in Tunesien, überwältigt von den neuen Eindrücken, in sein Tagebuch: »Die Sonne von einer finsteren Kraft. Die farbige Klarheit am Lande verheißungsvoll.« Die drei Maler quartieren sich bei dem Schweizer Arzt

Ernst Jäggi ein, der ihnen sein Landhaus am Meer zur Verfügung stellt. Paul Klee malt den ganzen Tag. In seine kleinformatigen Aquarelle baut er verstärkt abstrakte Elemente ein, er löst sich vom Gegenständlichen. Die architektonischen Elemente des arabischen Städtebaus finden sich in seinen tunesischen Bildern des Jahres 1914 wieder. Nach einem Ausflug ins rund 150 Kilometer südwestlich von Tunis gelegene Kairuan feiert Klee einen persönlichen Durchbruch: »Die Farbe hat mich. Ich brauche nicht nach ihr zu haschen. Sie hat mich für immer, ich weiß das. Das ist der glücklichen Stunde Sinn: Ich und die Farbe sind eins. Ich bin Maler.«

Die bunten Tage in der Kyrenaika endeten bald. Klee und Macke, der in diesen Tagen die »Seligkeit der Farben« erleben durfte, kehren nach Deutschland zurück. August Macke wird unmittelbar nach der Kriegserklärung zum Militär eingezogen. Schon am 26. September fällt der Maler in einem Gefecht in der Champagne. Klee ist entsetzt. »Was für ein Unglück für uns alle ist dieser Krieg.«[60]

16. April 1914 »Vier Millionen für arme Kinder«

Ein Tausendsassa stiftet seine Grundstücke am Semmering für einen wohltätigen Zweck. Victor Silberer war als erster Wiener im August 1982 mit einem Gasballon über die Stadt aufgefahren, hatte den ersten Flugplatz der k. u. k. Monarchie in Wiener Neustadt angeregt, mehrere Zeitungen gegründet, den Wiener Fremdenverkehr gefördert und schließlich den Semmering als touristisches Ziel entdeckt. Gegen den Widerstand der lokalen Bevölkerung investierte Victor Silberer in den Ausbau einer touristischen Infrastruktur am Pass zwischen Niederösterreich und der Steiermark, baute Hotels und kaufte großflächig Grundstücke am Semmering auf, die bald immens im Wert stiegen. Silberer erfand den »Semmering«. Der passionierte Sportler war reich geworden und versprach im April 1914, seine Grundstücke am Zauberberg der Wiener in eine Stiftung einzubringen. Das *Interessante Blatt* jubelte: »Endlich ist es gekommen, das lang Erwartete, das heiß Ersehnte: Im Zeitraume von wenigen Tagen zwei große Stiftungen im Gesamtbetrage von weit über 4 Millionen Kronen zur Pflege und Heilung armer Kranker.«

Mehr noch als mit Zeitungen und Grundstücksgeschäften konnte anno 1914 ein Schneider verdienen. Carl Moritz Frank hatte 1838 einen Herrensalon in Wien gegründet und dermaßen legendäre Beinkleider und Anzüge für den feinen Herren geschnitten, dass er es nicht nur zum k. u. k. Hoflieferanten, sondern auch zu erheblichem Wohlstand brachte. Für Kaiser Franz Joseph I. fertigte C. M. Frank die gesamte Zivilkleidung. Sie dürfte den Erfordernissen eines Monarchen auf den Leib geschneidert gewesen sein, denn alsbald kauften auch Kronprinz Rudolf, der Prinz von Wales, die Könige von Italien, Schweden, Bayern und so fort beim Wiener Tailleur. Im Zuge seines Berufslebens konnte sich der Bürger Carl Moritz Frank 55 Kammertitel ans Revers nähen. Selbst der König von Serbien, Milan I., ließ in Wien einkaufen.

Sein Sohn Carl Frank führte den väterlichen Betrieb auf der Ringstraße neben dem Hotel Imperial erfolgreich weiter und konnte so im Frühjahr 1914 drei Millionen Goldkronen für die Errichtung eines Sanatoriums im »sonnigen Jungherrental bei Lilienfeld« spenden. Die Lungenheilstätte sollte organisatorisch an das Wiener Wilhelminenspital angeschlossen werden und der Heilung von Kindern »ohne Unterschied der Nationalität und Konfession, die der Erholung nach akuten Erkrankungen bedürfen, oder denen die Sonnenlichtbehandlung Heilung von chronischen Erkrankungen der Drüsen und der Knochen bringen kann«, dienen. Die Tuberkulose galt um die Jahrhundertwende als »Wiener Krankheit«, begünstigt durch schlechte Wohnverhältnisse. Sie war eine typische »Proletarierkrankheit«, die im Arbeiterbezirk Favoriten, wo das Durchschnittseinkommen nur etwa 300 Kronen betrug, sechs Mal häufiger auftrat als in der Inneren Stadt. Als der Wiener Kinderarzt Clemens von Pirquet eine »Tuberkulinprobe« entwickeln konnte, wurde die Früherkennung und Behandlung der zum Tode führenden Lungenerkrankung möglich.

Der noble Hofschneidersohn hatte sich zur Stiftung seines großen Vermögens entschieden, da er kinderlos geblieben war. Die
Schneiderei C. M. Frank überdauerte die Wirren der Kriege des 20.
Jahrhunderts nicht. Die Erinnerung an eine Tradition gediegenen
Handwerks wurde erst vor wenigen Jahren wieder zum Leben er-
weckt. Die Besitzer des Wiener Maßschneiders Knize am Graben er-
warben die Markenrechte der seinerzeitigen Firma.[61]

18. April 1914 »Der g'flickte Wickerl von der Pichler Platte«

Das Wirtshaus Kohlruß in der Wiener Vorstadt Rudolfsheim genießt keinen soliden Ruf. Orts- und Sittenunkundige sollten es eher
meiden. Das Gasthaus gilt als Stammbeisl des 28-jährigen Ge-
schäftsdieners Ludwig alias »Wickerl« Pichler, der in einschlägigen
Kreisen als Chef der »Pichler-Platte« orts- und amtsbekannt ist.

Nämlicher »g'flickte Wickerl« (so kannten ihn die Vorstadt-Pül-
cher) hatte im Gasthaus Kohlruß gemeinsam mit zwei Dachdecker-
gehilfen den Wirkergehilfen Josef Neumann auf dem sogenannten
»Anstandsort« – die des Gerichtsdeutsch weniger kundigen Angeklagten werden es »Häusl« genannt haben – von hinten in den
Schwitzkasten genommen und von vorn seine silberne Uhr im Wert
von 5 Kronen und seine Geldbörse mit der gesamten Barschaft von
14 Kronen ziemlich unfreundlich abgeknöpft. Der Wirkergehilfe
Neumann protestierte lauthals – und verständlicherweise – gegen
diesen Raub, stürmte in die Gaststube und wurde dort vom Wirts-
sohn Albert Kohlruß und dem Kellner Josef Mikl unerwartet mit
einem Ochsenziemer auf den Kopf geschlagen. Der beraubte Neumann schlug unsanft betäubt auf dem geölten Holzdielenboden des
Wirtshauses auf und konnte sich in seinem Zustande keineswegs
mehr an der aktiven Verfolgung der Räuber beteiligen, geschweige
denn sich an irgendetwas erinnern. Die ruchlose Tat der drei Wirts-
haus-Räuber blieb freilich nicht ungesühnt. Alle drei Räuber – für
die damals keineswegs eine Unschuldsvermutung galt – waren einschlägig und »empfindlich« vorbestraft. Das Schwurgericht tagte

am Samstag (!) und machte mit dem Chef der »Pichler-Platte« kurzen Prozess. Weil alle vor dem Untersuchungsrichter gestanden hatten und ihre Verteidigungslinie ein wenig unglaubwürdig klang – bei einer Rauferei im betrunkenen Zustand sei leider die Uhr und das Geldbörsel des Opfers irrtümlich und unerklärlich in die Taschen der drei Angeklagten gelangt –, griff der Herr Oberlandesgerichtsrat von Würth tief in den »Schmalztopf« und schickte Wickerl Pichler für acht Jahre in den »schweren Kerker«. Seine Räuberbande wurde zu sechs Jahren verdonnert. Die Rolle des Gastwirtssohnes und des Kellners im »Kohlruß« blieb gerichtlich ungeklärt. Jedenfalls verschweigt das *Deutsche Volksblatt* vom 20. April entsprechende Ermittlungen. Das Bewusstlos-Schlagen von Gästen mit dem Ochsenziemer sollte auch für das grundsätzlich etwas raue Vorstadtgrätzel Rudolfsheim nicht straflos geblieben sein – oder galt das längere Fernbleiben von drei trinkfesten Stammgästen bereits als Strafe für den Wirt?

19. April 1914 »Wie sich am ersten Tag herausstellte, war die Idee keine sehr gute«

Es war wahrlich kein glücklicher Beginn. Am Sonntag, dem 19. April, versammelten sich Hunderte Neugierige am Flugfeld Aspern. Sie wollten den spektakulären Start zum ersten Rundflug über Österreich-Ungarn beobachten. Fliegen ist im zweiten Jahrzehnt des 20. Jahrhunderts ein Traum – nein, *der* Traum – von Geschwindigkeit und Modernität. Es sind fürwahr tollkühne Männer, die sich in fliegenden Kisten festschnallen und nur auf Sicht gegen Wind und Wetter und gegen die Launen eines knatternden Motors ankämpfen. Ein Flug von Wien-Aspern über die Höhen des Wienerwalds samt sicherer Landung auf einer Wiese bei Tulln gilt bereits als zu bejubelnde fliegerische Glanztat. Fliegen ist die Moderne. Das Flugwesen erlebt einen steilen Aufstieg. Jeder neue Rekord wird in der Tagespresse vermeldet, jede Bruchlandung eines Aviators penibel beschrieben. Das Volk ist von den Aufsteigern fasziniert. Die Luftfahrt erobert das neue Jahrhundert. Österreich rumpelt hinterher. Die schwerreichen Seifenfabrikanten Georg und Heinrich Schicht (»Schicht-Seife«) wollten Österreichs Luftfahrt ein wenig unter die Flügel greifen und stifteten den ungeheuren Betrag von 100 000 Kronen für ein Wettfliegen durch Österreich-Ungarn.

Am Sonntag nach Ostern war es dann so weit. Von Aspern aus sollten die aus Holz und Stoff zusammengeleimten Flieger nach Prag, Theresienstadt, Teplitz und Aussig starten. In Aussig hatte Vater Schicht seine Seifensiederei zu einem Großunternehmen mit 1800 Mitarbeitern gemacht. Seine industrielle Heimat war als Wendepunkt der ersten Etappe auserkoren. Die *Allgemeine Automobil-Zeitung* hatte Reporter und Fotografen nach Aspern beordert, um das Ereignis in Wort und Bild zu fassen, und gab sich enttäuscht: »Schon das Nennungsergebnis war ein verhältnismäßig mageres, verglichen mit den Nennungen, die man anderwärts bei solchen Anlässen publizieren kann. Zwölf Flieger nannten, von diesen waren nur sechs am Start.«

Das Wettfliegen deckte die Unzulänglichkeit der österreichischen Zivilluftfahrt auf. Franz Reiterer, der immerhin schon die gewaltige Strecke von Berlin nach Wien mit seinem Passagier, Hauptmann Neumann, in einem »Etrich-Eindecker« bewältigt hatte, musste schon vor Stockerau nach einer Bruchlandung aufgeben. »Sein Apparat wurde durch eine Böe niedergedrückt. Bei der Landung überschlug sich der Apparat, Fahrgestell und Tragflächen wurden so stark beschädigt, daß der Pilot, der unverletzt blieb, aufgeben mußte.« Da waren nur noch fünf in der Luft.

Oberleutnant Gottfried von Banfield, der unter dem Namen seiner Mutter (Mumb von Mühlheim) genannt hatte, musste nach 100 geflogenen Kilometern wegen eines Defekts an seinem 120 Pferdestärken starken Daimler-Motor eine »Steillandung« durchführen, wobei der Propeller brach und die Propellerwelle verbogen wurde. Keine Chance zum Weiterflug. Banfield hätte als Offiziersflieger gar nicht starten dürfen, die Militärbehörden hatten eine

Teilnahme am Wettbewerb verboten. Daher flog er – wohlbekannt – unter falschem Namen. Der Marineflieger Freiherr von Banfield sollte freilich nicht als Bruchpilot in die Geschichte eingehen. Banfield wurde der erfolgreichste österreichisch-ungarische Marineflieger des Ersten Weltkrieges. Er überlebte Dutzende Luftkämpfe und verbuchte 20 Luftsiege über der Adria. Der 19. April war eben nicht sein Tag.

Offizierskollege Oberleutnant Baar hatte mehr Fortüne. Er kam bis Kolin und konnte am nächsten Tag vorschriftsmäßig in Aspern eintreffen, allerdings war der Budapester Pilot Wittmann auf seinem »Lohner-Pfeilflieger« um Stunden schneller gewesen als die Konkurrenz. Die *Automobil-Zeitung* beklagte das bescheidene Ergebnis des Wettbewerbs als Sinnbild der österreichischen Rückständigkeit. »Der Schicht-Flug hätte ein anderes Bild geboten, wenn es möglich gewesen wäre, den Offizierspiloten den Start zu ermöglichen. Unsere österreichische Aviatik ist ja im Grunde genommen nur eine Militäraviatik. Die paar Zivilflieger sind wirklich der Zahl nach nicht der Rede wert, und wenn man sie hätte unterstützen wollen, dann wäre es wohl besser gewesen, ihnen Aufgaben zu stellen, die ihren Kräften und ihren Fähigkeiten entsprechend gewesen wären. So hat man aus dem Schicht-Flug eigentlich nichts gelernt als die Distanz zu schätzen, die uns von anderen Aviatik treibenden Nationen trennt.«

So pessimistisch hätte die Sportzeitung nicht urteilen müssen. Denn am Tag nach der ersten Etappe des »Seifen-Wettbewerbs« kam es bei Paris zu einer »schrecklichen Fliegerkatastrophe«. Die *Neue Zeitung* in Wien wusste per Telegrammbericht aus Paris vom Zusammenstoß zweier Flugapparate in 300 Meter Höhe zu berichten. Bei einem Schaufliegen in Buc bei Paris waren einander zwei Flieger bei einem Passagierflug um den »Schnelligkeitspreis« zu nahe gekommen. Pilot André Bidot hatte bei dem Versuch, seinen Konkurrenten de Roye zu überholen, das Heck des Fliegers gestreift, worauf die Benzintanks explodierten und der Pilot und sein Passagier in einem Feuerball zur Erde stürzten. Auch Bidots Flugzeug krachte aufs Flugfeld. Beide Insassen konnten »mit schweren Brandwunden in hoffnungslosem Zustand ins Spital gebracht werden«. Am Tag zuvor verunglückte der deutsche Pilot Ehrmann in Algerien tödlich. Er war schon 1912 bei einem Flugfest in Wien-Aspern abgestürzt und »lag mehrere Monate im Rudolfsspital darnieder«.

20. April 1914 **»Gegen Junker und Juden«**
Adolf Hitler feiert in München seinen 25. Geburtstag. Und das *Deutsche Volksblatt* in Wien berichtet über das »Leichenbegängnis des Antisemitenführers Ahlwardt« in Leipzig. Das Begräbnis fand am Vortag »in schlichter Weise« statt, berichtet das deutschnationale Blatt. Der schriftliche Nachlass werde von »kundigen Händen gesichtet und in absehbarer Zeit herausgegeben«. Der ehemalige Reichstagsabgeordnete Hermann Ahlwardt war Opfer eines Verkehrsunfalles geworden. Wegen Veruntreuung aus dem Dienst entlassen, hatte der Volksschuldirektor mit seinen antisemitischen Pamphleten und seinem Kampf gegen behauptete Korruptionsfälle einiges Aufsehen erregt. Seine Reden gegen »Junker und Juden« machten Ahlwardt immerhin so populär, dass er für einen Brandenburger Wahlkreis in den Reichstag gewählt wurde. Dort hetzte er gegen die jüdische Bevölkerung und forderte dazu auf, die »Raubtiere« und »Cholerabazillen« auszurotten. Kritik seiner zahlreichen politischen Gegner, die den »Radau-Antisemiten« bekämpften, begegnete er mit dem Hinweis, die Wiener Antisemiten würden weit radikalere Forderungen stellen. Das *Deutsche Volksblatt* in Wien war klar antisemitisch geprägt – und damit kein Einzelfall in der Wiener Presselandschaft. Die Tageszeitung gehörte zu Hitlers Lieblingslektüre in Wien. Das Blatt beschwor die »Gefahr« einer Massenzuwanderung russischer Juden nach Wien und verlangte die »Lösung der Judenfrage«. Beim verhinderten Künstler und Postkartenmaler Adolf Hitler, der in München gerade der Einberufung zur k. u. k. Armee entgangen war, waren solche Ideen auf fruchtbaren Boden gefallen. Obwohl heute

unter Historikern umstritten ist, ob der junge Hitler bereits im antisemitischen Umfeld Wiens seinen tödlichen Judenhass entwickelt
hat. Brigitte Hamann sagt Ja. Hitler-Biograf Ian Kershaw relativiert
die Einschätzung Hamanns.[62]

20. April 1914 **»Ein dauernder Tempel Mozartscher Musik«**

Genau vier Jahre nach der Grundsteinlegung im August 1910 hätte
das Salzburger Mozarteum mit einem siebentägigen Musikfest feierlich eröffnet werden sollen. Es sollte nicht sein. Dabei war das
»Haus für Mozart« schon im Frühjahr fertiggeworden, obwohl exorbitante Kostenüberschreitungen schon eine Einstellung des Baus
befürchten ließen. Noch einmal griffen private Salzburger Bürger in
die Tasche und auch die Stadt Salzburg erhöhte den finanziellen Zu-
schuss abermals. Immerhin war das Werk gelungen. Die Musik-
schule sollte, wie die *Neue Zeitung* berichtet, »ein dauernder Tempel
Mozartscher Musik sein und man plant großartige Aufführungen
für die Zukunft«. Die beiden Konzertsäle gelten heute noch als Salz-
burgs schönste Konzertlokalitäten. Der Grundstein des »Mozarteums«, der von Seiner Kaiserlichen Hoheit Erzherzog Eugen gelegt
worden war (der Habsburger wird eher zugeschaut als persönlich
Hand angelegt haben), ist im Boden des Eingangsfoyers zum Großen Saal vor der Mozartstatue zu sehen. Er zitiert die Eingangstakte
vom »Maurergesang«. Dieses sogenannte Bundeslied war über
Jahrzehnte Wolfgang Amadeus Mozart zugeschrieben worden:
»Brüder, reicht die Hand zum Bunde«. Die Melodie zum Freimau-
rerlied wurde 1947 per Gesetz zur neuen republikanischen Bundes-
hymne Österreichs. Die tatsächliche Eröffnung des »Mozarteums«
erfolgte dann erst im September 1914, bescheiden, aber mit dem Ab-
singen der alten »Kaiserhymne« von Joseph Haydn.

Die Harmonie eines großen Musikfestes war dem Lärm des
Kriegsbeginns zum Opfer gefallen.

20. April 1914 **»Das Telephon in der Westentasche«**
Das Mobiltelefon als große Errungenschaft des ausgehenden
20. Jahrhunderts? Es hätte nicht viel gefehlt, und die Damen und
Herren des »début de siècle« hätten auch diese Erfindung schon
genutzt. *Die Neue Zeitung* erstaunt ihre Leser jedenfalls mit der An-
kündigung einer neuen technischen Sensation. »Die ältere Generation wird sich noch jener Riesenexemplare von Telephonapparaten
erinnern, mit denen anfangs der Achtzigerjahre der Fernsprecher in
das öffentliche Leben zog; besonders der Hörer, den man ans Ohr
legte, war ein klobiger schwerer Stempel von etwa 15 Zentimeter
Stiellänge.« Damit soll es nun bald vorbei sei. Die Firma »Mix und
Genest« will ein Telefongerät entwickelt haben, das das Format »bis
zur Taschenuhrengröße zusammengeschrupft hat«. Dieses »Telephon in der Westentasche« gleiche einer längs durchschnittenen
Taschenuhr, weiß das Wiener Boulevardblatt zu berichten.

Tatsächlich ist die »Telegraphenbau-Anstalt und Telegraphen-
draht-Fabrik« aus Berlin-Schöneberg ein Pionierunternehmen des
elektrischen Zeitalters. In der Firma arbeiteten und entwickelten
1914 fast 2500 Menschen nicht nur Telefone, auch Schreibmaschi-
nen und Rohrpostanlagen. Das geschrumpfte Telefon schaffte es
freilich nie in die Massenproduktion. Dabei wäre das Gerät durchaus praktisch gewesen. *Die Neue Zeitung* beschreibt Einsatzmöglich-
keiten aller Art: »Die Erfindung erweist sich als sehr zweckmäßig
für Schutz- und Wachleute, die von unauffälligen Orten aus, direkt
mit dem Polizeiamt telephonieren können; ebenso für große Insti-
tute, Krankenhäuser, Fabriksetablissements, in denen dann ohne
Schwierigkeit von Hausflur, Boden, Keller und Garten aus gesprochen werden kann.«

Für technische Spielereien war die Zeit schon wenige Wochen
später abgelaufen, »Mix und Genest« erzeugten während des Krieges Telegrafenanlagen fürs Heer.[63]

20. April 1914 »**Meine Anschauungen stehen in einem schroffen Kontrast zu den Auffassungen der Mehrzahl der Mitglieder unseres Vereins**«

Die Ortsgruppe Wien der »Internationalen psychoanalytischen Vereinigung« zählt im April 1914 34 Mitglieder, davon sind immerhin zwei Frauen. Vorsitzender der Wiener Psychoanalytiker ist Prof. Dr. Sigmund Freud, per Adresse Wien IX, Berggasse 19. Beim 4. Internationalen Kongress der psychoanalytischen Vereinigung in München hat er zum Thema »Ein Beitrag zum Problem der Neurosenwahl« gesprochen. Der Zentralpräsident der »Internationalen psychoanalytischen Vereinigung«, Herr Doz. C. G. Jung aus Zürich, hielt kein Referat – es ist ein Zeichen seiner zunehmenden Entfremdung von Sigmund Freund und der von ihm maßgeblich inspirierten psychoanalytischen Methoden. Der Schweizer Jung fühlt sich von den »Psychoanalytikern« missverstanden. Er hat das »Konzept des Unbewussten« sehr weit gefasst und glaubt, dass bestimmte psychische Veranlagungen vererbt werden können, während die »Freudianer« davon ausgehen, dass das jeweilige »Unbewusste« in den persönlichen Lebensumständen und Erfahrungen wurzelt.

Im Kern war der Konflikt, der zur Spaltung der jungen Seelenwissenschaft führen sollte, freilich ein Machtkampf zwischen zwei »Alpha-Männchen«. Es ging um die Nummer-Eins-Position. Sigmund Freud war sich seiner Ausnahmestellung durchaus bewusst, und es ging auch um die finanzielle Position. Der Arzt fühlte sich ein Leben lang unterbezahlt. Er beklagte sich immer wieder über Geldmangel, obwohl er exzellent verdiente und in überdurchschnittlichem Wohlstand lebte.

Carl Gustav Jung zieht im April 1914 nach dem Bruch mit Freud die Konsequenzen. Er schreibt an die Präsidenten der Ortsgruppen: »Ich habe mich durch die neuesten Ereignisse überzeugen lassen, daß meine Anschauungen in einem so schroffen Kontrast zu den Auffassungen der Mehrzahl der Mitglieder unseres Vereins stehen, daß ich mich nicht mehr als die zum Vorsitz geeignete Persönlichkeit betrachten kann. Ich reiche daher der Obmännerkonferenz meine Demission ein mit bestem Dank für das bisher genossene Zutrauen.« Der Brief Jungs wird im *Korrespondenzblatt* kommentarlos veröffentlicht.

Nach dem Rücktritt des charismatischen Schweizers, der im gleichen Jahr seine Kollegin Toni Wolff zur engsten Mitarbeiterin, Geliebten und – mehr oder minder offiziellen – »Zweitfrau« macht, wird nicht etwa Professor Freud Präsident der psychoanalytischen Internationale, die 1914 etwa 140 Mitglieder zählt. Mit der vorläufigen Leitung der Geschäfte wird Dr. Karl Abraham betraut. Die nächste Tagung soll 1914 in Dresden stattfinden. Sie wird abgesagt. Erst 1919 sehen die Psychoanalytiker einander wieder, in Budapest.

21. April 1914 »Ausbruch des Krieges in Amerika«

Der Krieg hat begonnen. Aus dem fernen Westen erreichen die Nachrichten vom Angriff der Amerikaner auf die mexikanische Hafenstadt Veracruz die Zeitungsleser in Wien und Berlin. Der amerikanische Admiral Frank Friday Fletcher beginnt am 21. April auf Befehl von US-Präsident Woodrow Wilson die Landung von Marinesoldaten im wichtigsten mexikanischen Atlantikhafen. Die amerikanischen Soldaten sollen das Zollhaus von Veracruz besetzen. Die Landung der »Marines« gelingt vorerst ohne Widerstand. Die Amerikaner, die von den Schlachtschiffen *Utah* und *Florida* an Land gebracht werden, können ohne Widerstand das »Kabel des Postamtes« unter ihre Kontrolle bringen. Die Bewohner der Hafenstadt verfolgen die Militäraktion zunächst mit »müßiger Neugierde«. Ohne Gegenwehr gelingt es den Amerikanern, mehr als 1000 Soldaten am Hafengelände zu versammeln. Erst nach Ende der Mittagsruhe entschließt sich die mexikanische Garnison, den »Gringos« Widerstand zu leisten. Von Hausdächern aus eröffnen die Verteidiger das Feuer auf die Amerikaner. Die schlagen massiv zurück. Maschinengewehre werden in Stellung gebracht. Die Schiffskanonen eröffnen das Feuer. Der ungleiche Kampf ist innerhalb weniger Stunden entschieden. Mehr als 200 mexikanische Soldaten sterben in den Straßen von Veracruz, die Amerikaner beklagen vier Tote. Die mexikanischen Regierungstruppen des Generals Victoriano Huerta ziehen sich rasch zurück. Amerika hat ein Exempel statuiert. Die Befürchtungen oder Hoffnungen der Wiener *Kronen-Zeitung* werden sich nicht erfüllen: »Damit hat der entscheidende Waffengang zwischen Mexiko und den Vereinigten Staaten begonnen, dessen Ende noch gar nicht abzusehen ist, der aber zweifellos den Vereinigten Staaten, wenn sie auch nur einigermaßen Erfolge erzielen wollen, ungeheure Opfer auferlegen wird.«

Der Zwischenfall von Veracruz war nur eine Episode im mexikanischen Bürgerkrieg zwischen dem Putsch-General Huerta, der sich im Februar 1913 gegen den Willen des mächtigen nördlichen Nachbarn zum Militärdiktator und Präsidenten Mexikos erklärt hatte. US-Präsident Woodrow Wilson verweigerte Huerta die Anerkennung. Die Amerikaner schlugen sich im Bürgerkrieg auf die Seiten der konstitutionellen Kräfte und unterstützten die Truppen von Venustiano Carranza, Pancho Villa und Emiliano Zapata. Der amerikanische Angriff auf Veracruz sollte Huerta vom Waffennachschub abschneiden. Als Vorwand diente die »Tampico-Affäre«. Mexikanische Huerta-Soldaten hatten Anfang April eine Bootsbesatzung des amerikanischen Kriegsschiffs *Dolphin*, die ohne Genehmigung im Hafen von Tampico an Land gegangen war, für knapp eineinhalb Stunden gefangen genommen. Der mexikanische Präsident verweigerte die von Washington geforderte Entschuldigung und das Abfeuern eines Saluts von 21 Schüssen zur Ehrung der amerikanischen Fahne. Die Antwort der Amerikaner auf diesen provozierten Konflikt war die Entsendung einer Flotteneinheit nach Veracruz. Wilson wollte mit dem Handstreich der »Marines« vor allem den Nachschub für Huerta blockieren. Das deutsche Handelsschiffs *SS Ypiranga* hatte mit einer Waffenlieferung für den Militärdiktator Kurs auf den Atlantikhafen Veracruz genommen. Die Amerikaner beschlagnahmten das deutsche Schiff in Veracruz, mussten es aber nach diplomatischen Interventionen wieder freigeben. Die *SS Ypi-*

Seine Majestät Kaiser Franz Joseph I.
plagt im Frühjahr 1914 ein hart-
näckiger »Katharr der großen Luftwege«. Schlimmes wird befürchtet.

ranga konnte ihre Fracht schließlich in einem anderen Hafen an Hu-
ertas Truppen liefern. Trotz deutscher Waffenhilfe konnte sich der
mexikanische General nach der Besetzung von Veracruz kaum noch
drei Monate an der Macht halten. Am 15. Juli floh Huerta nach Spa-
nien.[64]

22. April 1914 »Lebhaftes Bedauern«

In Konstantinopel werden die täglichen ärztlichen Bulletins aus
Wien gelesen und kommentiert. Die türkische Zeitung *Sabah* erfährt aus »höchsten Kreisen«: »Die Nachrichten über die Erkran-
kung Seiner Majestät des Kaisers und Königs Franz Joseph haben
lebhaftes Bedauern hervorgerufen. Die ausgezeichneten Dienste,
die der Kaiser dem Frieden erwiesen, die Beweise von Freundschaft,
die er stets der Türkei gegeben hat, sichern ihm in den ottomani-
schen Kreisen Gefühle der höchsten Achtung und Freundschaft.«

Was sich wie die Vorbereitung eines Nachrufes liest, wird sich als voreilig erweisen. Die Leser der *Laibacher Zeitung* vom 23. April erfahren auch, dass die robuste Natur des Kaisers den Leibarzt des Monarchen verblüfft, der über das »k. k. Telegraphen-Korrespondenz-Bureau« verbreiten lässt: »Die Herzaktion, der Appetit und der Kräftezustand sind zufriedenstellend.« Alle Zeitungen des Reichs berichten täglich unter dem schlichten Titel »Der Kaiser.« Vor wenigen Tagen noch klangen die Krankenberichte besorgniserregend. Da war von »Heiserkeit, einem Katarrh der großen Luftwege unter Frösteln und fieberhafter Temperatursteigerung« die Rede. Und im rechten »Lungenoberlappen« Seiner Majestät war ein »beschränkter Herd« entdeckt worden.

24. April 1914 **»Die furchtbare Katastrophe ist auf den Schnelligkeitswahn zurückzuführen«**

Die Jahre vor dem Ersten Weltkrieg waren die Zeit der Beschleunigung. Fortschritt wurde mit Tempo übersetzt. Der Kult ums Automobil nahm seinen Anfang. Bis zu 100 Stundenkilometer schnell konnten die Austro-Daimlers, die Opels, die Mercedes-Wagen fahren. Kutscher waren zu Herrenfahrern, zu Chauffeuren geworden. Auf den Straßen war die Freiheit – sieht man von Schlaglöchern und langsamen Pferdefuhrwerken ab – fast grenzenlos. Verkehrspolizei gab es nicht, asphaltierte Straßen kaum. Aristokraten und Industrielle ließen ihre Automobile durch Städte und Landschaften knattern. In Wien waren um 1914 bereits mehrere Tausend Automobile registriert. Victor Silberers Broschüre über die Autokennzeichen ließ für jeden eine Zuordnung des teuren Gefährts zu seinem Besitzer zu. Datenschutz gab es nicht. Das Automobil mit dem Kennzeichen K I.22 war auf Theodor Dreher, den zweitältesten Sohn des Brauereibesitzers und Großindustriellen Anton Dreher aus Wien-Schwechat zugelassen. Der junge Mann war »einer der ersten Automobilisten des Landes« und galt als »Sportsmann« mit durchaus extravagantem Lebenswandel: verschwenderischer Luxus, abenteuerliche Damen, schnelle Autos und ein Rennboot am Donaukanal. Hätte es das Wort schon gegeben: Theodor Dreher war ein »Playboy« des beginnenden 20. Jahrhunderts. Am Donnerstag, den 23. April, beendete ein geplatzter Reifen das aufregende Leben des 40-jährigen Industriellensohns. »Das Automobil fuhr, wie von sachkundigen Augenzeugen mitgeteilt wird, im Augenblick der Katastrophe in einem Tempo von 100 Kilometern. Genau um 6 Uhr und 5 Minuten, als der Wagen Zollfeld passierte und sich der Station Willersdorf näherte, ertönte plötzlich eine Detonation. An dem Automobil war eine Pneumatik geplatzt. Der Wagen kam ins Schleudern, rannte gegen einen Baum, knickte diesen und stürzte dann, noch zwei weitere Bäume entwurzelnd, um.« Dreher wurde herausgeschleudert, ebenso der Chauffeur. Beide wurden von Passagieren eines Personenzugs auf der Südbahn, die das Unglück beobachtet und den Zug gestoppt hatten, aufgenommen und schwerst verletzt im »Hüttelwagen« nach Klagenfurt gebracht. Dort starben beide im Spital.

Die Persönlichkeit des jungen Bierbrauersohns wird von den Gazetten in kräftigen Farben gezeichnet. Der Mann war in der ganzen Monarchie bekannt, durch seine Motorsportbegeisterung, aber auch durch seine unglaubliche Verschwendungssucht. Das Herrenhausmitglied Anton Dreher hatte seinen Sohn erst wenige Monate vor seinem Tod gerichtlich entmündigen lassen. Nachdem der Junior mehrere Millionen Kronen Schulden angehäuft hatte, die vom mäßig begeisterten Brauereibesitzer »unter großen Geldopfern« getilgt werden mussten, hatte der 40-Jährige von einem zwielichtigen Finanzier einen Kredit über 4 Millionen Kronen mit einer Verzinsung von 12 Prozent aufgenommen. Als der Industrielle von diesem Geschäft erfahren hatte, ließ er den »Wucherer« polizeilich verfolgen und seinen Sohn unter Kuratel des offenkundig vernünftigeren Bruders stellen. Das hinderte Theodor freilich nicht daran, sich ins nächste Abenteuer zu stürzen und die erst 21-jährige Comtesse Ilse Wedelstädt aus München zu ehelichen, obwohl er mit einer galizischen Gräfin verlobt war. Deren Lebenswandel wiederum wurde als »abenteuerlich« beschrieben. Sie soll es auch gewesen sein, die auf den Millionärssohn einen »unheilvollen Einfluß« ausgeübt hat. Am Schluss waren also doch Frauen am Unglück des reichen Mannes schuld?[65]

28. April 1914 **»Die Steigerung des Heeresaufwands ist erschreckend«**
Im böhmischen Schloss Konopischt werden Vorbereitungen für den Thronwechsel getroffen. Thronfolger Franz Ferdinand wird ungeduldig. Dem 84-jährigen Kaiser in Schönbrunn geht es in diesem Frühling nicht sehr gut. Er leidet seit vielen Wochen an Husten und Atemwegsinfekten. Der »deutsch-freisinnige« Wiener Rechtsprofessor und Reichsratsabgeordnete Josef Redlich ist über die Ereignisse in Konopischt aus erster Hand informiert und vertraut sein Wissen dem Tagebuch an. Das offizielle Wien bereitet sich leise auf den Machtwechsel im Kaiserhaus vor. Wer wird in einer neuen Administration das Sagen haben? Wer wird kommen? Wer wird gehen? Die Umorientierung von Schönbrunn (dem Wohnsitz des alten Kaisers) zum Belvedere (dem Sitz der »Schattenregierung« von Franz Ferdinand) hat bereits begonnen. Josef Redlich ist ein politischer »Insider«. Sein Tagebuch enthält Staatsgeheimnisse. »Erzherzog Franz Ferdinand ist über Kaiser Wilhelms Konferenz mit Tisza (ungarischer Ministerpräsident) sehr verstimmt.« Der deutsche Kaiser hatte bei seinem kurzen Wien-Besuch nicht nur mit dem greisen Kaiser und mit Franz Ferdinand gesprochen, sondern auch auf eigenen Wunsch hin eine lange Unterredung mit Ungarns Ministerpräsidenten Stephan Tisza geführt. Franz Ferdinand empfindet das als Einmischung in die inneren Angelegenheiten der Monarchie. Der Thronfolger ist kein Ungarn-Freund. Er strebt einen Ausgleich mit den Tschechen an (wofür er von den Deutschnationalen gehasst wird) und will die Herrschaft der ungarischen Magnaten einschränken. Im Gegensatz zur österreichischen Reichshälfte gibt es in Ungarn kein allgemeines Wahlrecht (auch in »Cisleitha-

nien« gilt das Wahlrecht nur für Männer) und die Nationalitäten unter ungarischer Herrschaft beginnen zu revoltieren. Kaiser Wilhelm will das Königreich Rumänien unbedingt als Verbündeten behalten, doch die Rumänen lehnen sich immer stärker an das russische Zarenreich an. Der rumänische Kronprinz soll gar mit einer Zarentochter verheiratet werden. Redlich hört das Gras wachsen: »Soviel ich höre, plant man in Konopischt die Oktroyierung des allgemeinen Wahlrechts in Ungarn. Aber Stephan Tisza bereitet sich demgegenüber die ganze magyarische Gentry (landbesitzender Adel, Anm.) zu ralliieren (zu versammeln, Anm.). In Österreich dürfte Stürgkh der erste Ministerpräsident des Erzherzogs sein! Nun das sind ja schöne Aussichten! Heute ist das gemeinsame Budget für 1914/15 erschienen: die Steigerung der Marinelasten sowie des Heeresaufwandes ist erschreckend!«[66]

29. April 1914 **»Tod eines Riesen«**
Der größte Soldat wurde nicht alt. Am 29. April starb Oswald Balling im 35. Lebensjahr in seiner Heimatgemeide Bratelsbrunn bei Nikolsburg. Der aus Bad Kissingen gebürtige Bayer war bis zum Ausscheiden aus der Armee mit seinen 241 Zentimetern Körpergröße der größte Soldat. Er überragte selbst das Gardemaß seiner Kameraden in der Königlich Bayerischen Armee. Gemeinsam mit seiner ebenfalls fast zwei Meter großen Frau, der Chinesin Lee-Sin, galten die zwei jedenfalls als »größtes Ehepaar« der Welt. Sie erreichten internationale Bekanntheit. Selbst Zeitungen in Michigan berichteten über die Eheleute, die ihre schiere Körpergröße zu Kleingeld machten. Der ausgemusterte Soldat trat in Berliner Varietés und Schaubuden auf, ehe er sich in der niederösterreichischen Landgemeinde Bratelsbrunn niederließ.

2. Mai 1914 **»Das Barometer stieg innerhalb kurzer Zeit beängstigend hoch«**
In der Nacht vom 2. auf den 3. Mai kehrt der Frost zurück. Samstagnacht setzt unerwartet scharfer Nordwestwind ein, der die warme

Luft aus dem Wiener Becken treibt. Das Barometer steigt innerhalb kurzer Zeit »beängstigend hoch«. Bei außerordentlich geringer Luftfeuchtigkeit – trotz Regens am Vortag – sinkt das Temperaturminimum in der Nacht auf bis zu minus 5 Grad Celsius. »Die Nacht zum 3. Mai mußte also, wenn es zu Windstille und Ausheiterung kommt, einen scharfen Strahlfrost bringen.« Im Südbahngebiet bei Gumpoldskirchen werden in dieser einen Nacht mehr als die Hälfte aller Weinstöcke zerstört. In manchen Rieden frieren fast 90 Prozent der jungen Triebe ab. Auch die Weinbauregionen am Wagram, in Krems, Spitz, Langenlois und Poysdorf sind hart getroffen.

Der unerwartet späte Frost zerstörte Anfang Mai 1914 mehr als die Hälfte der Weinstöcke und trieb viele Weinhauer in den Ruin. »Insgesamt wird der Schaden in den niederösterreichischen Weinbaugebieten auf 45 bis 50 Millionen Kronen geschätzt.« Der schöne Sommer ließ die verbliebenen Trauben dann reifen und einen qualitativ guten Jahrgang erwarten. Im Herbst fehlten allerdings viele Hauer, um die bescheidene Ernte einzubringen. Der Jahrgang 1914 lieferte außerordentlich geringe Erträge, weil der Frost auch in Ungarn große Teile der Ernte vernichtet hatte.

Für die Versorgung der Bevölkerung sollten sich die Frostschäden an Kartoffelpflanzen und die schwache Obsternte im ersten Kriegswinter mit deutlichen Preissteigerungen bemerkbar machen. In Frankreich hingegen reifte der Wein-Jahrgang 1914 vor allem in der Champagne außerordentlich gut heran.[67]

5. Mai 1914 »Ein erfreuliches Zeichen einer neuerlichen Entspannung«
Die Leser der *Reichspost* in Wien erhalten bei der Morgenlektüre ganz unterschiedliche politische Signale. Der Besuch der britischen Mittelmeerflotte in den drei österreichisch-ungarischen Häfen Triest, Fiume und Quarnero samt einem »herzlichen Depeschenwechseln« zwischen Kaiser Franz Joseph und dem englischen König Georg wird als demonstrativer Akt gedeutet. Die Berliner *Tägliche Rundschau* kommentiert die englische Flottenpräsenz in den

Adriahäfen als »erfreuliches Zeichen einer neuerlichen Entspannung« zwischen England und Österreich-Ungarn. Tatsächlich sind
die politischen und wirtschaftlichen Interessen der beiden europäischen Mächte so unterschiedlich, dass sich England und die Habsburgermonarchie kaum in die Quere kommen können. England ist
am Beginn des 20. Jahrhunderts die größte Kolonialmacht, unter-
hält die größte Handels- und Kriegsflotte, während Österreichs
Marine gerade in der Adria kreuzt und seltene Ausflüge ins Mittelmeer wagt. Auch die Handelsflotte der Monarchie stellt für die
Engländer keine nennenswerte Konkurrenz dar. Den Balkan und
seine unübersichtlichen Macht- und Clanstrukturen überlassen die
Briten gern den Österreichern, solange dort einigermaßen Ruhe
herrscht. Die Balkankriege der Jahre 1912 und 1913 konnten ja gerade
erst mit aktiver Diplomatie der britischen Außenpolitik beendet, die
drohende Konfrontation mit dem Zarenreich noch einmal abgewendet werden.

Dennoch zeigt die britische Marine auch in der Adria Flagge. In
Triest sind am 5. Mai die beiden Kreuzer *Defence* und *Duke of
Edinburgh* eingelaufen, in Abbazia die Kriegsschiffe *Warrior* und
Gloucester. Die britischen Seeleute werden von den »anwesenden
österreichischen Kriegsschiffen feierlich begrüßt«, weiß das *Neuig-
keiten-Weltblatt* auf der Titelseite zu berichten. Die österreichische
Prominenz bereitet den britischen Seeleuten auch in Fiume (heute
Rijeka) einen herzlichen Empfang. Graf Edgar (Eddy) Hoyos leitet
die Torpedofabrik. Sein Bruder »Alek« sitzt im Kabinett von Außenminister Berchtold an einer Schlüsselstelle der k. u. k. Diplomatie.

»Eddy« Hoyos hat die Tage im Frühjahr 1914 standesgemäß ge-
nützt. Der Aristokrat ist bei den alljährlichen Regatten vor Pola
(heute: Pula) gesegelt und hat mit seiner Yacht *Drache III* den von
Herzogin Sophie von Hohenberg gestifteten Preis gewonnen.

Der britische Flottenbesuch gestaltet sich auch in Fiume zum gesellschaftlichen Ereignis der Saison, wie sich Graf Hoyos später erinnert: »Wir verkehrten viel mit den Offizieren, besonders mit dem

Eines von vier Schlachtschiffen der k.u.k. Marine: Die *SMS Prinz Eugen* sollte zu Kriegsbeginn den deutschen Kreuzer *Goeben* im Mittelmeer unterstützen.

Kommandanten des Kreuzers *Weymouth*, Captain Kelly, der Margit, die wieder bei uns war, sehr den Hof machte.« Die damals 23-jährige Gräfin Margit Kinsky widersteht dem Charme des englischen Offiziers, sie wird später Graf Rudolf Coreth heiraten.

»Eddy« Hoyos trifft in Fiume auch den englischen Militärattaché in Wien, Sir Thomas Cunningham. »Er war mit unserer alten Freundin Alice Des Voeux verheiratet, die ich seit ihrer Kindheit kannte. Cunningham bekam während seines Aufenthaltes bei uns einen Brief des späteren Chefs des britischen Generalstabes, William Robertson, der ihn sehr erregte. Er sprach mit mir darüber und sagte mir: ›Eddy, I don't like this, Robertson tells me that they think there will be a war in August.‹ Graf Hoyos folgerte aus der Episode vor dem Mordanschlag auf Franz Ferdinand, dass die Briten möglicherweise schon Hinweise auf die Attentatspläne hatten.

Während die englischen Schiffe in den k.u.k. Häfen vertäut liegen, kreuzen die zwei schweren Schlachtschiffe der Monarchie in den »Gewässern der Levante« und können die englische Seemacht daher erst beim Gegenbesuch in Malta mit einer Flaggenparade grüßen.

Der englische Flottenausflug in die k.u.k. Gewässer der Adria ist dennoch groß inszeniert. Die Leitung des Schiffsausflugs hat der Höchstkommandierende der britischen Seestreitkräfte im Mittelmeer, Admiral Sir Archibald Berkely-Miller, übernommen. Sir Archibald kennt die Habsburgermonarchie aus eigener Anschauung, diente er doch als Marineattaché an der königlich britischen Botschaft in Wien. Die überaus freundliche Berichterstattung der Wiener Presse über die englischen Gäste lässt die Hoffnung des offiziellen Österreich durchschimmern, England könnte sich bei einem Konflikt zwischen Deutschland und Frankreich neutral verhalten, jedenfalls nicht auf Seite der »Triple-Entente« in einen möglichen Krieg eingreifen. Und die k.u.k. Monarchie habe ohnehin stets die besten Beziehungen mit dem Königreich pflegen wollen. »Trotz der Abwesenheit unserer Eskadre (Geschwader, Anm.) werden die englischen Gäste aus ihrem Verweilen an der Adriaküste die Überzeugung mit nach Hause nehmen, daß alles in Österreich die sorglichste Pflege der guten Wechselbeziehungen zwischen beiden Reichen wünscht, zumal in einer Zeit, wo noch lange nicht alle Wolken verscheucht sind und der Anblick des europäischen Waffenlagers und der gewaltigen Seerüstungen jede Sorglosigkeit verscheucht.« Der Wunsch blieb unerfüllt.[68]

6. Mai 1914 **»Kein Beifall, nicht der geringste Beifall!«**
So können sich Kulturkritiker irren: Die *Reichspost* – »unabhängiges Tagblatt für die christliche Bevölkerung Österreich-Ungarns« – beginnt eine Rezension über Georg Büchners *Woyzeck* mit einer Vernichtung des Autors: »Georg Büchner ist ein längst sanft in Vergessenheit entschlafener Dichter aus den ersten Jahrzehnten des vorigen Jahrhunderts. Ihm geschah das Malheur, daß sich irgend ein literarischer Maulwurf seines 100. Geburtstags erinnerte und seine Grabesruhe störte. Jetzt schmieren sie sich die Finger wund

und wollen nach hundert Jahren mit Gewalt aus ihm einen großen Dichter machen.«

Der *Reichspost*-Journalist hatte am Vorabend die Premiere von Büchners *Woyzeck* im Wiener »Residenztheater« in der Rotenturmstraße erlebt. Die Hauptrolle spielte der höchst angesehene Münchner Hofschauspieler Albert Steinbrück. Büchners Fragment gebliebenes Drama war im November 1913 am Münchner »Residenztheater« uraufgeführt worden. Ein halbes Jahr später erlebt das Wiener Publikum die minimalistische Inszenierung. Steinbrück beeindruckte die Zuseher durch sein konzentriertes Spiel. Selbst die *Reichspost* musste den Hauptdarsteller loben: »Herrn Steinbrücks Darstellung des Woyzeck ist ein starkes Erlebnis, eines von den ganz wenigen dieses Theaterjahres. Nahezu ebenbürtig stand neben ihm Frl. Speidel, die Darstellerin der einzigen großen weiblichen Rolle.« Dennoch war für die kulturkonservative *Reichspost* der Abend ein »kläglicher Durchfall«. Die Zuschauer schwiegen zwischen den Szenen, applaudierten nicht. »Kein Beifall, nicht der geringste Beifall!« Das eher bürgerliche Publikum des »Residenztheaters« hatte für die beklemmende Dramatik des Stücks offenbar mehr Gespür als der Kulturredakteur, dem die sozialkritische Tendenz von Büchners Werk gegen den ideologischen Strich ging.

Hinter der Theaterkritik wurde so zwischen den Zeilen Wiener Parteipolitik spürbar. Das »Residenztheater« war in wirtschaftliche Schwierigkeiten geraten und hatte sich unter die Fittiche der sozialdemokratischen *Volksbühne* in der Neubaugasse begeben. Eine Direktion sollte Einsparungen und eine bessere Auslastung des innerstädtischen Theaters bringen. Das konnte der christlichsozialen *Reichspost* nicht gefallen.

Auch Alfred Polgar blamierte sich – im Rückspiegel der Geschichte. Der geniale Aphoristiker sah den *Woyzeck* und urteilte in der *Schaubühne*: »Ein Stück merkwürdigster, genialer Literatur. Als absolutes Kunstwerk kommt es – zu spröde, eng und kurz vor Atem – für die heutige Bühne nicht in Betracht.«

Der damals 29-jährige Komponist Alban Berg widerlegte Polgar. Er verfolgte die Aufführung von der Galerie und war überwältigt. Er wollte diesen Stoff zu einer Oper gestalten. Noch in der Nacht skizzierte er erste Szenen zu seinem *Wozzeck*. Der Anfangselan war aber bald verflogen. Alban Berg musste die Kompositionsarbeit unterbrechen, weil er für zwei Jahre zum Kriegsdienst einberufen wurde und so die traumatischen Erlebnisse des Soldaten Wozzeck aus eigener unfreiwilliger Anschauung kennenlernen konnte. Der halluzinierende Woyzeck sieht im Stück Bilder, die 1914 Wirklichkeit geworden sind: »Über der Stadt ist alles Glut! Ein Feuer fährt um den Himmel und ein Getös herunter wie Posaunen.« 1915 hatte Alban Berg das dramaturgische Grundgerüst fertig. Die 26 von Büchner überlieferten Szenen zieht Berg zu 15 neuen Abschnitten zusammen. Die Oper selbst konnte allerdings erst elf Jahre nach der Aufführung im »Residenztheater« mit finanzieller Unterstützung von Alma Mahler-Werfel gedruckt werden. Alban Berg widmete der Witwe von Gustav Mahler »aus Dankbarkeit« die Oper. Im Dezember 1925 sollte Bergs *Wozzeck* unter der Leitung von Erich Kleiber in der Berliner Staatsoper »Unter den Linden« Premiere haben.[69]

6. Mai 1914 »Dem Kaiser geht's nicht gut«

Josef Redlich geht mit Graf Adalbert Sternberg ins Wiener Hotel Imperial speisen. Vom Flottenspektakel in den österreichischen Adriahäfen nimmt der Abgeordnete keine Notiz. Ein Diner mit dem konservativen Rebellen und streitlustigen Grafen Sternberg verspricht einen amüsanten Abend. Der Graf nimmt kein Blatt vor den Mund. Dafür ist er bekannt und berüchtigt. Der Wiener Aphoristiker Anton Kuh beschreibt Sternberg als das »große Enfant terrible auf der parlamentarischen Bühne Altösterreichs«. Der exzentrische Aristokrat – aus uraltem böhmischem Adel – liefert sich Wort- und Degenduelle, er springt willig in jeden Fettnapf und lässt keinen Streit aus. Ihm wurde 1902 wegen zu spät bezahlter Spielschulden die Offizierscharge und die Satisfaktionsfähigkeit aberkannt, wogegen er eine jahrelang andauernde Prozesslawine lostrat. 1906 hat Sternberg mit zwei Parlamentsreden, in denen er Kaiser Franz Joseph kritisierte, Aufsehen erregt. Ein Gespräch mit diesem »Abenteuermenschen« (Anton Kuh) verspricht Amusement.

Die beiden Herren unterhalten sich bis ein Uhr früh über Erzherzog Thronfolger Franz Ferdinand. Der böhmische Adelige »erzählt mir viel Interessantes vom letzten Jahr, dann vom Erzherzog Franz Ferdinand. Sagt, vor zehn Jahren wäre er ein ausgezeichneter Herrscher geworden, seit eineinhalb Jahren sei er ganz verändert. Von Kaiser Wilhelm spricht Sternberg sehr scharf: Er sei ein Vielredner ohne Mut zum Handeln.« Der Reichstagsabgeordnete Sternberg hat in den Couloirs des Parlaments gehört: »Die Tage des alten Kaisers sind gezählt.« Der Erzherzog habe alle Pläne zur Übernahme der Macht bereits in der Schublade. »Er hält aber alles geheim.«

Anfang Mai wartet das politische Establishment in Wien auf Nachrichten aus Schönbrunn. Nach einer 66-jährigen Regentschaft von Franz Joseph scheint ein Wechsel an der Staatsspitze unmittelbar bevorzustehen. Josef Redlich notiert weiters in sein Tagebuch: »Die Wolken ballen sich dichter zusammen. Dem Kaiser geht's nicht gut. Immer lauter treten aber auch Gerüchte hervor, dass der Thronfolger Franz Ferdinand an Paralyse erkrankt sei. Heute treffe ich den Senatspräsidenten Ploj, der mir sagt, Franz Ferdinand leide seit eineinhalb Jahren an Tobsuchtsanfällen, er soll beinahe einen Kammerdiener erwürgt haben. Ihm fehle das Rechtsgefühl in krankhafter Weise. In Jagdrechtssachen habe er Entscheidungen gegen das Gesetz verlangt, und der Minister habe zu ihm gehen müssen und habe auf den Verwaltungsgerichtshof hingewiesen, der eine Beugung des Rechts nicht dulde. Unter den Hofbeamten und Dienern des Kaisers soll alles bereits besprochen sein: Sie wollen alle den Dienst sogleich verlassen. Alle Pensionierungsschreiben sind vom Fürsten Montenuovo vorbereitet und werden, noch ehe der Kaiser stirbt, zugestellt werden. Denn die Beamten fürchten, dass der Thronfolger ihnen die Pensionen verweigern werde. Wenn Franz

Ferdinand auf den Thron kommt, werde das eine Tragödie werden, sie werde aber nicht lange dauern.«

7. Mai 1914 »Ohne wirklich bedeutende Kunstwerke zu finden.«

Am Donnerstag, den 7. Mai, besucht Josef Redlich die »XXXIX. Jahresausstellung« im Wiener Künstlerhaus. Er ist von den präsentierten Kunstwerken mäßig beeindruckt. Seinem Tagebuch vertraut der Politiker und Wissenschafter an: »War eine Stunde in der Jahresausstellung des Künstlerhauses, ohne wirklich bedeutende Kunstwerke zu finden!« Es war ein Blitzbesuch. Denn immerhin stellten Hunderte Maler mehr als 570 Werke aus.

Die Jahresausstellungen des Künstlerhauses waren – bis zur Abspaltung der Gruppe um Gustav Klimt – als Leistungsschau der k. u. k. Künstler gedacht. Auch die 39. Jahresausstellung hatte hochoffiziellen Charakter. Sie wurde am 21. März von Seiner Majestät persönlich eröffnet. Franz Joseph hatte seit 1890 den jährlich zu vergebenden »Kaiserpreis im Betrage von 400 Gulden« gestiftet. Der erste Preisträger sollte der berühmteste bleiben: Klimt Gustav, Maler.

Die Ausstellungseröffnung wurde zum Rahmen für den letzten großen öffentlichen Auftritt von Kaiser Franz Joseph. Der alte Herr sah sich gleich beim Eingang in einem von John Quincy Adams gemalten Porträt gespiegelt. Es dürfte ihm sehr gefallen haben. Der Wiener mit amerikanischen Wurzeln hatte das Ölbild des Kaisers in seinem Atelier in der Theresianumgasse, im Auftrag Seiner Majestät höchstderoselbst, für das »hohe k. u. k. Oberst-Kämmeramt« gemalt. Das Ölbild war demgemäß unverkäuflich. John Quincy Adams war der Sohn des aus Boston stammenden und in Wien an der Hofoper singenden Heldentenors Carl Adams. Seinen damals eher seltenen Vornamen »John Quincy« erhielt der Maler in Reverenz an einen berühmten Vorfahren: den Präsidenten der Vereinigten Staaten John Quincy Adams. Die ausgeschilderten Verkaufspreise der Bilder richteten sich an ein begütertes Publikum. Für die in Tempera ausgeführte »Herbstsonne« berechnete Hugo Darnaut 5000 Kro-

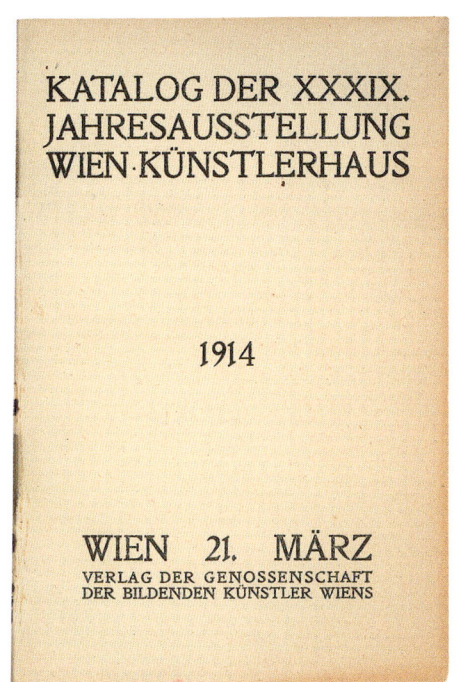

**KATALOG DER XXXIX.
JAHRESAUSSTELLUNG
WIEN·KÜNSTLERHAUS**

1914

WIEN 21. MÄRZ
VERLAG DER GENOSSENSCHAFT
DER BILDENDEN KÜNSTLER WIENS

Die Eröffnung der Jahresschau
im Künstlerhaus wird zum letzten
großen öffentlichen Auftritt
des alten Kaisers.

nen, was durchaus dem Jahresgehalt eines besseren Angestellten entsprach. Von den 39 000 zahlenden Besuchern nahmen allerdings nur wenige ein Bild mit. Die Verkaufserlöse blieben hinter den Erwartungen zurück. Die künstlerische Qualität entsprach der nüchternen Einschätzung von Josef Redlich. Ein Bild von Hugo Darnaut wird heute bei Auktionen um einen Bruchteil des Preises von 1914 verkauft.[70]

8. Mai 1914 »Cosima hält von der Kunst gar nichts«
Wagner oder nicht Wagner. Über diese entscheidende Frage muss ein Richter in Bayreuth urteilen. Familienzwiste haben im Hause und unter den Erben von Richard Wagner eine lange Tradition. Am Freitag, den 8. Mai, findet im Bayreuther Gerichtshaus die erste Tagsatzung eines zivilen Feststellungsverfahrens statt. Als Klägerin tritt Isolde Wagner auf. Die Tochter des »unsterblichen Tondichters, eines der größten Männer des deutschen Volkes«, wie die *Illustrierte*

171

Kronen-Zeitung ihren Lesern vermeldet, klagt gegen ihren Bruder Siegfried Wagner. Dieser hatte in der Öffentlichkeit behauptet, seine Schwester sei in Wahrheit nur eine Halbschwester und eigentlich das legitime Kind von Hans von Bülow, mit dem seine Mutter Cosima Bülow (erst später Wagner) verheiratet war.

In dem Gerichtsverfahren ging es weniger um den Ruhm, eine Tochter des berühmten Komponisten zu sein. Witwe Cosima Wagner hatte 30 Jahre nach dem Tod ihres Geliebten und zweiten Ehemannes aus dem musikalischen Nachlass ein Millionenunternehmen gemacht und es ihrem verehrten Sohn Siegfried anvertraut. Isolde war zu diesem Zeitpunkt mit dem ehrgeizigen Musiker Franz Beidler verheiratet, der beim künstlerischen und finanziellen Nachlassverwalten von Richard Wagners Œuvre gerne mitgeschnitten hätte. Isolde hatte tatsächlich zuerst den Familiennamen Bülow erhalten, weil ihre Mutter Cosima zum Zeitpunkt der Geburt mit dem Dirigenten von Bülow, einem engen Freund Richard Wagners, verheiratet war. Der dramatische Tonsetzer pflegte über Jahre eine Affäre mit Cosima Bülow, der auch zwei Kinder entsprossen: Isolde und Siegfried. Bülow empfand die fortgesetzte Untreue seiner Frau weniger schmerzlich und schmachvoll als den Treuebruch seines Freundes Richard. Über Cosima soll er sich despektierlich geäußert haben: »Cosima hält von der Kunst gar nichts, vom Geld aber viel. Sie hat dem Wagner nur den Kopf verdreht, weil er viel verdient.« Wagners Verrat empfand Bülow hingegen als »abscheulich«.

Der Prozess im Mai 1914 wurde zur »Götterdämmerung« für Isolde und ihren Ehemann. Obwohl das Landeszivilgericht die Beweisanträge zuließ, konnte Isolde ihre Abstammung von Richard Wagner nicht beweisen, weil ihre Mutter als Zeugin aussagte, während der fraglichen Zeit mit ihrem Ehemann intim gewesen zu sein. Diese Behauptung wurde von der Tochter entschieden bestritten. »Bülow sei in jenen Jahren so leidend gewesen, daß er es gar nicht zu einem Vater hätte bringen können.« Im familiären Gerichtsstreit um die Macht am »grünen Hügel« von Bayreuth obsiegten Cosima und ihr Sohn Siegfried. Mangels DNA-Tests musste das Gericht der Mutter glauben. Cosima Wagner, die »schwarze Witwe«, legte dem Gericht auch das Testament ihres verstorbenen Ex-Mannes vor, in dem dieser Isolde als Tochter anerkannt hatte. Bülow konnte zu den Vaterschaftszweifeln nicht mehr befragt werden, er war längst verstorben, so wie Richard Wagner auch.

Der Prozess, über den in großer Aufmachung berichtet wurde, entwickelte sich freilich zum PR-Desaster für die Familie Wagner. Siegfried musste reagieren. »Wir werden, obwohl uns jetzt die öffentliche Meinung, irregeführt durch die entstellte Berichterstattung, verunglimpft hat, uns doch als Hüter ›Wahnfrieds‹ zeigen und unseren Stiftungsgedanken nicht fallen lassen. Das Bayreuth Richard Wagners gehört nicht mehr uns, es gehört dem deutschen Volk. Das ist ›Wahnfrieds‹ Antwort auf die Beschimpfungen.«[71]

9. Mai 1914 **»Aus Schönbrunn kommen sehr erfreuliche Nachrichten«**

Der Kaiser ist seit Wochen krank. Doch Anfang Mai bessert sich sein Zustand langsam. Die Zeitungen der k. u. k. Residenzstadt melden das tägliche Bulletin des kaiserlichen Leibarztes Dr. Joseph von Kerzl, der von der medizinischen Kapazität Professor Dr. Ortner unterstützt wird: »Der heutigen guten Nacht folgte auch ein relativ guter Tag: Hustenreiz geringer, Husten lockerer, Allgemeinbefinden befriedigender.« So weit, so trocken die ärztliche Bilanz des Tages. Doch die *Illustrierte Kronen-Zeitung* hat ihre Informanten auch im kaiserlichen Appartement im Schönbrunner Schloss: »Der Kaiser soll mehrmals davon gesprochen haben, daß er schon gerne aus der Zimmerluft einmal ins Freie kommen möchte, doch läßt es gerade die Gestaltung der Wetterlage in der letzten Zeit nicht zu, daß man ihm diesen sehr begreiflichen Wunsch erfülle.« Seine Majestät hat ärzlich verordneten Stubenarrest. Die Temperatur wird für einen Ausgang als zu kühl eingestuft, die Wetterlage bleibt Anfang Mai »zu wenig gefestigt, als daß man dem Kaiser zu dieser ersten Promenade raten könnte«.

Obwohl der Greis seine schwere Bronchitis augenscheinlich überwunden hat, verweigert er am 8. Mai einen von seinen Ärzten geplanten Spaziergang in der Schönbrunner Schlossgalerie, so schwach fühlt sich Majestät. Bedienstete hatten die Fenster geöffnet und Frischluft in die kaiserlichen Räume gelassen. Immerhin ist Franz Joseph wieder bei gutem Appetit. Die Menage aus der Hofküche schmeckt ihm, weiß die *Kronen-Zeitung* und damit ganz Wien: »In dieser Woche war der Kaiser bei besonders gutem Appetit und auch die Nachtruhe ließ im allgemeinen nichts zu wünschen übrig.« Im *Neuigkeiten-Weltblatt* vom gleichen Tage lesen sich die medizinischen Befunde um ein Vielfaches genauer und weniger optimistisch. Seit sechs Wochen laboriert der Habsburger an einem Bronchialkatarrh, der anfangs »Fiebererscheinungen« zeitigte. Mittlerweile ist der Kaiser zwar fieberfrei, eine befürchtete Lungenentzündung konnte abgewendet werden. Die Ärzte verabreichen dem alten Herrn Kodein gegen den Hustenreiz und »Gleichenberger Wasser« zur Lösung des Schleims in der Lunge. An die anfragenden Mitglieder des Kaiserhauses wurden seit Sonntag durchaus günstige Berichte herausgegeben, wissen die Zeitungen der Hauptstadt. Der Kaiser wird seine Krankheit noch einmal überstehen. Thronfolger Franz Ferdinand muss weiter warten, mit ihm seine Vertrauten, die seit Monaten im Unteren Schloss Belvedere die Machtübernahme vorbereiten.

12. Mai 1914 **»Jedes Zuwarten bedeutet eine Verminderung unserer Chancen«**
Der deutsche Generalstabschef Helmuth von Moltke hustet seit Monaten. Der feuchtkalte Winter hat seiner Lunge nicht gutgetan. Von Moltke beschließt, Mitte April auf Kur zu gehen. Von Berlin aus liegt der böhmische Nobelkurort Karlsbad recht günstig. Der Infanteriegeneral quartiert sich im »Haus Bremen« ein und hofft auf Heilung. Er schreibt an seinen Wiener Amtskollegen Freiherr Conrad von Hötzendorf: »Ich war in Berlin an einer schlimmen Bronchitis

Generalstabschef Franz Conrad
von Hötzendorf bespricht am
12. Mai im Kurort Karlsbad
mit seinem deutschen Kollegen
Helmuth von Moltke den
»gemeinsamen Kriegsfall«.

erkrankt, die mich sehr heruntergebracht hatte, erhole mich aber
hier von Tag zu Tag und fühle die Kräfte wiederkehren.« Der k. u. k.
Armeechef will die Gelegenheit nützen und mit seinem deutschen
Kollegen ohne besonderes Aufsehen konferieren. Ehe von Hötzendorf in den Zug steigen kann, holt der Heeresbeamte die Genehmigung zur Dienstreise beim Kaiser ein. So viel Ordnung muss sein.
Am Dienstag, den 12. Mai, besteigt Conrad nur in Begleitung eines
Majors aus Wien den Eilzug nach Prag und kommt nach mehr als
neunstündiger Zugfahrt um 16 Uhr 13 Minuten (auf die Minute
genau registriert die gut informierte Wiener Presse das Ereignis) in
Karlsbad an. Er wird am Bahnsteig vom deutschen Generalstabschef erwartet. Die Offiziere in Uniform lassen sich direkt vom Bahnhof ins Kurquartier ihres deutschen Kollegen führen. Die beiden
Herren ziehen sich sofort zurück. Allein und ohne Protokoll diskutieren die Militärs den »gemeinsamen Kriegsfall« gegen Russland
und Frankreich. Conrad will von den Deutschen die Zusicherung,

dass zwei zusätzliche deutsche Korps an die Grenze zum Zarenreich verlegt werden. Doch Moltke lehnt ab. Die Deutschen glauben alle verfügbaren Truppen im Westen für den Erstschlag gegen Frankreich zu brauchen. Moltke stellt seinem österreichischen Gesprächspartner vage italienische Truppen in Aussicht. Das lehnt Conrad dankend ab. Der Österreicher glaubt längst nicht mehr an die Bündnistreue der Italiener. Beide Generalstabschefs sind sich immerhin einig, dass Deutschland und Österreich-Ungarn schon im Jahr 1908 einen Krieg gegen Russland und Frankreich beginnen hätten sollen. Moltke fragt nach dem Grund für das Zögern: »Warum sind Sie da nicht losgegangen?« Conrad: »Im letzten Moment war Seine Majestät dagegen.«

Das soll nicht noch einmal passieren. Der Berliner Generalstabschef bestärkt seinen Wiener Kollegen. »Jedes Zuwarten bedeutet eine Verminderung unserer Chancen.«

Nach dem kaum zweistündigen Vier-Augen-Gespräch darf auch Major Kundmann mit den hohen Herren ein »einfaches Abendessen« einnehmen. Beim Abschied stellt Conrad die entscheidende Frage: »Wie lange wird es bei einem gemeinsamen Krieg gegen Rußland und Frankreich dauern, bis sich Deutschland mit starken Kräften gegen Rußland wenden kann?« – »Wir hoffen, in sechs Wochen nach Beginn der Operationen mit Frankreich fertig zu sein.« – »Also mindestens sechs Wochen müssen wir unseren Rücken herhalten gegen Rußland.«

Damit war der Rahmen abgesteckt. Generalstabschef Conrad fährt noch in der Nacht im Schlafwagen nach Wien zurück. Die beiden Heereschefs werden sich nie wieder treffen. Aufgrund vager Besprechungen, unsicherer Annahmen und ohne jede Abstimmung im Detail werden in elf Wochen drei Millionen Soldaten gegen Frankreich, Russland und Serbien ziehen. Es gibt keinen gemeinsamen Kriegsplan und kein gemeinsames Kommando. Die beiden Heereschefs haben aus Höflichkeit viele Themen nicht einmal angesprochen. Deutschland hatte einen im Kern drei Jahrzehnte alten

Kriegsplan und keine Alternative. Und die k.u.k. Monarchie hatte die Erkenntnis, im Osten gegen das Zarenreich mit seinem Millionen-Heer zumindest in den ersten Kriegswochen auf sich allein gestellt zu sein. Aber selbst diese Gewissheit, die Conrad aus Karlsbad mitnahm, konnte den Freiherrn nicht von seinen Kriegsplänen kurieren. Kollege Helmuth von Moltke verließ am nächsten Tag den böhmischen k.u.k. Kurort und reiste nach Berlin. Der General blieb nicht lange in der deutschen Hauptstadt. Er trat bald einen neuerlichen Kuraufenthalt an, ehe er nur Tage vor der Kriegserklärung von Kaiser Wilhelm II. nach Berlin zurückbeordert wurde.

Wäre die Geschichte anders verlaufen, hätte sich Moltke zur Kur nach Bad Ischl statt ins böhmische Karlsbad begeben? Dort hätte er bei einem »Zwetschkenfleck« aus der Kurkonditorei Zauner Österreichs Majestät Franz Joseph persönlich darüber instruieren können, dass die Deutschen ihren Verbündeten im Falle eines Krieges mit Russland allein lassen würden. [72]

13. Mai 1914 »Die Fächer der Königinnen bewegten sich nur um eine Nuance rascher hin und her«

Mehr Glanz geht nicht. Die britische Königin Mary erscheint zur Galavorstellung im Königlichen Opernhaus in Covent Garden in »Cremespitzen« gekleidet. Ihr Ausschnitt ist »mit Perlen und Diamanten übersät«. Das dänische Königspaar hat sich zum offiziellen Besuch nach London begeben. Die englische Hocharistokratie packt zu diesem Anlass allen Prunk und Glanz aus, den ein reiches Königshaus über die Jahrhunderte angesammelt hat.

Wiens *Neue Freie Presse* informiert die Leser – in diesem Fall wohl insbesondere die Leserinnen – eingehend über die Toiletten der höchsten Damen und Herren. Der Londoner Berichterstatter der Wiener *Neuen Freien Presse* blickt ganz begeistert aufs königliche Dekolleté: »Um den Hals trug sie ein Kollier von unschätzbaren Diamanten, an dem in der Mitte der ›Cullinan‹ in der Größe eines Hühnereis hing.«

Der »Große Stern von Afrika« galt nach seiner Spaltung in neun Teile und dem trapezförmigen Schliff mit seinem Gewicht von 100 Gramm als größter Diamant der Welt. Er soll zum Zeitpunkt der Schenkung an den englischen König Edward VII. rund eine Million Dollar wert gewesen sein.

Die dänische Königin konnte da schmuckmäßig nicht ganz mithalten, immerhin trug auch sie ein Diamantendiadem. Angesichts des Brillantenglanzes geriet die Vorführung im Königlichen Opernhaus beinahe zum Hintergrundgeräusch. Dabei wurden dem noblen Publikum nur die schönsten Arien aus *Tosca*, *La Bohème* und *Aida* zugemutet. Der italienische Starbariton Scotti war gerade noch rechtzeitig vor Beginn der Gala aus Amerika angekommen.

Doch das Geschehen auf der Bühne und das Gepränge in der Königsloge und im Publikum lieferten nur die glänzende Kulisse für einen der gefürchteten und erwarteten Auftritte der Suffragetten. Kein öffentliches Erscheinen des Königs blieb vom politischen Aktionismus der Frauenrechtlerinnen verschont.

König Georg konnte die Vorstellung daher nur mäßig genießen. Beim Staatsempfang in Covent Garden bewiesen zwei Damen immerhin Respekt vor der Musik. »Gerade als der Vorhang niedergegangen war, drängten sich zwei junge Damen in die leer gebliebene Loge oberhalb der Königsloge. Die eine lehnte sich über die Brüstung und warf ein Bündel loser Flugschriften hinab und schrie mit weit gellender Stimme: ›Eure Majestät, ich protestiere!‹« Viel mehr konnte sie nicht sagen. Saaldiener und Gardisten warfen sich auf die junge Frau, hielten ihr den Mund zu und zerrten sie aus der Loge. Immerhin konnte ihre Mitstreiterin noch einen Stapel Flugzettel auf die gekrönten Häupter werfen, ehe auch sie verhaftet wurde. Das Publikum reagierte wie immer bei solchen Skandalen, beschimpfte die Frauen und zeigte sich gebührend empört. König Georg war sichtlich »not amused«. Während sein dänischer Amtskollege vergnügt lachte und den Vorfall amüsiert kommentierte, runzelte Georg bloß seine Stirn und biss die Lippen zusammen. Die beiden Königinnen bewiesen Haltung und ignorierten die Proteste ihrer Geschlechtsgenossinnen: »Ihre Fächer bewegten sich nur um eine Nuance rascher hin und her.« Das nicht angekündigte, aber von allen erwartete Intermezzo war damit rasch beendet, die Galavorstellung konnte ungehindert weitergehen. Wieder einmal hatten die Suffragetten in ihrem Kampf fürs Frauenwahlrecht die große Bühne genutzt und dem Schauspiel ihren Inhalt gegeben.

20. Mai 1914 »Ich bitte meine Stellung und meinen Rang als Erzherzog ablegen zu dürfen«

Darüber tratscht ganz Wien und München. Ein Erzherzog des Hauses Habsburg wird von seiner zweiten Frau Marie, geborene Ritter, auf Zahlung »einer standesgemäßen Unterstützung« geklagt. Und die *Illustrierte Kronen-Zeitung* berichtet darüber en detail.

Erzherzog Leopold Ferdinand Salvator ist das schwärzeste Schaf der Kaiserfamilie. Der Habsburger aus der toskanischen Linie nennt sich Leopold Wölfling, seit er aus der weitverzweigten Herrscherfamilie ausgeschlossen wurde. Der älteste Sohn des letzten toskanischen Großherzogs Ferdinand IV. hatte einen ausgeprägten Hang zu Damen des Rotlichtmilieus. Schon seine erste einschlägige Beziehung hatte der junge Erzherzog im Wiener Augarten kennen- und liebengelernt. Der innige Umgang mit jungen Frauen des Gunstgewerbes allein wäre für die hochkatholische Herrscherfamilie noch kein Skandal gewesen. Doch der Erzherzog bekundete seinen festen Willen, die als Prostituierte amtsbekannte Wilhelmine Adamovic zu ehelichen. Dieses Vorhaben stieß beim Kaiser auf undifferenzierte Ablehnung. Er ließ den Erzherzog, der als Linienschiffsfähnrich einen militärischen Rang hatte, kurzerhand nach Przemysl, an den östlichsten Rand der Monarchie versetzen. Dort gab es weder Schiff noch See, aber das war dem Kaiser egal.

Leopold Ferdinand Salvator gehorchte dem allerhöchsten Befehl, nahm seine Wilhelmine aber heimlich als Haushälterin nach Galizien mit. Diesbezügliche Gerüchte gelangten aus Przemysl rasch nach Schönbrunn, wo sie dem Kaiser zu Gehör gebracht wurden. Der alte Herr tobte ob solcher Subordination und ließ seinen entfernten Verwandten kurzerhand in eine Klinik für Geisteskranke einweisen. Dieser drastischen Erziehungsmaßnahme entzog sich Erzherzog Leopold durch überstürzte Flucht mit seiner Wilhelmine in die Schweiz. Aus sicherer Entfernung schrieb er 1902 an Kaiser Franz Joseph: »Ich bitte Eure Majestät, meine Stellung und Rang als Erzherzog ablegen und den Namen Wölfling annehmen zu dürfen.«

Der Herrscher akzeptierte und regelte die Peinlichkeit mit einer finanziellen Zusage aus dem habsburgischen Familienfonds unter der Bedingung, dass sich das ungleiche Paar nicht wieder im Kaiserreich blicken lassen möge. Leopold Ferdinand erhielt als Abfindung 200 000 Kronen, dafür wurden aber alle Orden und Ehrenzeichen still und heimlich eingezogen. Der bürgerlich gewordene Herr Wölfling ehelichte darauf die 26-jährige Frau Adamovic. Der mit einem abrupten gesellschaftlichen Abstieg erkaufte »Bund fürs Leben« hielt allerdings auch nicht ewig, denn der Ex-Erzherzog verliebte sich schon fünf Jahre später in eine Dame aus München. Marie Magdalena Ritter hatte im gleichen Milieu einschlägige Erfahrungen gesammelt wie Herrn Wölflings Gattin Wilhelmine. Nach vollzogener Scheidung zog der gewesene Erzherzog weiter gen Westen und heiratete in Paris Frau Ritter, die er zuvor ihrem Zuhälter um 4000 Reichsmark abkaufen musste. Auch diese Beziehung erwies sich als nicht sehr beständig. Der Habsburger trennte sich von der zweiten Ehefrau wegen »großer Zwistigkeiten«. Die Münchnerin verlangte von ihrem Gemahl eine aktive Beteiligung an den Hausarbeiten, wofür dem in seinem früheren Leben durch Dienstboten verwöhnten Leopold jeder Anreiz fehlte. Er verabschiedete sich von Marie Ritter Ende Mai 1912 per Telegramm: »Ich kehre nicht zurück. Kein Grund zur Besorgnis. Gruß und Dank, Leopold.«

Seine finanzielle Situation war offenbar so beengt, dass er die Alimente nicht mehr zahlen konnte und es im Mai 1914 zur Klage der

Verlassenen kam. Wölfling hatte sich zu diesem Zeitpunkt längst nach Berlin abgesetzt, in die nächste Affäre gestürzt und abermals eine Prostituierte zur Lebensgefährtin erkoren.

Leopold Wölflings Leben blieb ziel- und glücklos. Der Arbeitsmarkt für ehemalige Erzherzöge brach nach Kriegsende völlig ein. So verdingte sich Wölfling als Schauspieler im Berliner Kabarett »Rakete« und später als Greißler in Wien-Kaisermühlen. Das kleine Geschäft in einem Gemeindebau des »roten Wien« wurde auf den Namen seiner Adoptivtochter betrieben. Leopold Wölfling bediente die lokale Klientel, doch auch dieses bescheidene Unternehmen ging in Konkurs. So konnte die *Badner Zeitung* am 19. September 1928 über neue berufliche Pläne des ehemaligen Erzherzogs berichten. Dieser wolle als Fremdenführer amerikanische Touristen durch die Hofburg und das Schloss Schönbrunn führen. Beide Örtlichkeiten seien ihm »aus seiner Jugendzeit vertraut«.[73]

20. Mai 1914 »Der Erzherzog blieb ganz unverletzt«

Diese *Tosca* hätte leicht tödlich enden können. Erzherzog Leopold Salvator hatte in Begleitung des königlichen Kommissärs in Agram (Zagreb) eine Festvorstellung im Landestheater besucht. Am Spielplan stand *Tosca*. Beim Verlassen des Theaters entging der Erzherzog nur durch Zufall einem Mordanschlag. Die *Neue Kronen-Zeitung* rückte am 21. Mai gerade noch die »letzte Nachricht« ins Blatt: »Aus einer Nebengasse stürzte der Student Milutin Schäfer auf den Erzherzog zu und brachte einen Browningrevolver in Anschlag. Ehe jedoch Schäfer losdrücken konnte, wurde ihm der Revolver aus der Hand geschlagen. Der Revolver war mit sechs scharfen Patronen geladen. Schäfer wurde verhaftet und wird gegenwärtig polizeilich verhört.«

Über den Schrecken des Erzherzogs verliert das Wiener Massenblatt keine Zeile. Versuchte Attentate stehen auf der Tagesordnung. Aus Schönbrunn kommt am gleichen Tag die Nachricht: »Erfreuliche Verbesserung im Befinden des Kaisers.« Die beiden Leibärzte des Monarchen werden daher künftig von einer zweimal täglichen Veröffentlichung eines Gesundheitsbulletins Abstand nehmen.[74]

22. Mai 1914 »Unsere Kriegsflotte in den Kinos«

Der erste Propaganda-Dokumentarfilm Österreichs wird in den Kinos aufgeführt: *Unsere Kriegsflotte*. Hersteller ist die von Erich Pommer gegründete »Wiener Autorenfilm-Produktionsgesellschaft« (W. A. F.). Der Kurzfilm soll die militärische Stärke der Monarchie und die Aufrüstung der Marine mit Schlachtschiffen illustrieren. Obwohl der alte Kaiser technischen Errungenschaften grundsätzlich eher skeptisch gegenübersteht, möchte er das in den zwei Jahrzehnten vor dem Ersten Weltkrieg zur Popularität aufgestiegene Medium des Films nützen. Der Monarch hat das Potenzial des von den »kleinen Leuten« geliebten Mediums für Progandazwecke durchaus erkannt.

Franz Joseph ließ sich nicht ungern bei seinen öffentlichen Auftritten filmen. Der aufwendige Umzug anlässlich seines 60. Thronjubiläums auf der Wiener Ringstraße wurde in allen Details festgehalten. Die Kamera blieb dabei statisch auf den Kaiser gerichtet, wie er das Defilee der Themenwagen beobachtete. Der Film über das »Kaisermanöver« aus dem Jahr 1909 im heute tschechischen Groß-Mescheritsch gilt als der erste österreichische Dokumentarfilm.

Fünf Jahre später hatte sich in Österreich bereits eine lebendige Filmproduktion entwickelt. Mehr als 240 Filme wurden bis 1914 gedreht. Die Filmschaffenden experimentierten mit kolorierten Aufnahmen, simulierten erste Tonfilme mit dem synchronen Abspielen von Schellacks und unterhielten die Herren auf »Männerabenden« oder »Pariser Abenden« mit Filmchen, die reichlich unverhüllte Damen etwa im Bade zeigten. 1914 spielte Max Neufeld mit der Wiener Volksschauspielerin Hansi Niese im Film *Frau Gertraud Namenlos*. Allein im ersten Kriegsjahr wirkte der Stummfilmstar in sechs Spielfilmen mit. Im gleichen Jahr begannen in Kopenhagen die Dreharbeiten für die Verfilmung des Romans *Die Waffen nieder!* der

Friedensnobelpreisträgerin Bertha von Suttner. Der Film kam freilich erst im September 1915 in die dänischen Kinos: um ein Jahr zu spät.

24. Mai 1914 »Los von den Pariser Übertreibungen in der Mode«

Der nationale Kulturkampf beschränkt sich keineswegs auf die Politik. Zu Jahresbeginn 1914 mehren sich die publizierten Stimmen, die gegen das Modediktat der Pariser Haute Couture anschreiben. Die Mode für die »bessere Dame« nach der Jahrhundertwende ist auch nicht gerade bequem und schränkt die »anständige« Frau deutlich ein.

Vor 1914 war der sogenannte »Tango«-Stil en vogue. Die Röcke waren knöchellang, am Saum eng, um die Hüfte weiter geschneidert. Das ergab eine elegante Silhouette, aber Frauen konnten sich nur in kleinen Trippelschritten bewegen. Schlitze sollten ein wenig mehr Bewegungsfreiheit ermöglichen, ohne freilich sittenwidrige Einblicke auf Unterschenkel oder gar mehr zu ermöglichen. Davor schützten Überröcke, die in Mode gekommen waren. Das Oberteil wurde tunikaartig geschnitten. Um die angestrebte weibliche Wirkung zu erzielen, hatten die Blusen einen tiefen V-Ausschnitt. Die Stoffe waren zart und teuer.

In Paris diktierte vor allem »Modeschöpfer« Paul Poiret mit seinen Extravaganzen den Stil, der weltweit Nachahmer fand. Es waren nicht mehr als 15 große Salons in der französischen Hauptstadt, die sich 1914 im »Syndicat de Défense de la Grande Couture Française« zusammenfanden, um ihre Modelle vor weltweiter Nachahmung zu schützen. Coco Chanel eröffnete in diesem Jahr ihre Pariser Modewerkstatt. In Wien war schon 1887 eine zweimonatliche Zeitschrift gegründet worden, die dem französischen »Modedikat« entgegenwirken wollte. Paris und Frankreich waren Synonyme für ein wenig züchtiges Verhalten. So zitierte die *Kleine Damen-Zeitung* mit lesbarer Befriedigung nicht näher genannte amerikanische Informanten: »Die amerikanischen Frauen beabsichtigen einen Feldzug gegen die

Pariser Mode, sie wollen sich die engen Röcke, in denen es sich so wunderbar trippeln läßt, die gebundenen Knie und so weiter nicht mehr gefallen lassen. Die nationale Föderation der Frauenclubs beabsichtigt, den Pariser Moden den Gnadenstoß zu versetzen. Die Präsidentin kündigte an, daß bei der Versammlung in Chicago im nächsten Monat entscheidende Schritte gegen die Fabrikanten fertiger Kleider und die Schneidergeschäfte getroffen werden würden, die den amerikanischen Frauen Röcke aufzwingen, die den Körper bedecken, ohne ihn zu verbergen. Es sei endlich Zeit, den von den Pariser Geschäften lancierten Moden ein Ende zu machen, die auf Komfort, Geschmack und Anstand keine Rücksicht nehmen.«

Die Reformbestrebungen der internationalen »Werkstätten«-Bewegungen begannen auch die Umhüllungen des weiblichen Körpers nach den Ideen der Moderne zu gestalten. Diese Alternativen zur Pariser Mode wurden im Journal *Wiener Mode* propagiert. Der Leiter der »Wiener Werkstätte«, Koloman Moser, schuf für seine Frau Modelle im »Reformstil«. Die Damen der besseren Gesellschaft wirkten schließlich in ihren Kleidern im Stil des 19. Jahrhunderts im modernen Interieur des Jugendstils und der »Wiener Werkstätte« ein wenig deplaziert. Die Herren fanden sich auch ohne Moderevolution durchaus zeitgemäß angezogen.

Die Mode sollte sich in den Kriegsjahren radikal verändern. Hunderttausende Frauen wurden in den industriellen Arbeitsprozess eingegliedert. Mit »Trippelschritten« konnten sich weder die Arbeiterinnen in den Munitionsfabriken noch die Sanitäterinnen in den Feldspitälern und Invalidenheimen bewegen.[75]

25. Mai 1914 »Wie soll man sich gegen solche groteske Mißverständnisse unbefriedigter Frauengemüter schützen?«
Alice Schalek will Josef Redlich verführen. Dieser ist sichtlich entrüstet. Sonntagabend besucht der deutsch-freisinnige Abgeordnete die Journalistin, Reisereporterin und Fotografin. Der nicht unattraktive und noch ehelose Herr Redlich gibt sich ganz ahnungslos und

beschreibt umso aufgeregter die folgenden Erlebnisse in seinem Tagebuch: »Mich empfing eine glühende Liebeserklärung und abwechselnd die Bitte, sie zu heiraten – wenn auch nur für sechs Monate! – oder mit ihr ein Verhältnis zu beginnen, damit sie ein Kind von mir bekomme. Es war eine Situation, so grotesk-peinlich, wie ich kaum je etwas erlebt habe.« Josef Redlich bleibt standhaft und widersteht den offensiven Angeboten »der Schalek«. »Ich setzte ihr ein höfliches, aber starres ›Nein‹ entgegen: aber sie ließ mich doch nicht fortgehen. Ich suchte ihr ihre Leidenschaft so gut als möglich auszureden, schließlich ging ich fort und ich glaube, sie wird das Nein überstehen.« Mit dieser Annahme lag der widerspenstige Geliebte in spe nicht falsch. Alice Schalek, die niemals die von Redlich beschriebenen Avancen bestätigt hat, zog als Kriegsberichterstatterin an die Front und wurde von Karl Kraus in seinen »Letzten Tagen der Menschheit« als kriegsgeile Megäre porträtiert.

Der deutsch-böhmische Reichstagsabgeordnete jedenfalls skizziert ein von der Literatur viel zu wenig erörtertes Geschlechterproblem: »Die Sache hat doch auch eine traurige Seite: Ich finde, wenn man mit 45 Jahren keine falschen Zähne hat und ein eigenes Haus, so ist man als lediger Mann gerade das, was Frl. AS zu sein beklagt – eine Art von »Freiwild«! Wie soll man sich aber gegen solche groteske Mißverständnisse unbefriedigter Frauengemüter schützen?«

Angesichts einer solchen weiblichen Frontalattacke gerät das Mannsbild ins Wanken. Die Ereignisse in Albanien rücken davor in den Hintergrund. Der albanische Kriegsminister Essad Pascha war am 19. Mai nach einem gescheiterten Putschversuch von österreichischen und italienischen Truppen auf den ungarischen Kreuzer *Szigetvar* weggebracht worden. Das Schiff beeilte sich nach Smyrna abzudampfen. Essad Pascha erhielt später in Italien Asyl. Josef Redlich fühlt sich bestätigt: »Die albanische Sache geht so, wie ich es vorausgesagt habe: Das Schlimmste ist, daß Österreich, gerade weil es an Albanien nur das antiitalienische Interesse hat, immer tiefer in die miserable Sache verstrickt wird.«

Damit sollte Redlich recht behalten. Geirrt hat er sich in der Psyche von Alice Schalek. Die Reisende war nach dem unerquicklichen Abend nach Antwerpen entflohen und schickte von dort ein dringliches Telegramm an den störrischen Nicht-Ehemann. Redlich notiert: »Alice scheint noch sehr zu leiden.«

25. Mai 1914 »Unter Anwendung aller üblichen Bandagen«

Eine rituelle Mutprobe Grazer deutschnationaler Burschenschafter endet tödlich. Beim Fechten einer Mensur am Paukboden der Studentenverbindung zerbricht die Klinge des Säbels und dringt in den Bauch des 21-jährigen Technikers Franz Probst ein. Die Wiener *Arbeiter-Zeitung* wird erst Tage später über diesen tödlichen Unfall informiert und berichtet empört. Beide Studenten seien wohl bei ihrer »Duellspielerei« unter Anwendung der üblichen Bandagen geschützt gewesen, dies hätte allerdings den tödlichen Unfall nicht verhindern können. Die Grazer Universität gilt damals als Hochburg der »schlagenden Burschenschafter«.

Am gleichen Tag berichtet das sozialdemokratische Parteiorgan über eine delikate Affäre in Preußen. Karl Liebknecht will von einem Informanten höchst geheim erfahren haben, dass preußische Titel gegen hohe Summen zum Kauf angeboten werden. Ein »Roter-Adler-Orden der vierten Klasse« sei gegen Barzahlung von 8000 Mark erhältlich, freilich nur für Akademiker. Nicht-Akademiker müssen 12 000 Mark zahlen und ein ganz echter Professorentitel kostet gar ein Vermögen: 40 000 Mark. Noch teurer kommt die Erhebung in den erblichen Adelsstand. Die »Blaufärbung des gewöhnlichen Bürgerbluts«, schreibt die *Arbeiter-Zeitung*, ist mit gehörigem Aufwand verbunden. Zwischen 300 000 und 400 000 Mark seien dafür notwendig – natürlich nur in Preußen.[76]

26. Mai 1914 »Der Dieb der Mona Lisa ist geistesschwach«

»Die medizinischen Sachverständigen, die den Dieb der *Mona Lisa*, Vincenzo Peruggia, auf seinen Geisteszustand untersuchten, haben gestern dem Staatsanwalt in Florenz ihren Bericht erstattet. Ihr Gutachten lautet dahin, daß Peruggia zwar geistesschwach ist, daß er aber für seine Handlungen unbedingt verantwortlich gemacht werden kann. Die Staatsanwaltschaft wird infolgedessen die Anklage erheben.« Das *Illustrierte Blatt* in Wien berichtet am 26. Mai 1914 »telegraphisch« vom bevorstehenden Prozess gegen Vincenzo Peruggia. Der Diebstahl der *Mona Lisa* hat 1911 auch in Österreich für Schlagzeilen gesorgt.

Kaum zwei Wochen nach dem psychiatrischen Gutachten begann der Prozess gegen den 33-Jährigen. Das spektakuläre Verfahren gegen den vermeintlichen Meisterdieb, der in der Nacht vom 21. auf den 22. August Leonardo da Vincis Meisterwerk im Pariser Louvre einfach von der Wand genommen hatte, wurde für die Gerichtskiebitze zur herben Enttäuschung. Peruggia verhedderte sich während des Verfahrens in Widersprüche, wechselte ständig seine Erklärungen und bot eher das Bild eines minder begabten Gelegenheitsgauners als den Auftritt eines »Meisterdiebs«.

Im Jahr 1911 hatte der Verlust der *La Joconde* weltweit für Schlagzeilen gesorgt. Die wertvollen Bilder im Louvre waren nicht gesichert. Der »Leonardo« hing an vier Haken befestigt einfach an der Wand. Perrugia, der mit den Örtlichkeiten vertraut war, hatte sich im Museum einschließen lassen und in der Nacht das Bild von der Wand und aus seinem Glasrahmen genommen. Am nächsten Morgen war der Dieb mit seiner Beute, die er unter einem weißen Arbeitsmantel versteckt hatte, einfach beim Personalausgang rausspaziert. Da der Louvre am Montag geschlossen blieb, fiel das Fehlen der *Mona Lisa* lange niemandem auf. Erst ein Maler, der zwecks Studien das berühmte Werk suchte, schlug Alarm. Die Polizei fand zwar Fingerabdrücke einer linken Hand am Bilderrahmen, konnte die Spur aber keiner Person in der Pariser Kriminaldatei zuordnen. Unter polizeilichen Verdacht gerieten sogar der modernistische Dichter Guillaume Apollinaire und sein Freund Pablo Picasso: Der kubistische Maler hatte Jahre zuvor aus dem Louvre entwendete

Statuen von einem Mann aus dem Umfeld Apollinaires gekauft. Der Dichter wurde sogar einige Tage inhaftiert, Picasso immerhin verhört.

Das Bild der lächelnden Florentinerin blieb verschollen. Sein unrechtmäßiger Besitzer hatte es in seiner kleinen Pariser Wohnung in der Rue de L'Hopital Saint Louis am Küchentisch gelagert und wusste nicht so recht, was er mit dem Leonardo anfangen sollte.

Sein Motiv für den Coup: Der einige Monate im Louvre angestellt gewesene Spiegelmacher aus Italien hatte im Museum ein Ölbild gesehen, das napoleonische Truppen darstellte, wie sie gestohlene Kunstschätze aus Italien auf Leiterwagen abtransportierten. Der von seinen französischen Kollegen gelegentlich gehänselte Italiener beschloss auf eigene Faust den historischen Diebstahl wieder gutzumachen und die *Mona Lisa* nach Italien zu »restituieren«.

Herr Peruggia hatte sich für seine Aktion freilich ein ungeeignetes Kunstwerk ausgesucht. Leonardos kleines Ölbild war nämlich keineswegs von Napoleon als Kriegsbeute requiriert worden, sondern vom französischen König Franz I. im Jahr 1519 um damals sehr großzügige 4000 Gold-Kronen direkt vom Meister Leonardo da Vinci gekauft worden.

Peruggia war Ende 1913 mit der *Mona Lisa*, die er im doppelten Boden eines Koffers versteckt hatte, nach Florenz gefahren und hatte das Bild dem Kunsthändler Alfredo Geri in einem Brief zum Kauf angeboten. *Mona Lisa* solle wieder ihrem »Heimatland« zurückgegeben werden. Für diese vorgeblich patriotische Tat erwartete sich Peruggia 500 000 Lire, damals eine Menge Geld. Der Dieb unterzeichnete das Schreiben – mäßig originell – mit »Leonardo«, gab aber seine richtige Kontaktadresse an. Alfredo Geri nahm die Sache immerhin so ernst, dass er den Direktor der Uffizien mobilisierte und beide Herren in die Absteige Perrugias fuhren, um dort das angebliche Bild von Leonardo da Vinci unter die Lupe zu nehmen.

Und tatsächlich: Es war echt. Die beiden Experten nahmen die *Mona Lisa* unter dem Vorwand weiterer Prüfungen unter den Arm und gingen. Vincenzo Peruggia wurde kurz darauf von der Polizei abgeholt. Das Auftauchen des mehr als zwei Jahre verschollenen Meisterwerks wurde zur Weltsensation. Die Italiener organisierten für die *Mona Lisa* eine Tournee und stellten sie mehrfach aus. Hunderttausende Italiener bestaunten Leonardos Bild und bejubelten es wie einen Star, ehe es dann doch dem französischen Staat zurückgegeben werden musste.

Das italienische Gericht verurteilte Peruggia schließlich zu sieben Monaten Haft – ein mildes Urteil, das dem patriotischen Überschwang der Italiener geschuldet war, die in dem patscherten Dieb einen kleinen Nationalhelden erkannten. Als er schließlich aus dem Gefängnis entlassen wurde, feierten ihn Hunderte. Der Handwerker diente später in der italienischen Armee, übersiedelte aber nach dem Krieg wieder nach Frankreich, wo er erst 44 Jahre alt – wahrscheinlich an den Folgen einer chronischen Bleivergiftung – schon 1925 starb. Sein kurzer Ruhm war verblasst. Niemand nahm von seinem Tod Notiz.

Leonardos *Mona Lisa* war durch den Diebstahl zur Ikone geworden. Tausende hatten den Louvre besucht, um die leere Stelle an der Wand zu besichtigen, an der das Bild gehangen war.[77]

26. Mai 1914 »Eine Straße, die nur scheinbar am anderen Ufer eine Fortsetzung findet«

Die »Via Vienna« in Triest war im Mai 1914 augenscheinlich eine heimtückische Straße. Sie endete am »Canale Grande« und fand nach Beschreibung der Wiener *Kronen-Zeitung* am anderen Ufer »nur scheinbar eine Fortsetzung«. Dazwischen fehlte eine Brücke.

Dieser Mangel machte sich am 26. Mai 1914 für Baron Edmund Knobloch überaus negativ bemerkbar. Das Massenblatt beschrieb unter dem Titel »Schweres Automobilunglück in Triest« den tragischen Ertrinkungstod des Wiener Barons in allen Details: »Als Baron Edmund Knobloch mit dem Wiener Schnellzuge heute abend in Triest eintraf, erwartete ihn am Bahnhofe das Automobil des Palasthotels in Portorose, wohin er sich begeben wollte.«

Das Kurpalasthotel in Portorose (heute Portoroz) gehörte der steirischen Brauindustriellenfamilie Reininghaus. Und Rittmeister außer Dienst Knobloch war der ehrwürdige Schwager des Hotelbesitzers. Herr von Reininghaus hatte daher seinen Mercedes mit Fahrer nach Triest geschickt, um den Schwager abzuholen. Chauffeur Wilhelm Dantin kannte sich jedoch in Triest nicht aus und verfehlte in der Dunkelheit den richtigen Weg. Er bog – wie Zeugen schilderten – mit einer Geschwindigkeit von 25 Stundenkilometern aus der Via Carducci in die Via Vienna, die am Canale Grande endet »und nur scheinbar am anderen Ufer ihre Fortsetzung findet; eine Brücke fehlt jedoch. Der Chauffeur nahm dies nicht wahr, und das Automobil stürzte mit seinen drei Insassen in den Kanal. Ein Kapitän, der in der Nähe war, sprang sofort ins Wasser, und es gelang ihm, den Fahrer zu retten, der rechtzeitig vom Lenksitz abgesprungen war. Die Feuerwehr konnte nach harter Anstrengung das untergegangene Automobil, das unglücklicherweise geschlossen war, so weit hervorziehen, daß man sich überzeugen konnte, daß die beiden eingeschlossenen Opfer des Unglücks bereits tot waren.« Baron Knoblochs Taschenuhr war genau um 11 Uhr 15 stehen geblieben, nachdem beim Rettungsversuch vier Mal Taue gerissen waren.[78]

27. Mai 1914 »Generalprobe für einen großen Krieg«

Russland setzt die Generalprobe für einen großen Krieg auf September 1914 fest. Österreichs Militär zeigt sich besorgt. Fast wortident berichten die Tageszeitungen der Monarchie am 28. Mai über die Einberufung von drei Reservisten-Jahrgängen zu einer sechswöchigen Übung für den Herbst 1914. Nach der Ernte soll der Personalstand der zaristischen Armee durch diese Reservistenübung von 1,2 Millionen Mann auf fast 2 Millionen verdoppelt werden. Das wird in St. Petersburg offiziell bekannt gemacht.

Die Blätter zitieren das »militärische Urteil« der amtlichen *Militärischen Rundschau*: »Diese als Einberufung zu Übungszwecken von russischer Seite charakterisierte Maßnahme stellt sich demnach als eine vollständige Mobilisierung der russischen Armee dar.«

Und das *Volksblatt für Stadt und Land* fasst zusammen: »Es handelt sich eigentlich um die Generalprobe für einen großen Krieg.« Schon am Tag zuvor durften die Zeitungen aus Belgrad über einen Budgetentwurf für serbische Kriegsrüstungen berichten. Mehr als 122 Millionen Kronen will das Königreich Serbien in den Ausbau seiner Armee investieren – eine Vervierfachung der bisherigen Militärausgaben. Diese Summe ist tatsächlich ungewöhnlich. Das gesamte Staatsbudget Serbiens ist nicht wesentlich höher. Österreich-Ungarn reagiert auf diese Meldungen aus Russland und Serbien nicht. Monatelang war jede Kreditaufnahme durch die Obstruktion im Reichsrat blockiert worden. Die Zeitungsberichte sollen die österreichische Öffentlichkeit von der Notwendigkeit zur Aufrüstung überzeugen. Die Grenzen zwischen besorgniserregenden Nachrichten und militärischem Druck zur Erhöhung der Budgets verschwimmen in diesen Tagen.[79]

27. Mai 1914 »Die geplante Absperrung des Großglockner-Gebietes löst hell aufflammende Empörung aus«

Ein deutscher Wildprethändler aus Bochum erregt Österreich. Herr Willers informiert im Mai 1914 den Alpenverein, dass er den Großglockner inklusive der angrenzenden Berg- und Almlandschaft für 60 000 Kronen gekauft hat.

Das geht gar nicht.

Der mit 150 000 Mitgliedern in Deutschland und Österreich größte Gebirgsverein informiert die Öffentlichkeit. Und die entrüstet sich. Denn zu Beginn des 20. Jahrhunderts sind die Alpen längst zum Sehnsuchtsort vieler begüterter Städter, Dichter und Denker geworden. Der alpine Tourismus steht zwar erst am Beginn seiner Entwicklung, doch eine Sperre des Glocknergebiets für Wanderer und Bergsteiger löst, wie die *Neue Freie Presse* schreibt, »hell aufflammende Empörung« aus. Das liberale Weltblatt ist sich in dieser Sache eines Sinnes mit der kleinformatigen *Illustrierten Kronen-Zeitung*, die am 27. Mai 1914 schreibt: »Der Großglockner, einer der schönsten und höchsten Punkte des österreichischen Alpengebietes, soll dem Touristenverkehr zum Teil entzogen werden. Das Berggebiet ist von einem Herrn A. Willers Wildprethändler aus Bochum für 60 000 Kronen angekauft worden. Der Käufer will es für die Züchtung von Steinwild verwenden. Die Nachricht hat in den Touristenkreisen große Erregung hervorgerufen.«

Der Großglockner und das »ewige Eis« der »Pasterze« sind schon 1914 zum Symbol für die österreichische Alpenlandschaft geworden. Oskar Kühlken beschreibt 1951 den Mythos dieses Berges in seinem *Glocknerbuch*: »Der Großglockner ist mehr als der höchste Berg Österreichs – ihn umstrahlt das Fluidum einer ungewöhnlichen Persönlichkeit. Wer in seinen Bannkreis gerät, wird davon erfaßt.« Dabei ist die Spitze des Glockners nicht einmal der höchste Berg der k. u. k. Monarchie. Dieser Rang gebührt dem Ortler im oberen Vinschgau. Er ist mit einer Höhe von exakt 3899 Metern über dem Meeresspiegel der Adria der höchste Südtiroler – und damit österreichische – Berg bis 1919. Erzherzog Johann hat im Jahre 1804 die Erstbesteigung »befohlen«. Sie galt damals als eine der größten alpinistischen Leistungen. Die italienische Messung macht den Ortler um sechs Meter größer, was keineswegs auf ungenaue Messmethoden, sondern auf einen anderen Meeresbezugspunkt hinweist. Das Glocknermassiv zwischen Salzburg und Kärnten ist jedenfalls mit 3.798 Metern deutlich niedriger.

Der Bochumer Händler plant, den Glockner schon ab 1. August 1914 für die Alpinisten zu sperren. Die Ansiedlung von Steinböcken vertrage sich nicht mit touristischen Wanderern.

Überdies will der pensionierte Bergbauingenieur Otto Kallas aus verlässlicher Quelle gehört haben, dass ein Wiener »Grund- und Häuseragent« beabsichtige, die Pasterze aufzukaufen und den Gletscher nur gegen Eintrittsgeld zugänglich zu machen. Auch diese Nachricht – die sich als unbegründet erweisen sollte – löst Empörung im fernen Wien aus.

Die *Kronen-Zeitung* schenkt den Steinwildplänen des Herrn aus dem Ruhrgebiet ebenfalls keinen Glauben. Das Blatt hat von Plänen gehört, in der Glockner-Region eine »Schwebebahn« zu errichten. »Es wäre in diesen Gebieten möglich, den Wintersportlern den ganzen Sommer hindurch Gelegenheit zur Ausübung ihres Sportes zu bieten.« Herr Willers plante also 1914 die Erschließung der Pasterze als Gletscherskigebiet und war damit seiner Zeit um ein halbes Jahrhundert voraus.

Die *Neue Freie Presse* fährt gegen den Viehhändler und seine vermeintlichen Pläne juristisches Geschütz auf. Das erste Blatt der Monarchie zitiert ein Rechtsgutachten, das im Verlag des sozialdemokratischen Touristenvereins »Die Naturfreunde« erschienen ist: Demnach seien die nicht mit Vegetation bedeckten Hochgebirgsgegenden, »wie namentlich die Region des ewigen Eises und der Gletscher überhaupt dem Privateigentum entzogen und stehen im öffentlichen Eigentum des Staates. Das herrliche Gletschergebiet des Großglockners kann daher, weil es durch das geltende Recht der privaten Verfügungsmacht entzogen ist, niemals durch einen Privaten abgesperrt werden«, argumentiert der Wiener Jurist Artur Lenhoff.

Allerdings bewegte sich der naturbegeisterte Advokat mit seiner Rechtsansicht auf dünnem Gletschereis. Denn der Alpengipfel befand sich 1914 bereits in Privateigentum. Besitzer des Großglockners war der Notar Johann Aicher von Aichenegg. Von ihm kaufte der Villacher Holzindustrielle Albert Wirth im Jahr 1918 um wohlfeile 10 000 Kronen 41 Quadratkilometer auf der Kärntner Seite des Großglockners und schenkte das Gebiet dem Österreichischen Alpenverein mit der Auflage, es vor weiterer Erschließung zu schützen. Es war ein Geschäft in der Familie. Denn Albert Wirth war mit der Tochter des Herrn Notars Aicher von Aichenegg verheiratet. Die

Grundstücksschenkung an den Alpenverein verhinderte alle touristischen Erschließungspläne, die aber nach dem verlorenen Weltkrieg mangels Finanzierung ohnehin auf Eis gelegt werden mussten. 1938 erwarb schließlich der Alpenverein auch 30 Quadratkilometer auf der Salzburger Seite vom österreichischen Bundesschatz. Lediglich eine kleine Fläche um das Gipfelkreuz blieb im Besitz des »Österreichischen Alpenklubs«.[80]

28. Mai 1914 »Mit der Inszenierung dieser Freilichtspiele gedenkt das Komitee Max Reinhardt in Berlin zu betrauen«

Wien rüstet sich, den 700. Geburtstag von Kaiser Rudolf von Habsburg gebührend zu feiern. »Wie wir hören, ist in Wien ein Komitee in Bildung begriffen, das sich mit der Verwirklichung eines patriotischen und interessanten Projekts beschäftigt. Aus Anlaß der in drei Jahren erfolgenden siebenhundertsten Wiederkehr des Geburtstages Kaiser Rudolfs von Habsburg, des ersten Habsburgers, der auf die Geschichte Österreichs und Deutschlands entscheidenden Einfluß übte, soll auf dem Kahlenberg an einem weithin sichtbaren Punkte eine Nachbildung der Habsburg errichtet werden, die der Stammsitz dieses glorreichen Geschlechts gewesen ist.« Architektonisch stellt dieser Plan keine besondere Herausforderung dar. Der ehemalige Stammsitz der Aargauer Grafen von Habsburg war schon 1914 eine wenig repräsentative Burgruine auf dem Wülpelsberg oberhalb des 500-Seelen-Dorfs Habsburg. Das Wiener Geburtstagskomitee steckt sich freilich höhere Ziele: »In Verbindung mit diesem Unternehmen soll ein Freilichttheater entstehen, berufen, der Schauplatz der Habsburg Festspiele zu werden, die unter Heranziehung erster Darsteller und Sänger und einer großen Komparserie in jedem Jahr an bestimmten Tagen im Frühling oder Sommer in Szene gehen werden. Mit der Inszenierung dieser Freilichtspiele gedenkt das Komitee Max Reinhardt in Berlin zu betrauen.«

Da hat Salzburg noch einmal Glück gehabt. Nicht auszudenken, wenn der große Regisseur Max Reinhardt den »Jedermann« vom

194

Kahlenberg aus über Wien rufen hätte lassen. Salzburg wäre nur
»Sound of Music« geblieben – und Mozart.[82]

29. Mai 1914 »Eine neue Titanic-Katastrophe«

»Eine neue Schreckenskunde durchrast die Welt. Eine Hiobsbot-
schaft, die jeden, der sie erfährt, das Herz zusammenkrampfen läßt.
Ein neues Unglück von niederschmetternder Furchtbarkeit hat die
Menschheit getroffen.« Die Wiener *Illustrierte Kronen-Zeitung* bemüht am Pfingstsamstag des Jahres 1914 Superlative. Im kanadischen St. Lawrence-Strom kollidiert am frühen Morgen des 29. Mai
der Passagierdampfer *Empress of Ireland* mit einem norwegischen
Kohlenfrachter. Das erst acht Jahre alte Schiff ist im dichten Nebel
von Quebec nach Liverpool unterwegs. Es sollte die 96. – und letzte
– Passage des 14 000 Tonnen schweren Schiffes sein.

Die *Storstadt* hatte den Dampfer der »Canadian Pazific« auf der
rechten Steuerbordseite mit voller Wucht gerammt und die Flanke
des Schiffes vollständig aufgerissen. Binnen weniger Minuten
neigte sich die *Empress of Ireland* so stark zur Seite, dass die Rettungsboote nicht mehr zu Wasser gelassen werden konnten. Der
Funker des kanadischen Schiffes konnte gerade noch den Notruf
»SOS« absetzen, wusste aber die genauen Koordinaten seines Schiffes nicht. Es blieb beim »Save our Souls«. Viele Passagiere waren bereits durch die Kollision in ihren Kabinen schlafend getötet oder
schwer verstümmelt worden. Um die wenigen Rettungsboote brachen wilde Kämpfe aus.

Die *Illustrierte Kronen-Zeitung* vermittelt den Eindruck, einen Reporter an Bord des Dampfers gehabt zu haben: »Halb bekleidete, von
Todesangst befallene Menschen, Männer, Frauen und Kinder, stürzten aus ihren Kabinen. Der Kapitän rief die gesamte Mannschaft auf
ihren Posten. Gebete, flehentliche Hilferufe, hysterische Schreie er-
füllten die Luft.« Der Todeskampf des Schiffes und der rund 1100
Passagiere dauerte nur 14 Minuten. So schnell war noch kein großer
Ozeandampfer gesunken. Während die *Titanic*, die zwei Jahre zuvor

auf einen Eisberg aufgelaufen war und zum Mythos wurde, der ein Jahrhundert überdauert hat und später zum Fanal des Untergangs einer Epoche stilisiert wurde, verschwand die *Empress of Ireland* buchstäblich im grauen Nebel der Geschichte. Dabei starben im St. Lawrence-Strom mehr Menschen als im Eismeer beim Untergang der *Titanic* – freilich, sie waren nicht sehr prominent. Nur das Schicksal des bekannten englischen Schauspielers Laurence Irving und seiner Frau beflügelte die Fantasie der Zeitungsschreiber in aller Welt. Das britische Wochenblatt *The Graphic* druckte ein Foto des attraktiven Schauspielers in der Rolle des Hamlet auf dem Titelblatt und zitierte Shakespeare: »This fell sergeant, Death, is strict in his arrest.« Die ein wenig weniger poetische *Kronen-Zeitung* wusste zu berichten: »Unter den ergreifenden Schilderungen, die über die letzten Augenblicke des schwimmenden Sarges bekannt werden, löst namentlich die Szene größtes Mitleid und aufrichtige Trauer aus, wie der bekannte Schauspieler Irving mit seiner Gattin, fest umschlungen, versank.«

Auch ein österreichischer Schiffsbäcker ertrank in den Fluten des kanadischen St. Lawrence-Stroms. Er blieb beinahe namenlos: Geisberg oder Giesberg soll der Mann geheißen haben.

Der Untergang der *Empress of Ireland* verschwand rasch aus den Schlagzeilen der österreichischen und deutschen Zeitungen. An Katastrophen sollte es bald keinen Mangel geben.[81]

2. Juni 1914 »Rendezvous-Platz des Kurpublikums«

Der Kaiser sollte erst kommen, der k. u. k. Klaviermacher war schon angereist. Die erste Ausgabe der amtlichen »Kurliste von Bad Ischl« für das Jahr 1914 meldet am 2. Juni die Ankünfte der geschätzten Kurgäste. Erster Gast der beginnenden Sommersaison ist Herr Kommerzialrat Ludwig Bösendorfer, Hof- und Kammer-Klaviermachermeister. Herr Bösendorfer, dessen Klavierfabrik auf der Wieden in Wien ziemlich genau hundert Jahre nach seinem Ischler Kuraufenthalt von Baggern zerstört werden sollte, stieg im »Hotel Post« ab, mit Dienerschaft selbstredend. Wer nur ein wenig auf sich hielt, reiste nicht ohne dienstbare Geister. So konnte sich Gymnasialdirektor Johann Erndt, außerhalb der Ferienwochen, mit Familie und Dienerin eine Kur in Ischl genehmigen. Auf der Promenade hat er mit großer Wahrscheinlichkeit den »städtischen Volksschullehrer Samuel Pollack« gegrüßt oder gar vor Frau Laura Edle von Egger-Möllwald den Hut gezogen. Die adelige Dame war freilich in der Familienvilla »Möllwald« abgestiegen und musste sich nicht in einem Hotel einquartieren. Selbst die »Militär-Beamten-Witwe« Josefine Scheida logierte nicht ohne Dienerin in der »Villa Alpine«.

Dem Wiener Bürgertum mangelte es 1914 in Ischl an wenig. Die »Confiserie Zauner« hatte bereits eröffnet und pries sich als »Rendezvous-Platz des Kurpublikums« an. Verkauft wurden Schokoladen von »Lindt & Sprüngli« aus der Schweiz, Pariser Bonbons von F. Marquis und Näschereien von Gerbeau aus Budapest. Das rege Treiben im Bad Ischler Kurpark oder an der Traun-Esplanade ließ sich von drohenden Kriegswolken nicht beirren. Noch am 4. August 1914 reiste der »Edelmann Gregor Wisepkowsky« aus St. Petersburg an. Da hatte Seine Majestät Kaiser Franz Joseph I. am Schreibtisch seiner Ischler Villa bereits dem Königreich Serbien den Krieg erklärt und das zaristische Russland seine Armee mobilisiert. In der »Selchwarenhandlung Ramsauer« wurde dazu »feinster Prager Schinken« aufgeschnitten. Kaiser Franz Joseph war während der »Juli-Krise« in Ischl geblieben. Der Sommer war noch immer sehr schön.[83]

6. Juni 1914 »Glänzende Fortschritte in korrekter Haltung und Klingenführung«

43 Kandidaten treten am 6. Juni zur schriftlichen Matura am Akademischen Gymnasium in Wien an. Die Themen für den deutschen Aufsatz bemühen sich um Distanz zu den Wirklichkeiten. Zehn Prüflinge »bearbeiten« das Thema »Das Eindringen des Bürgertums in die deutsche Literatur des 18. Jahrhunderts«. In Latein müs-

sen die Maturakandidaten eine Stelle von Lucan übersetzen. Caesar steht dabei am Rubikon. Die Würfel sind längst gefallen.

Religion, Deutsch, Latein, Griechisch, Mathematik und seit 1911 auch zwei Wochenstunden Turnen: Der Fächerkanon hat sich seit den Gymnasialtagen des Jahres 1914 kaum verändert. Auf eine lebende Fremdsprache glaubt das k. u. k. österreichische Schulsystem verzichten zu können. Freilich legt das »Akademische« großen Wert auf eine traditionell humanistische Ausbildung. Arthur Schnitzler, Hugo von Hofmannsthal und Peter Altenberg lernten auf den Holzbänken des neugotischen Schulbaus Deutsch, Latein und Altgriechisch. Fast die Hälfte der Schüler (Mädchen waren nicht zugelassen) geben »israelitisch« als Religionsbekenntnis an. Von den 483 Zöglingen der innerstädtischen Schule ist kein einziger konfessionslos. Immerhin: Es gibt eine eigene (leere) Rubrik für »Nichtgläubige«.

In der Maturaklasse werden 35 Burschen unterrichtet. Das ist in etwa der Klassendurchschnitt über alle acht Schuljahre. Sport spielt keine besonders wichtige Rolle in der Erziehung der Gymnasiasten. Bei den sonntäglichen Schiausflügen nach Mürzzuschlag oder auf die Rax beteiligen sich selten mehr als ein halbes Dutzend Schüler. Die Schüler des Akademischen Gymnasiums haben auch nur einen geringen Hang zu paramilitärischen Übungen. Am Schießunterricht mit »Exerzieren und Kapselschießen« nehmen gar nur zwei Schüler der Maturaklasse teil. Beim »Fleurettfechten« mit Kommilitonen des Theresianums und des Schotten-Gymnasiums (damals wie heute Wiener Nobelschulen) belegen die Fechter des Akademischen die ersten drei Plätze. »Auch die Schüler des Untergymnasiums zeigten glänzende Fortschritte in korrekter Haltung und Klingenführung«, vermerkt der Schulbericht über das Jahr 1914.

In diesen Tagen ahnte niemand, dass es kaum drei Monate später bei den Kämpfen an der galizischen oder serbischen Front kaum mehr auf die elegante Führung des »Fleuretts« ankommen sollte.

6. Juni 1914 »Der Wahnsinnige von Groß-Höflein«

Ein Wahnsinniger spielt auf der Orgel der Groß-Höfleiner Pfarrkirche und entlockt ihr »schauerliche Töne«. Ein Bauernbursch aus der damals westungarischen Gemeinde läuft Amok. August Tomsics sitzt im Kirchturm und schießt auf alles und jeden. Mehr als 50 Gendarmen aus der gesamten Umgebung werden zusammengezogen. Mit 100 Feuerwehrleuten aus den Dörfern rund um Groß-Höflein ziehen sie einen Belagerungsring um die Kirche. Seit eineinhalb Tagen hat sich der 25-jährige Bursch im Glockenstübchen verschanzt.

Zum Eklat war es Sonntagabend beim Dorftanz gekommen. August lud die 16-jährige Hermine Krauscher auf den Tanzboden ein. Doch das bildhübsche Mädchen wies den grobschlächtigen Burschen barsch ab. »Ich kann sowieso nicht die Deine werden!« Der Streit eskalierte. Seine Freunde versuchten, den Tobenden vom Fest wegzuzerren. Beim Abgang brüllte August: »Das wirst du bereuen, das werdet ihr alle bereuen.«

Donnerstagfrüh kommt der unglücklich verliebte Bauernbursch aus Ödenburg von einer Waffenübung heim ins Dorf. Auf dem Rübenfeld sieht er Hermine mit ihren Eltern bei der Feldarbeit. Mit einem Karabiner erschießt er zuerst das Bauernpaar und verletzt seine Angebetete schwer. Nach dem Doppelmord flieht der mit einem roten Turban verkleidete Täter in die Kirche und klettert auf den Turm. Die Leiter nimmt er mit. Tomsics hat die Tat seit Sonntagabend geplant. Er ist mit zwei Gewehren, einer Browning-Pistole und fast 500 Schuss Munition bewaffnet. Beim örtlichen Greißler hat er sich mit zwei Schinken, einer Stange Salami, Speck und viel Brot eingedeckt. Den Durst stillt er mit Weihwasser. Der Attentäter schießt von seinem Ausguck auf alles, was sich im Dorf bewegt. Der Mesner wird schwerst verletzt. Eine Kugel dringt ihm durchs Auge ins Gehirn. Er wird Tage später sterben.

Der Mann auf dem Kirchturm feuert auf Menschen und Tiere. Seine Geschoße durchdringen die Fenster der Bauernhäuser. Bald wagt sich niemand mehr auf die Straße. Der Postverkehr muss eingestellt werden. Groß-Höflein wird zur belagerten Festung. In der Kirche zerstört August Tomsics den Altar und die Kircheneinrichtung. Erst mit Einbruch der Finsternis hört das Gewehrfeuer auf. Bei Tagesanbruch brüllt der Mörder aus dem Glockenturm: »Gut, dass ihr mich habt schlafen lassen, jetzt gehe ich mit erneuter Kraft an die Arbeit.«

Sein Bruder wird zur Kirche gebracht. Er soll den Tobenden zum Aufgeben überreden. Ohne Erfolg. Auf Anraten des Eisenstädter Bezirksrichters nehmen die Gendarmen den Kirchturm unter Feuer. Gezielte Salven sollen den Amok-Schützen zur Aufgabe zwingen. Vergebens. Zwei »Luftschiffer« der Fischamender Fliegerabteilung wollen das Gotteshaus umkreisen und den Mörder durch eine ätzende Flüssigkeit zur Kapitulation bewegen. Ihr Angebot wird dankend abgelehnt. Das Militärkommando verweigert den Einsatz regulärer Soldaten. Schließlich bringt die Ordnungsmacht den Pfarrer in Stellung. Aus sicherer Entfernung fleht er »im Namen der heiligen Religion« um Waffenruhe und erntet ein paar gezielte Schüsse. Erst nach fast 40 Stunden Belagerung hat der Bezirksrichter Erfolg. Er verspricht »mildernde Umstände«, falls »Gustl« die Waffen strecken sollte. Er hisst eine weiße Fahne am Kirchturm und wirft Gewehre und Munition aus dem Turmfenster. Dann klettert er in den Altarraum und lässt sich von Gendarmen überwältigen. Sein Gesicht ist vom Pulverdampf schwarz gefärbt. »Tut mir nichts, ich bin unschuldig«, ruft der Bauernbub, ehe er gefesselt abgeführt wird. Am Dorfplatz von Groß-Höflein versammelt sich die Bevölkerung und »ließ sich in Worten der Empörung gegen den Schrecken des Ortes ergehen«.

Die Bilanz der Wahnsinnstat: 19 zum Teil schwer Verletzte, ein totes Ehepaar und ein sterbender Mesner. Die *Neue Zeitung* ist um Vollständigkeit bemüht. Auch zwei Hunde und drei Schweine fielen dem Schützen zum Opfer. Die angebetete Hermine wird als Waise weiterleben. Dem Untersuchungsrichter erzählt sie ihre Version der

Tat: »Ich habe Gusti lieb gehabt und wäre vielleicht auch seine Frau geworden, aber meine armen Eltern wollten nichts davon hören und drohten, sie würden mich sofort verstoßen, wenn ich dächte, die Seine zu werden.«

August Tomsics kommt in eine Irrenanstalt. Denn der verrückte Bauernbursche hat sich schon lange vor der Tat verdächtig gemacht. Dorfbewohner erzählen dem Reporter der *Neuen Zeitung*: Der Bursche habe viel gelesen, Romane und sogar wissenschaftliche Werke, »alles, was ihm unter die Finger gekommen ist«. Tomsics schrieb auch politische Artikel für das in Ödenburg erscheinende Blatt *Radikal*. Ein Bauer, der Bücher liest. Ein junger Mann, der politische Artikel für subversive Zeitschriften einsendet, ein Verrückter. Die *Illustrierte Kronen-Zeitung* berichtet auf vier Seiten über den spektakulären Kriminalfall aus verschmähter Liebe.[84]

10. Juni 1914 »Es ist ein gefährliches Buch«

Thomas Mann urteilte über das große Hauptwerk seines jüngeren Bruders Heinrich ungnädig: Der Roman *Der Untertan* pflege »ruchlosen Ästhetizismus«. Der große Bruder scheint in seinem Urteil nicht ganz objektiv gewesen zu sein und beweist damit: Auch ein Thomas Mann konnte irren. Kurt Tucholsky schrieb nach dem Krieg eine hymnische Rezension über Heinrich Manns prophetisches Werk. »Dieses Buch Heinrich Manns, heute, Gottseidank, in aller Hände, ist das Herbarium des deutschen Mannes. Hier ist er ganz: in seiner Sucht, zu befehlen und zu gehorchen, in seiner Rohheit und in seiner Religiosität, in seiner Erfolganbeterei und in seiner namenlosen Zivilfeigheit. Leider: es ist der deutsche Mann schlechthin gewesen; wer anders war, hatte nichts zu sagen, hieß Vaterlandsverräter und war kaiserlicherseits angewiesen, den Staub des Landes von den Pantoffeln zu schütteln. Das erstaunlichste an dem Buch ist sicherlich die Vorbemerkung: ›Der Roman wurde abgeschlossen Anfang Juli 1914.‹ Wenn ein Künstler dieses Ranges das schreibt, ist es wahr: bei jedem andern würde man an Mystifikation denken, so überraschend ist die Sehergabe, so haarscharf ist das Urteil, bestätigt von der Geschichte, bestätigt von dem, was die Untertanen als allein maßgebend betrachten: vom Erfolg. Und es muß immerhin bemerkt werden, daß die alten Machthaber – ach, wären sie alt! – dieses Buch von ihrem Standpunkt aus mit Recht verboten haben: denn es ist ein gefährliches Buch.«

Heinrich Manns Jahrhundertwerk wird von Literaturkritikern unter die »hundert besten Bücher der Welt« gereiht. *Der Untertan* erzählt die Geschichte eines obrigkeitshörigen Mitläufers aus der deutschen Kaiserzeit. Der wilhelminischen Epoche wird in Manns Werk ein Spiegel vorgehalten, der nichts beschönigt, nichts verdeckt, alle Falten und Schrunden der Zeit aufdeckt. Die Beschreibung und Zeichnung der Hauptperson wirkt satirisch, beschreibt aber doch die Realität, wie sie sich vor dem Ausbruch des Krieges manifestiert hat.

Heinrich Mann hat sein großes Werk über Jahre konzipiert und geplant. Schon am Silvestertag 1907 schreibt er: »Der Roman der Deutschen müßte geschrieben werden. Die Zeit ist überreif für ihn.« Bereits ab Jänner 1914 werden einzelne Szenen in der Illustrierten *Zeit im Bild* veröffentlicht. Heinrich Mann beschreibt die Entstehungsgeschichte: »Den Roman des bürgerlichen Deutschen unter der Regierung Wilhelms II. dokumentierte ich seit 1906. Ich brauchte sechs Jahre immer stärkerer Erlebnisse, dann war ich reif für den *Untertan*. Beendet habe ich die Handschrift zwei Monate vor Ausbruch des Krieges – der in dem Buch nah und unausweichlich erscheint.« Mit Kriegsausbruch musste der Vorabdruck eingestellt werden. Die Zensur ertrug keine Satire. Gerade zehn Exemplare lässt Mann während des Krieges drucken. Als der Roman nach der – von Heinrich Mann vorausgesagten – Niederlage im Jahr 1918 veröffentlicht wird, erreicht er sofort Massenauflagen. Seine Wirkung ist gewaltig, doch sie kommt um Jahre zu spät. Und doch bleibt der *Untertan* prophetisch. 1933 lassen die Nationalsozialisten Heinrich Manns »Jahrhundertroman« auf Scheiterhaufen verbrennen. Der

Handkuss für den deutschen Kaiser: Wilhelm II. besucht den österreichischen Thronfolger Franz Ferdinand und wird von dessen drei Kindern und Ehefrau Sophie begrüßt.

Prototyp des wilhelminischen Untertans lässt sich auch von den Nazis missbrauchen und marschiert im Gleichschritt in die zweite Katastrophe des 20. Jahrhunderts.[85]

12. Juni 1914 »Großer Bahnhof für Kaiser Wilhelm in Konopischt«

Freitagmorgen hält der Hofzug Kaiser Wilhelms II. am Bahnhof im Beneschau. Die kleine Station liegt direkt an der Eisenbahnstrecke, die Wien mit der böhmischen Hauptstadt Prag verbindet. Der deutsche Herrscher ist im Sonderzug mit seinem Salonwagen angedampft, ihm wird ein »großer Bahnhof« bereitet. Österreichs Thronfolger Erzherzog Franz Ferdinand und dessen Gemahlin Herzogin Sophie erwarten ihn. Es ist bereits das zweite Treffen der beiden Männer in diesem Jahr. Auf dem Weg nach Korfu hat Wilhelm den designierten Nachfolger des alten Kaisers Franz Joseph schon auf Schloss Miramar besucht.

Kaiser Wilhelm entsteigt dem Salonwagen im preußischen Hof-
jagdkleid: grüner, langer Waffenrock, österreichische Orden und
gelb geschnürte Stiefel. Franz Ferdinand ist in der Uniform eines
preußischen Ulanen am Bahnhof erschienen. Die beiden hohen
Herren umarmen und küssen einander. Wie wird der deutsche Kaiser die nicht »ebenbürtige« Ehefrau des Thronfolgers begrüßen?
Kaiser Wilhelm ignoriert das k. u. k. Protokoll. Er küsst Herzogin
Sophie von Hohenberg – ganz galanter Herr – die Hand. Die Gattin
Franz Ferdinands ist in »cremefarbner schwarzgeputzter Sommer-
toilette mit grauer Straußenfederboa und großem, weißem Hut
mit schwarzem Reiher und rosa Tüll« erschienen. Die Prinzen tra-
gen kleine Marineanzüge. Während der herzlichen Begrüßung am
Bahnsteig werden auch die beiden Lieblingsdackel des Kaisers,
»Waldi« und »Hexl«, aus dem Zug gebracht. Der Hofwartesalon des
Bahnhofs war zu einem »Blumenhain« ausgestattet worden. Als der
Kaiser und seine Gastgeber in der Kutsche das Tor zum Schloss passieren, wird auf dem Turm die kaiserliche Standarte hochgezogen.

Die beiden Herren verstehen einander gut. Beide teilen eine Leidenschaft: die Jagd. Doch fürs exzessive Waidwerk bleibt im Juni
1914 keine Zeit. Der deutsche Kaiser wird beim Besuch des Thronfolgers der verbündeten k. u. k. Monarchie von Großadmiral Alfred von
Tirpitz begleitet. Der Kaiser und der künftige Kaiser sind beide
davon beseelt, die Seestreitkräfte ihrer Länder auszubauen. Das
deutsche Reich investiert Unsummen in die Aufrüstung der Flotte,
ohne aber die Überlegenheit der britischen Seemacht gefährden zu
können, und auch Österreich-Ungarn will mit vier Schlachtschiffen
in der Adria aufkreuzen. Nach dem verlorenen Krieg werden Experten den militärischen Nutzen bezweifeln. Österreichs Armee fehlen
im Frühsommer 1914 Maschinengewehre, Stahlhelme, Artillerie und
eine ernsthafte Luftwaffe, dafür werden Schlachtschiffe zur Küsten-
verteidigung auf Kiel gelegt.

Bei den politischen Gesprächen, für die im offiziellen Protokoll
keine Zeit eingeplant wurde, ging es vor allem um die intolerante

Nationalitätenpolitik Ungarns gegenüber den in Siebenbürgen lebenden Rumänen. Berlin wollte das Königreich Rumänien unbedingt als Bundesgenosse erhalten und ein politisches Abdriften der Rumänen Richtung Moskau verhindern.

Der Kaiserbesuch beim Thronfolger war bewusst als lockerer Wochenendausflug angelegt. Franz Ferdinand zeigte seinem Berliner Kollegen voll Stolz sein »Revier«. Beim Spaziergang durch den Rosengarten äußerte Kaiser Wilhelm II. – so will es die *Illustrierte Kronen-Zeitung* vernommen haben – »wiederholt sein Entzücken über die einzigartige Schönheit«.

Franz Ferdinand hatte Millionen Kronen auf Kredit investiert, um das einstige gotische Schloss zu einem würdigen Schmuckkästchen auszugestalten. Doch schon beim Fachsimpeln über die Schönheit der Rosen bedeckte sich der Himmel mit schweren Gewitterwolken. »Das Donnergrollen ließ einen längeren Aufenthalt im Freien nicht ratsam erscheinen.« Glücklicherweise war im Schloss bereits die »Frühstückstafel« für 19 Personen gedeckt worden. Die Ehre, mit dem deutschen Kaiser und dem Thronfolger speisen zu dürfen, widerfuhr unter anderem Graf und Gräfin Czernin, Fürst und Fürstin Weikersheim und Graf und Gräfin Felix Thun. Als der heftige Gewitterregen nachgelassen hatte, fuhren die hohen Herrschaften durchs erzherzögliche Revier, nicht ohne an der Oberförsterei vorbei die dort angebrachte Tafel zu bewundern. In Stein gemeißelt enthielt sie die Schussliste des gesamten im erzherzöglichen Revier erlegten Wildes seit 1887. Nach vorsichtigen Schätzungen dürfte der Erzherzog mehr als 300 000 Tiere waidmännisch erlegt haben. Er ließ über seine Massaker genauestens Buch führen. So wird im kaiserlichen Jagdschloss Eckartsau östlich von Wien der Abschuss des 2000. Hirschen auf der »Wildpretwiese« für den 23. September 1902 dokumentiert.

Jagd war diesmal keine geplant. Franz Ferdinand wollte Wilhelm II. das nach seinen Plänen angelegte »Musterdorf« Žabovřesky zeigen. Die knapp 10 Kilometer fuhren der Monarch und sein

Gastgeber im kaiserlichen Hofautomobil. Die Zeitungsberichte gleichen einander aufs Wort. Sie dürften von der Presseabteilung des Erzherzogs getextet worden sein: »Nach seinen Weisungen und Plänen haben die Architekten hier ein in seiner Art originelles Werk geschaffen, das in seinem Gesamteindruck überaus wirkungsvoll ist. Die einzelnen Häuschen, peinlich rein gehalten, bilden mit ihren leuchtend roten Dächern und Giebeln einen stimmungsvollen Kontrast zu den sie umgebenden Obstgärten. Jedes Häuschen ist genau nach den Weisungen und Entwürfen des Herrn Erzherzogs ausgeführt. Kaiser Wilhelm äußerte wiederholt sein lebhaftes Entzücken über das reizende Dörfchen, das in seiner Sauberkeit, in der planmäßigen Anlage und in der lebhaften Farbenstimmung wie der Bauernhof aus einem Kinderspielzeug anmutet.«

Sonntagvormittag musste der Kaiser mit seinem tiefgläubigen Kollegen durch den Tierpark zur gotischen Kirche in Chvojen fahren. Franz Ferdinand hatte das Gotteshaus auf seine Kosten renovieren lassen. Auf der Rückkehr nach Konopischt hielt die Wagenkolonne vor dem Meierhof an einer alten – angeblich tausendjährigen – Eiche. Unter diesem stattlichen Baum soll der Hussitenführer Žižka im Jahre 1420 mehrere Todesurteile gefällt haben. Grund genug, den Aufständischen für seine wenig menschenfreundliche Tat mit der Benennung einer Eiche und einem Gedenkstein zu ehren.

Nach dieser Besichtigungstour bereiteten sich die Herrschaften auf ein feierliches Diner im Schloss vor. Die Menü-Folge des erzherzöglichen Küchenchefs August Doré verrät noch keinen Franzosenhass. Die exquisite Menüfolge wird im *Handbuch der Wiener Kochkunst* des Wiener Hofkochs Friedrich Hampel für das Jahr 1914 abgedruckt. Das kleine Bändchen hat freilich einen Schönheitsfehler: Es erscheint erst im Spätherbst des Jahres. Französische Delikatessen stehen da kriegsbedingt nicht mehr zur Verfügung.

Das Diner für den deutschen Kaiser am 13. Juni wird so zu einem »letzten Abendmahl« der Monarchie. Während der Tafel durfte die Militärkapelle des Infanterieregiments Nr. 102 im großen Schloss-

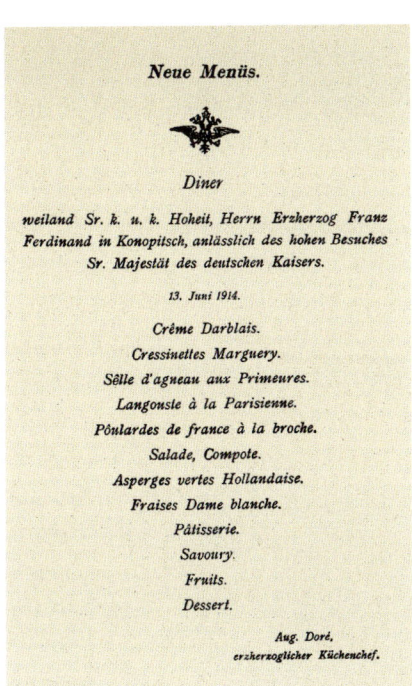

Neue Menüs.

Diner

*weiland Sr. k. u. k. Hoheit, Herrn Erzherzog Franz
Ferdinand in Konopitsch, anlässlich des hohen Besuches
Sr. Majestät des deutschen Kaisers.*

13. Juni 1914.

Crème Darblais.
Cressinettes Marguery.
Sêlle d'agneau aux Primeures.
Langousle à la Parisienne.
Pôulardes de france à la broche.
Salade, Compote.
Asperges vertes Hollandaise.
Fraises Dame blanche.
Pâtisserie.
Savoury.
Fruits.
Dessert.

*Aug. Doré,
erzherzoglicher Küchenchef.*

Die Speisenfolge beim Diner für
Wilhelm II. war eines Kaisers würdig:
Crème Darblais, Cressinettes Marguery,
Langouste à la Parisienne, Pôulardes
de france à la broche, Asperges vertes
Hollandaise. Keine Spur von
Franzosen-Hass.

hof konzertieren. Für halb elf Uhr abends war die Abfahrt des gesättigten Kaisers vom Schloss Konopischt zum Bahnhof Beneschau und die Rückreise im kaiserlichen Sonderzug nach Potsdam festgesetzt. Schon am nächsten Morgen würde ihn Kaiserin Eleonore am Bahnhof erwarten und mit Wilhelm ins »Neue Palais« heimkehren. Während der Thronfolger in seinem Privatschloss Hof hält, bemüht sich der ungarische Ministerpräsident Graf Stephan Tisza zum Kaiser nach Schönbrunn und informiert den alten Herren über die umstrittenen Pläne zur ungarischen Verwaltungsreform.[86]

13. Juni 1914 »Hochanständiges Mädchen der dienenden Klasse mit 4000 Kronen Ersparnissen sucht eine ehrbare Bekanntschaft«

Das Glück kostet eine Krone und ist in Briefmarken zu bezahlen. In Wien erscheint 1914 Tag für Tag die *Heirats-Korrespondenz*. Das achtseitige Blättchen liegt in den Kaffeehäusern auf und wird gratis an »heiratslustige und Bekanntschaft suchende Personen« geschickt.

Die Annoncen erlauben einen ungefilterten Blick auf das eher wenig romantische Liebesleben der Damen und Herren im kaiserlichen Wien.

Die Ehe war eine vornehmlich materiell ausgerichtete Institution. Von »Liebe« ist in den Anzeigen nie zu lesen, wohl aber sehr konkret über persönliche Vermögensverhältnisse und den Kontostand der erwünschten Lebenspartner(innen).

Ein 29-jähriger Offizial mit 3600 Kronen Jahresgesamteinkommen begehrt ein etwa gleichaltriges Mädchen mit ca. 20 000 Kronen Kapital. Die Künftige möge praktischerweise auch gleich Waise sein, wünscht sich der – immerhin – schuldenfreie Christ. Ein »Aristokrat von sehr altem Adel« scheint genau davon im Überfluss gehabt zu haben. Der Gentleman sucht per Annonce eine »sehr vermögende Dame« zu ehelichen: Tausche »Adelstitel« gegen Schuldenrückzahlung.

Die Mittelschicht der k. u. k. Residenzhauptstadt verdiente – laut den Eheanzeigen – zwischen 3000 und 5000 Kronen pro Jahr und konnte sich etwa ein bis zwei Jahresgehälter als »Notgroschen« auf die Seite legen. Selbt ein 29-jähriges »hochanständiges Mädchen der dienenden Klasse« lockte eine »ehrbare Bekanntschaft« mit 4000 Kronen. Welche eigenwillige Beziehung eine »Damenschneiderswitwe« mit zwei großen Kindern und reichem Kundenkreis anstrebte, erschließt sich bei der Lektüre ihrer Heiratsanzeige: Die 35-jährige Dame suchte einen »erstklassigen Damenschneider, welcher Lust zu feiner Damenschneiderei« hat. Die Schneiderswitwe suchte also einen Angestellten, den sie in Naturalien bezahlen wollte. Als Treffpunkt bot sich das neu übernommene Café Prückel am Wiener Stubenring an.

In der *Heirats-Korrespondenz* inserierten freilich nicht nur einsame Herzen, es wurden praktisch alle einschlägigen Hilfsmittel für eine glückliche Lebensgemeinschaft angepriesen. Eine erfahrene Linzer Dame erbot sich, gegen Übersendung einer 10-Heller-Briefmarke ein »verläßlich wirkendes, garantiert unschädliches Mittel«

bekannt zu machen, mit dem Frauen eine »ideal geformte, üppige, feste, volle und schöne Büste erlangen« könnten. Für Männer bot die Firma Carl Staehle-Badecker das »einzig wirksame homöopathische Präparat« gegen Haarausfall. Lagen die Männerprobleme etwas tiefer, konnte rasch zum ungarischen Wundermittel »Firmusin« gegriffen werden. »Schwache Männer« sollten jedenfalls keinen Augenblick zögern, um für stolze sieben Kronen das Potenzmittel zu kaufen. Und gegen die Volkskrankheit Syphilis wird Prof. Paul Ehrlichs »geniale Errungenschaft« ins Treffen geführt. Im Gegensatz zu zahlreichen Quacksalbereien konnte das arsenhaltige Medikament »Salvarsan«, das 1910 in den Apotheken aufgetaucht war, Syphilis tatsächlich heilen. Freilich war es mit schweren Nebenwirkungen verbunden und löste einen wilden Streit unter Ärzten über seine Wirksamkeit und über moralische Implikationen aus. Dem in Berlin wirkenden Forscher Paul Ehrlich wurde mit deutlich antisemitischen Untertönen unterstellt, sein Medikament untergrabe die Sexualmoral der Menschen. Es werde zu einer Enthemmung kommen. Tatsächlich verdienten die Farbwerke Hoechst mit dem Syphilis-Medikament Unsummen. Paul Ehrlich ging in die Medizingeschichte als Erfinder der ersten »Chemotherapie« ein.[87]

14. Juni 1914 »Graf Stürgkh empfing die Abordnung der Reichsverbände der Mittelschulprofessoren und Direktoren-Vereine in liebenswürdigster Weise«
Kurz vor Ferienbeginn werden die deutschen Lehrervereine aktiv. Eine Abordnung der »Reichsverbände der Mittelschulprofessoren und Direktoren-Vereine« unter Führung des deutschnationalen Reichsratsabgeordneten August Kemetter spricht in Angelegenheit der Dienstpragmatik für die Staatslehrpersonen bei Finanzminister Dr. August Baron Engel vor. Die Vorläufer der Lehrergewerkschafter wollen »die eheste Durchführung der materiellen Bestimmungen der Lehrerdienstpragmatik auf dem Verordnungswege betreiben«. Die *Deutsche Zeitung* berichtet über diesen Vorstoß der deutschen Lehrervereine voll Sympathie. »Der Herr Finanzminister ließ sich

von der Abordnung über die Lage der Mittelschullehrerschaft eingehend informieren. Hierauf begab sich die Abordnung zum Herrn Ministerpräsidenten Grafen Stürgkh, der die Abordnung in liebenswürdigster Weise empfing und ihr die Mitteilung machte, daß die Angelegenheit gerade im Schoße der Regierung erwogen werde.«

Die Regierungspolitiker beherrschten schon 1914 die Taktik der unverbindlichen Sympathie. Liebenswürdig – immerhin – ließ Graf Stürgkh die ehrenwerten Staatslehrer ins Leere laufen. Die Mittelschullehrer baten, man möge »ihnen wenigstens die Tangente der für sie nach den Bestimmungen der Dienstpragmatik entfallenden Erhöhung der Bezüge für heuer durch eine einmalige Zuwendung noch vor Schluß des Schuljahres zukommen lassen«. Selbst diese »Einmalzahlung« versprach der Regierungschef nicht, aber: »Die Lehrerschaft könne vollständig darüber beruhigt sein, daß ihr Interesse in der bestmöglichen Weise wahrgenommen werde.«[88]

19. Juni 1914 »Es war ungeheuerlich!«

Der englische Abenteurer James Radley erreicht am 19. Juni in seinem Rolls Royce »Alpine Eagle« als erster Fahrer das Ziel der fünften Etappe der »Österreichischen Alpenfahrt« in Innsbruck. Er hat die 336 Kilometer von Bozen über Brixen, Sterzing und Meran pannenfrei bewältigt. Radley war in den Jahren zuvor immer wieder an der selektiven Strecke gescheitert. Beim dritten Anlauf sollte es klappen. Die englische Nobelmarke Rolls Royce hatte 1914 auf den Einsatz eines Werkteams bei der renommierten »Alpenfahrt« verzichtet.

James Radley war auf sich allein gestellt, aber nicht allein.

Der Korrespondent der englischen Automobil-Zeitschrift *Autocar*, Charles Freestone, begleitete die Wertungsfahrt in einem Pressewagen von Rolls Royce. Die »Alpenfahrt« hatte sich seit 1910 zu einem der prestigeträchtigsten internationalen Automobilabenteuer gemausert. 1914 mussten von den in Wien gestarteten 75 Teams gut 30 Alpenpässe überwunden und exakt 2931 Kilometer und 800 Meter bewältigt werden. Radley hatte furchterregende Dinge über die am

Der englische Herrenfahrer James Radley am Steuer seines Rolls Royce
»Alpine Eagle« bei der Alpenfahrt

übernächsten Tag zu bezwingende Turracher Höhe mit einem Steil-
stück von 33 Prozent auf dem Streckenabschnitt von Innsbruck nach
Villach gehört. Der Motorjournalist Charles Freestone berichtete für
die automobile Leserschaft auf der britischen Insel: »Ich habe noch
nie irgendetwas so beschwerliches erlebt wie die ersten Etappen der
Österreichischen Alpenfahrt 1914. Es war ungeheuerlich.«

Da sein Wettbewerbsauto »Alpine Eagle« nach der Etappenziel-
einfahrt für ihn nicht zugänglich war, lieh sich der Brite den typen-
gleichen Rolls Royce seines Landsmanns Freestone aus und fuhr in
der Nacht von Innsbruck über die Turrach und wieder retour. Er bewältigte die 650 Kilometer – immerhin staufrei – und kam völlig
übernächtigt gerade noch zum Start der 6. Etappe in Innsbruck zu-
recht. Ein zweites Mal bewältigte der Brite Radley die Strecke, diesmal mit seinem offiziellen Wettbewerbswagen. Auf dem langen
Weg ins Ziel der »Alpenfahrt« nach Wien erzielte Radley noch drei
Bestzeiten bei der Sonderprüfung am Katschberg und zwei Hochge-

50 Automobile schafften es ins Ziel nach Wien. Die Teamwertung gewann August Horch
mit seinen fünf »Audi«-Wagen.

schwindigkeitswertungen über 5 und 10 Kilometer bei Marchtrenk.
50 Wagen schafften es am 23. Juni, das Ziel in Wien zu erreichen.
Der Engländer war erstmals ohne Strafpunkte geblieben und damit
einer von 19 Siegern.

Den begehrten »Großen Alpen-Wanderpreis« durfte August
Horch mit ins Deutsche Kaiserreich nehmen. Seine fünf Wagen der
Marke »Audi« gewannen die Teamwertung. Das monströse Stück
eines Wiener Silberschmieds blieb im Besitz der Firma »Audi«.

Die Alpenfahrt hatte eine magische Anziehungskraft auf aristo-
kratische Herrenfahrer, die sich dieses exklusive Hobby leisten
konnten. Graf Sascha Kolowrat war Stammgast und exzentrischer
Mittelpunkt der Automobilisten. Auf Bergrennen ließ er sich von
einem Liliputaner begleiten, um Gewicht zu sparen und thronte –
zum Gaudium des Publikums – gelegentlich auf einem Korbsessel
in seinem Laurin & Klement. Bei der Alpenfahrt 1912 bewältigte der

spätere Kaiser Karl noch als »Erzherzog Carl Franz Joseph« standesgemäß mit seinem Chauffeur die Alpenpässe. Sein Austro-Daimler bewährte sich zwei Jahre später bei Frontbesuchen auf unwegsamem Gelände.[89]

20. Juni 1914 »Das Bravourstück eines tollkühnen Wagehalses«
Um 8 Uhr früh erhebt sich der Militärlenkballon »Körting« langsam vom Flugfeld bei Fischamend. Das Wetter ist gut. Der Befehl lautet: In der Nähe von Fischamend auf rund 500 Metern Höhe zu kreuzen und fotografische Aufnahmen des Terrains vorzunehmen. In der Gondel haben sieben Offiziere und Unteroffiziere der k. u. k. Fliegereinheit Platz genommen. Planmäßig gewinnt der zigarrenförmige Ballon Höhe und kreuzt zuerst über Fischamend und schwebt dann gegen Enzersdorf. Ingenieur Kammerer fertigt auftragsgemäß Luftaufnahmen an. Es ist eine Übung, Routine nur. Die Katastrophe folgt. Oberleutnant Karl Flatz ist mit seinem »Farman«-Doppeldecker aufgestiegen und umkreist den Ballon. Dabei gerät das filigrane Fluggerät offenbar in den Sog des Ballons, streift die Textilhülle mit dem Leitwerk und schlitzt sie auf. Die *Illustrierte Kronen-Zeitung* schilderte in der Sonntagsausgabe die Sekunden des Unglücks: »Das entweichende Leuchtgas des Ballons entzündete sich an dem glühenden Auspuff des Motors, explodierte und gleich einer flammenden, lodernden Riesenzigarre stürzte der Ballon mit der sieben Mann starken Besatzung in die Tiefe. Aber auch der Flugapparat hatte sich sein Todesurteil gesprochen. Durch den Zusammenstoß havariert und aus dem Gleichgewicht gebracht, stürzte er gleichfalls ab und mit seinen Trümmern mischten sich die zersplitterten Knochen und die zerfetzten Körper seiner Insassen.« Während die *Kronen-Zeitung* schon am Tag nach der Katastrophe die Schuldfrage beantwortet: »Der Offizier, der in seinem Aeroplan dem Lenkballon nachflog und ihn umkreiste, hatte gar keinen Auftrag erhalten. Bloß im Übereifer beteiligte er sich an der Übung, und im Verlangen, seine Kunstfertigkeit im Umkreisen und Überfliegen des

Ballons zu zeigen, kam er diesem zu nahe.« Das *Fremdenblatt* kolportierte die offizielle Version: Nicht der Pilot sei am Unglück schuld, sondern die Launen des Wetters hätten zum Absturz geführt. Ein am Flugfeld aufgestellter Barograph (Windmessgerät) habe zum Zeitpunkt des Unglücks heftige Böen registriert, und diese Windstöße hätten das Flugzeug förmlich in die Ballonhülle »hineingetrieben«. Es war also höhere Gewalt und keineswegs Leichtsinn. Diese Interpretation ließ sich das Heer sehr rasch vom Präsidenten des österreichischen Aeroclubs bestätigen. Dr. Konstantin Freiherr von Economo stützte die »Luftwirbel-Theorie«. Da Feldpilot Oberleutnant Flatz vom 77. Infanterieregiment in Przemysl dem Luftschiff offenbar zu Nahe gekommen war, war ein Zusammenstoß wegen der tückischen Luftwirbel des Ballons »geradezu unvermeidlich«. Unmöglich konnte sich ein Aeroplan in »Schichten verdünnter und verdichteter Luft, deren Austausch mit großer Gewalt stattfindet«, halten. Feldpilot Karl Flatz galt als einer der besten k. u. k. Flieger. Das *Fremdenblatt* wusste: »Ein tüchtiger Sportsmann auch auf anderen Gebieten, wurde er bald einer unserer tüchtigsten und kühnsten Piloten, den kein Unwetter so leicht abschreckte.« An diesem Tag war die Kühnheit tollkühn geworden.

Zum Unglücksort bei Fischamend strömten schon bald nach der Katastrophe Tausende Schaulustige, die Wrackteile als Souvenirs sammelten. Die grässlich verbrannten und verstümmelten Leichen der neun Offiziere waren rasch auf einen Militärlastwagen geladen und weggebracht worden. Denn hoher und höchster Besuch hatte sich angesagt. Schon um ein Uhr mittags besichtigte Erzherzog Karl Franz Joseph, der spätere Kaiser Karl I., den Ort der Katastrophe. Auch der Kaiser ließ sich direkt berichten. Sein Flügeladjutant fuhr von Schönbrunn nach Fischamend, um Seiner Majestät einen direkten Eindruck vermitteln zu können. Thronfolger Franz Ferdinand ließ sich durch eigene Gewährsleute unterrichten.

So ganz genau traute und vertraute eine militärische Stelle der anderen eben nicht.

Das »Fliegerunglück bei Fischamend« erregte auch internationale Aufmerksamkeit. Die deutschen Kameraden kondolierten aus Berlin mit »herzlicher Teilnahme und ehrenvoller Anerkennung«. Und selbst der französische Aeroclub telegrafierte nach Wien: »Schmerzlich berührt durch die schreckliche Katastrophe, welche die österreichische Aeronautik so grausam betroffen hat, entbieten wir Ihnen unser tiefstes Mitgefühl.«

Karl Flatz, der die Katastrophe – schuldhaft oder nicht – ausgelöst hatte, erhielt später ein Ehrengrab der Gemeinde Wien am Zentralfriedhof.

21. Juni 1914 »Sie schlief ein wie ein müder Mensch am Abend«

Am Ende des Lebens wachen nur die »treue Dienerin« Kathi und die Schwägerin an ihrem Bett. Baronin Bertha von Suttner stirbt am 21. Juni in Wien, eine Woche vor den Schüssen in Sarajevo. Ihre letzten verständlichen Worte überliefert die Schwägerin Luise Freiherrin von Suttner: »Die Waffen nieder, sagt es allen!«

Mit diesem Satz knüpfte die Friedensnobelpreisträgerin an ihren weltberühmten Romantitel an. Kann sein, dass die Todkranke tatsächlich vor ihrem letzten Atemzug bedeutende Worte sprach, ihr Vermächtnis war es zweifellos. Die unheilbare »bösartige Neubildung der Magengegend« war bei der 71-Jährigen von Professor Gustav Gaertner im April diagnostiziert worden. Eine Operation schien »wegen des Alters der Patientin und ihrer hochgradigen Fettleibigkeit« aussichtslos. Bertha Suttner war über ihren Gesundheitszustand informiert, entschied sich zu einer letzten Reise und weigerte sich, sich in einem Sanatorium pflegen zu lassen. Ihr Arzt formulierte nach dem Ableben ein offizielles Bulletin und informierte die Leser der *Neuen Freien Presse*: »Baronin Suttner hat nicht sehr viel gelitten. Schmerzen und die anderen quälenden Symptome der Krankheit, an der sie litt, waren glücklicherweise nicht sehr bedeutend. Die Nächte verbrachte sie in erquickendem Schlaf. Der Tod trat in selten schonender Art an die geduldige und bis zum letzten Atemzug liebenswürdige Kranke heran. Es gab keinen eigentlichen Todeskampf. Sie schlief ein wie ein müder Mensch am Abend.«

Das Andenken an die Gründerin und Präsidentin der »Oesterreichischen Gesellschaft der Friedensfreunde«, die unermüdlich für die scheinbar selbstverständlichste Sache der Welt geworben hatte, blieb ebenso umstritten wie ihr Lebenswerk. Eine Pazifistin war 1914 Außenseiterin einer sich stetig militarisierenden Gesellschaft. Ihr politisches Wirken wurde verspottet, sie selbst als »Friedens-Bertha« lächerlich gemacht. Dabei konnte die Baronin auch realpolitische Erfolge erzielen, die weit über ihre Zeit hinausragen. Die Haager Friedenskonferenz brachte immerhin den »Haager Schiedshof«, Untersuchungskommissionen und mehr als ein Dutzend weltweite Abkommen zur Eindämmung der größten Kriegsgrausamkeiten hervor. Ihr Roman *Die Waffen nieder!* wurde allein im deutschen Sprachraum mehr als 400 000 Mal verkauft. Die liberale *Neue Freie Presse* widmete ihrer »geschätzten und eifrigen Mitarbeiterin« einen gedrechselten Nachruf: »Die Menschenfreunde und Idealisten der ganzen zivilisierten Welt betrauern den Hingang einer starken und wertvollen Individualität, einer bedeutenden Frau, die mit dem Einsatz ihrer ganzen Persönlichkeit unbekümmert um banausischen Spott und gedankenlosen Gleichmut der Vielzuvielen ihre ganze Lebenskraft der Verwirklichung eines von ihr als richtig erkannten Gedankens gewidmet hat.« Die christlich-soziale *Reichspost* konnte hingegen der Enkelin eines Generalfeldmeisters nicht verzeihen, dass sie als »Freidenkerin« ein »Begräbnis ohne Geistlichkeit« testamentarisch verfügt hatte und sich in Gotha einäschern ließ.

Am Balkan wurde schon wieder gekämpft. In Albanien rückten die Aufständischen des Essad Pascha am diesem 21. Juni weiter gegen die Truppen des albanischen »Mbret« (König) Prinz Wilhelm von Wied und sein Häufchen internationaler Hilfssoldaten unter holländischem Kommando vor.[90]

22. Juni 1914 »Stilles Leben in Haus und Garten«

Josef Redlich genießt den »Sommer des Jahrhunderts«. Seine Tagebucheintragungen umfassen kaum noch zwei Zeilen. »Seit fünf Tagen herrlichstes heißes Sommerwetter!« Und: »Stilles Leben in Haus und Garten.« Der Staatsrechtsprofessor und spätere Biograf von Kaiser Franz Joseph befindet sich in einer milden »Midlife Crisis«. Er hat vor wenigen Tagen seinen 45. Geburtstag gefeiert und musste sich einen »gewaltigen Zahn« ziehen lassen. Natürlich kennt er den Begriff »Midlife Crisis« noch gar nicht, aber er räsoniert darüber, dass er »weit mehr als die Hälfte seines Lebens« wohl schon überschritten habe.

In der Weltpolitik gibt es wenig Neues. »In Albanien geht der Todeskampf des armen, unfähigen, von Gott und den Schutzmächten verlassenen Wilhelm von Wied vor sich. Ich war heute bei Alek Hoyos auf dem Ballplatz. Fand ihn sehr pessimistisch: Er meinte, wir sollten die Dinge zur Entscheidung bringen. Italien eventuell rasch bekriegen, aber hier wolle man keine selbständige Politik betreiben. Italien rechne darauf, so lange die Konsolidierung Albaniens hindern zu können, bis Österreich vom Norden, Osten und Südosten angegriffen werde, um dann Albanien ähnlich wie Lybien zu rauben. Die Schwäche, der Mangel an Selbstvertrauen beim Kaiser und wohl auch beim Erzherzog sind entsetzlich!«

Graf Alexander »Alek« Hoyos ist Kabinettschef im Außenministerium und ein einflussreicher junger Mann, er soll als künftiger Botschafter nach Berlin gehen. Sein Chef Leopold Graf Berchtold gilt als charmant, aber unfähig. Der Minister interessiert sich für edle Pferde und rassige Frauen. In beiden Metiers gilt er als Experte. Josef Redlich schätzt ihn nicht: »Ich glaube, eine jämmerlichere Figur als die Berchtolds lässt sich in seinem Wirkungskreise nicht denken: Er betreibt den Pferdesport, stellt Mädchen und Frauen nach und liebt es, sich als allmächtigen Minister des Äußeren selbst zu ironisieren. Mit dieser Ironie wehrt er ganz schlau die Kritik, die gegen ihn – das merkt er – nur allzu berechtigt ist, ab. Dabei ist der Herrscher sehr zufrieden mit sich und Berchtold.« Vier Tage später trifft Redlich den Außenminister auf Schloss Strelzhof am Fuße des Schneebergs. Die beiden Politiker plaudern angeregt und unter vier Augen im Salon der Gräfin Lützow. Es geht um die Anerkennung der orthodoxen Religion in Ostgalizien und um die wirre Lage in Albanien. »Berchtold sprach sehr ruhig mit jenem Zug von Selbstironisierung, der ihm eigen ist: Uns ist es gleichgültig, ob sich die Albaner untereinander raufen, ob der Fürst Wied bleibt oder nicht, wir wollen nur die Londoner Beschlüsse aufrechterhalten.« Die Abendunterhaltung im Salon verläuft »amüsant«. Bei der Abreise am nächsten Morgen verrät der Außenminister seinem Gastgeber Graf Lützow, er wolle Josef Redlich demnächst zum Finanzminister machen.

Darauf: Keine kritische Tagebucheintragung mehr zu Berchtold.

27. Juni 1914 »Na, das geht gut an – wie in einer Gruft«

Erzherzog Franz Ferdinand geht in Sarajewo einkaufen. Nach der Beendigung der Manöver in der Nähe des Iwan-Sattels in Bosnien trifft der Thronfolger seine Gemahlin Sophie in Bad Ilidze, unweit der bosnischen Hauptstadt. Die Herzogin von Hohenberg ist separat angereist. Der »Generalinspektor der gesamten bewaffneten Macht« ist mit dem Verlauf der Militärübung zufrieden, obwohl die Reise im Salonwagen nicht ohne kleine Pannen verlaufen war. Das elektrische Licht war ausgefallen, Kerzen mussten organisiert werden. Franz Ferdinand grollte: »Na, das geht gut an – wie in einer Gruft.«

Sein Besuch in Sarajewo ist für den 28. Juni geplant. Dabei wird ihm seine Gattin Sophie erstmals offiziell zur Seite stehen. Die drei Kinder des Thronfolgers sind auf dem böhmischen Familienschloss Konopischt geblieben. Die Staatsvisite ist für den St.-Veits-Tag geplant. Die Serben gedenken an diesem nationalen Festtag ihrer Niederlage gegen die Osmanen am Amselfeld. Die Stimmung ist emotional aufgeladen. General Edmund Glaise von Horstenau beschreibt in seinen Erinnerungen den Besuch Franz Ferdinands in Sarajewo am Vortag seiner Ermordung. »Er besuchte inmitten einer wogenden Volksmenge die Tscharschja, um dort Einkäufe zu besorgen.« Es sind Hunderte Menschen im moslemischen Bazar unterwegs. Niemand behelligt den österreichischen Offizier. Er kehrt am späten Nachmittag nach Bad Ilidze zurück. Morgen wird er als offizieller Staatsgast in Sarajewo empfangen werden. Der Militärkommandant von Bosnien, General Potiorek, lässt Tausende k. u. k. Soldaten, die vom Manöverfeld kommen, nicht in die bosnische Hauptstadt marschieren. Die »49iger« aus St. Pölten machen vor Sarajewo Quartier. Die Straßen werden nur durch unzureichende Polizeikräfte gesichert.[91]

27. Juni 1914 »Siege österreichischer Werkarbeit!«

Wien ist am Wochenende des Feiertags »Peter und Paul« das Mekka des internationalen Flugsports. Für das »3. Flugmeeting in

Aspern« von 21. bis 29. Juni 1914 hatten sich 32 Piloten aus dem In- und Ausland mit ihren »Aeroplanen« gemeldet. Fachzeitschriften schreiben vom »Weltderby der Lüfte«. Kaum zwölf Jahre nach dem ersten Motorflug der amerikanischen Gebrüder Wright schwingt sich die Luftfahrt diesseits und jenseits des Atlantiks zu immer neuen Höhen auf. Beim Wiener Flugmeeting können österreichisch-ungarische Flieger gegen die ausländische Konkurrenz bestehen. Rund 6000 Besucher bejubeln die heimischen Piloten, deutlich weniger als zwei Jahre zuvor. Im Juni 1912 war der Flugplatz Wien-Aspern mit einem internationalen Flugmeeting eröffnet worden. Fast 100 000 Menschen ließen sich damals das Spektakel nicht entgehen. Die Anreise der Flugbegeisterten mit etwa 6000 Automobilen verursachte den bisher größten Verkehrsstau der Geschichte. Beinahe jedes zweite Wiener Auto parkte an diesem Tag beim Flugfeld.

Am 27. Juni 1914 schraubt sich in Aspern der pensionierte Oberleutnant Heinrich Bier auf dem ersten in Ungarn erzeugten Flugzeug, der Lloyd LS-1, einem militärischen Doppeldecker, auf die bisher unerreichte Höhe von 6170 Metern. Das ist Weltrekord. Die Wiener Motorenfirma »Hiero« annonciert den Triumph am Tag darauf ganzseitig in der *Neuen Freien Presse*. Die Spezialfabrik für Auto- und Flugzeugmotoren in der Wiener Odoakergasse vermeldet stolz: »2 Hiero-Motoren schlagen 6 Weltrekorde«. Tatsächlich schreibt sich Heinrich Bier an vier Tagen des Meetings in Aspern ebenso oft ins Rekordbuch der Luftfahrt ein. Sein Landsmann Ernst von Lössl fliegt mit einem »Albatros-Militär-Doppeldecker« der französischen Konkurrenz davon und gewinnt den Preis im »internationalen Geschwindigkeitsrennen über 100 Kilometer«, wofür er eine vergoldete Medaille erhält. Am vorletzten Tag des Wettkampfs verfliegt die Rekordfreude der Aviatiker. Die Schüsse von Sarajewo werden Fliegerkameraden binnen Wochen zu tödlichen Gegnern machen. Immerhin salutieren die Ritter der Lüfte am Beginn des Krieges noch, wenn sie einen gegnerischen Piloten vom Himmel schießen.[92]

28. Juni 1914 »Schöner Sommertag«

Arthur Schnitzler beobachtet eine Kollision des Autos von Opernsänger William Miller mit einer Tramway in Sievering. Es passiert nichts Schlimmes, nur ein »leichter Zusammenstoß«, auch Frau Miller bleibt unverletzt, wenngleich sie aufgrund des Schreckens doch etwas echauffiert wirkt. In der Straßenbahn sitzt der 42-jährige Burgschauspieler Hans Siebert. Schnitzler kennt ihn. Wien ist groß und doch so überschaubar klein.

Der Arzt und Schriftsteller Schnitzler war mit seiner Frau Olga und seinem Bruder Heinrich zu einer Landpartie auf die Sophienalpe im Wienerwald aufgebrochen. Zu Fuß ging das Trio über den Scheiblingstein, das Weidlingbachtal nach Sievering. Am Nachmittag notierte Schnitzler in sein Tagebuch: »Nun telephoniert uns Julius (Schnitzler), daß Franz Ferdinand und Gemahlin in Sarajewo erschossen wurden; näheres dann die Hofrätin und Salten – Schöner Sommertag.«

Weltgeschichte passiert, aber Wiens großer Dramatiker und Erzähler ist darob wenig erschüttert. Ein zweites Mal – immerhin – würdigt Schnitzler das Geschehen mit einem kurzen Eintrag im Tagebuch: »Julius und Helene mit Hans zum Nachtmahl – nachher noch Salten's, Foges und Spechts. – Die Ermordung F. F.s nach der ersten Erschütterung wirkte nicht mehr stark nach. Seine ungeheure Unbeliebtheit.«

Die Nachricht vom Attentat auf den Thronfolger hatte sich in Wien nur langsam verbreitet. Es war Sonntag, es war Ferienbeginn, es war ein »langes Wochenende«, es war – wie Schnitzler notiert – ein schöner Sommertag.

Reichsratsabgeordneter Josef Redlich wird kurz nach dem Mittagessen von seinem Schwager Paul aus Altaussee angerufen. Kammersänger Steiner will vom Telegrafen- und Postdirektor von Bad Ischl erfahren haben, dass der Telefondienst, der üblicherweise um 12 Uhr mittags eingestellt wird, ausnahmsweise den ganzen Tag fortzudauern habe. Es würden alle Linien benötigt: »In Sarajewo sei

etwas passiert.« Josef Redlich ist alarmiert. Er hat in den Sonntagsblättern über den heiklen Besuch des Thronfolgers in der bosnischen Hauptstadt gelesen und denkt sofort an ein Attentat. Der Politiker beginnt zu recherchieren und erfährt bald: »Der Erzherzog
Franz Ferdinand und die Herzogin von Hohenberg sind beide tot,
beide von einem serbischen Studenten mit einer Browning-Pistole
erschossen.«

Redlichs Informant hatte die Nachricht aus der britischen Botschaft, »wo man förmlich gelähmt war vor Schrecken«.

Der Abgeordnete telefoniert wieder mit seinem Schwager in Altaussee, verbreitet die Nachricht an seine politischen Freunde und
fährt dann in die Stadt, geht durch die Herrengasse. Dort tagt zur
selben Stunde ein Ministerrat. Das offizielle Österreich ist seit halb
zwölf Uhr über den Mord in Sarajewo informiert. Die Nachricht
wird aber mehr als eine Stunde geheim gehalten. Außenminister
Leopold Graf Berchtold ist nicht erreichbar. Er ist fürs Wochenende
zur Jagd auf seinen mährischen Landsitz Buchlau gefahren. Dort
wird das Telefon ab Sonntagmittag gesperrt.

Kaiser Franz Joseph erfährt die Nachricht vom Mord am poten-
tiellen Nachfolger durch seinen Generaldjutanten Graf Paar. Über
die merkwürdig kalte Reaktion des 84-Jährigen gibt es unterschiedliche Überlieferungen. Albert Freiherr von Margutti, der als »Flügeladjutant« bei Hof diente, zitierte in einem Artikel für *Danzer's Armee-
Zeitung*, den der Offizier nach dem Zerfall der Monarchie im Juni
1919 geschrieben hat, den Ausruf des alten Kaisers: »Entsetzlich! Der
Allmächtige lässt sich nicht herausfordern. Eine höhere Gewalt hat
wieder jene Ordnung hergestellt, die ich nicht erhalten konnte.«

Josef Redlich besucht noch am Sonntag die Redaktion der bür-
gerlich-liberalen *Zeit* in der Wipplingerstraße. Redlich diskutiert mit
Isidor Singer die Neuigkeit des Tages und notiert in seinem Tagebuch: »Singer erblickt im Ende des Erzherzogs und seiner Frau eine
glückliche Fügung für Österreich. So werden viele Tausende denken: ich bin nicht dieser Meinung. Denn Franz Ferdinand würde das

durch die Schwäche und Planlosigkeit Franz Josephs unhaltbar gewordene Regime auf jeden Fall beseitigt und eine wahre Existenzer-
probung Österreich-Ungarns nach außen und innen durchgeführt
haben. Nun ist ein gutmütiger 27jähriger, unbefähigter Prinz der
Nachfolger des 84jährigen Kaisers.«[93]

29. Juni 1914 »Ins grüne Land hinausschauen«

Die Nachricht von der Ermordung des Thronfolgerpaares in Sarajewo verbreitet sich in Windeseile durch die Provinzen der Monarchie. In der Tuberkuloseheilstätte Hörgas bei Graz kann am 29. Juni
nur mit Mühe Lynchjustiz an einem serbischen Major und an
einem serbischen Arzt verhindert werden, die sich dort auf Kur befinden.

Vom Markt Gratwein war am Abend »eine größere Menschenmenge« zur neuen Tuberkuloseheilanstalt gezogen. Die lokale
Presse wusste zu berichten, dass die empörten Gratweiner »schrille
Pfiffe erschallen ließen« und durch das Skandieren von »Nieder mit
den Serben! Heraus mit den Serben!« die Auslieferung der zwei serbischen Patienten verlangten. Die Anstaltsleitung verweigerte das,
worauf die empörten Bürger kurz vor Mitternacht wieder abzogen.
Die Patienten der Heilstätte waren freilich durch dieses Ereignis »in
große Aufregung geraten«. Einer der Hörgas-Kurgäste war der
Dichter Peter Rosegger. Er beschrieb die Behandlung so: »Essen,
schlafen, Spazierengehen, auf dem Faulbett liegen und ins grüne
Land hinausschauen. Es ist das Idyll der Krankenhäuser. Ja, es
macht gar nicht den Eindruck eines Krankenhauses für ein so ernstes Leiden, es erinnert eher ans Schlaraffenschloß im Märchen-
lande.« Dieser Eindruck galt wohl nur für die betuchteren Patienten. In der III. Klasse lagen die Tuberkulosekranken in einer
zweigeschossigen Halle, die freilich mit großen Fenstern das Sonnenlicht hereinließ. Tuberkulose war zu Beginn des 20. Jahrhunderts eine Massenkrankheit. Allein in der Steiermark starben pro
Jahr mehr als 3000 Menschen an dieser Lungenerkrankung, die

ohne Antibiotika nur schwer heilbar war. Das »Schlaraffenschloss« diente während des Weltkrieges als Lazarett und Sanatorium für Armeeangehörige.

Ob der serbische Offizier geheilt in seine Armee entlassen wurde, um alsbald gegen die österreichischen Truppen kämpfen zu dürfen, bleibt ein historisches Geheimnis.

29. Juni 1914 »In der Stadt herrscht keine Trauerstimmung. Überall Musik«

Die sozialdemokratische *Arbeiter-Zeitung* kritisiert den Bericht des bosnischen Statthalters Potiorek über die Ermordung des Thronfolgers vom Vortag. Die rote Parteizeitung weist auf das Versagen der Polizei hin. Nur wenige Nachrichten aus Sarajewo dringen am Montag nach Wien. Es ist »Peter und Paul«-Feiertag. Es ist Sommer. Die Ferien beginnen. Josef Redlich notiert: »In der Stadt herrscht keine Trauerstimmung, im Prater und hier bei uns an beiden Tagen überall Musik!« Der gut informierte Politiker hört von Unruhen und Plünderungen in Sarajewo. »Durch 24 Stunden sah das Militär ruhig zu, wie die Kroaten und Moslims (wohl das Gesindel überhaupt) die Hotels Imperial und Europe vollständig zerstörten, alle serbischen Läden und Wohnungen plünderten. Dem Metropoliten wurden alle Fenster zertrümmert! Erst gegen Abend wurde das Standrecht proklamiert.«

29. Juni 1914 »Alles war zu Ende«

Alma Mahler bemerkt gar nichts. Die Muse des »Fin de Siècle« hat ein Sommerhaus in Breitenstein am Semmering bauen lassen. Im Frühjahr 1914 wird es fertig. »Ich hatte dem Baumeister gesagt: ›Bauen Sie mir ein Haus um einen Riesenkamin.‹ Er nahm mich wörtlich, brach die größten Blöcke aus unseren Bergen und formte einen übergroßen Kamin, der mit der Steinwandung die ganze Längsseite des Zimmers ausfüllte. Oskar Kokoschka malte ein großes Fresko über den Kamin – mich zeigend, wie ich in gespenstischer Helligkeit zum Himmel weise, während er in der Hölle stehend von Tod und Schlangen überwuchert scheint. Das ganze ist als Fortsetzung des Flammenspiels vom Kamin hinauf gedacht.«

In die Sommerfrische des Semmering, kaum zwei Stunden Zugfahrt von Wien entfernt, dringt die Nachricht von der Ermordung des Thronfolgerpaares wie ein kühler Hauch. Alma ist mit dem Einrichten des neuen Hauses beschäftigt. Sie dirigiert die Dienstboten, lässt Vorhänge nähen. »Meine Mutter kochte in der Küche, am Abend saß man um den Kamin, las vor oder musizierte – kurz, es war die reine Zeit eines Aufbaus. Furchtbar wurde sie unterbrochen durch die Nachricht von der Ermordung des Thronfolgerpaares und den Drohungen Österreichs an Serbien, um endlich das alleszerstörende Faktum, den Krieg, der Welt aufzuzwingen. Kokoschka wurde bald zum Militär eingezogen. Alles war zu Ende.«

Tatsächlich beendet ist das Verhältnis erst, als sich Kokoschka nach Ausbruch des Ersten Weltkrieges freiwillig an die Front meldet. Wobei das Wort »freiwillig« die Tatsachen nicht korrekt beschreibt. Vier Monate nach Kriegsausbruch erfuhr der Künstler von seiner drohenden Einberufung. Dem wollte er zuvorkommen und durch eine »freiwillige« Meldung eine bessere Dienstverwendung erreichen. Alma Mahlers Tochter Anna liefert eine andere Deutung der Geschichte, die ein weniger schmeichelhaftes Licht auf ihre Mutter wirft: »Die Alma hat den Kokoschka so lange einen Feigling genannt, bis er sich schließlich ›freiwillig‹ zum Kriegsdienst gemeldet hat. Kokoschka wollte keinesfalls in den Krieg, sie aber hatte schon genug von ihm, er war ihr schon zu anstrengend geworden.« Die Abreise ihres Geliebten erlebt Alma als Befreiung. Sie stürzt sich ins Wiener Gesellschaftsleben. Es ist schon Krieg, es wird schon hunderttausendfach gestorben. Doch in den Salons kommt die Konversation nicht zum Erliegen. Die verwitwete Frau Mahler ist »fast glücklich – nach der langen Isolierung der letzten Jahre durch Oskar Kokoschka«.

Für den Eintritt in das Dragonerregiment Nr. 15, das vornehmste Reiterregiment der österreichisch-ungarischen Monarchie, benötigt der Maler ein Pferd. Das Geld dafür kann er aus dem Verkaufserlös der *Windsbraut* aufbringen. 1915 wird er schwer verwundet; in Wien glaubt man an seinen Tod. Alma Mahler geht in Kokoschkas Atelier und holt ihre Briefe und einige Skizzen und Zeichnungen.

Mittlerweile ist sie in den deutschen Architekten Walter Gropius verliebt, der ebenfalls an der Front kämpft.[94]

29. Juni 1914 »Glauben Sie denn nicht, daß dann eine Revolution losbricht?«

Generalstabschef Franz Conrad von Hötzendorf besucht am Abend des 29. Juni Außenminister Leopold Graf Berchtold am Ballhausplatz vor dem für acht Uhr abends angesetzten Ministerrat. Conrad von Hötzendorf will die »Gunst« der Stunde nützen und drängt den von der Entenjagd in Böhmen nach Wien beorderten Außenminister zu raschem kriegerischen Handeln. Berchtold erzählt Conrad, dass der deutsche Kaiser zum Begräbnis von Franz Ferdinand kommen werde. Da könne man dann mit dem Verbündeten die Lage diskutieren. Der Generalstabschef reagiert ungeduldig. Er will die sofortige Mobilisierung gegen Serbien erreichen. »Da es sich um ein Attentat gegen die Monarchie handelt, muß dem ein sofortiger Schlag folgen. Meiner Ansicht nach besteht er in einer Mobilisierung gegen Serbien. Es scheint mir unvermeidlich, so wenig gelegen es der Monarchie auch jetzt kommt.« Außenminister Berchtold bremst den obersten Armeechef mit seiner Sorge vor inneren Unruhen. »Glauben Sie denn nicht, daß dann eine Revolution losbricht?« – »Wo denn?« – »In Böhmen!« – »Aber lassen Sie sich doch nicht so etwas einreden.«[95]

29. Juni 1914 »Rapid, der Held zweier Meisterschaften, wird zu Fall gebracht«

Die Fußballmeisterschaft der Saison 1913/14 endet »mit einem Knalleffekt, wie ihn die kühnste Phantasie eines Kinodramendichters nicht wirksamer ersinnen könnte. Rapid, der Held zweier Meisterschaften, kann, wenn auch nach hartem Kampfe, einen kleinen Vorsprung bewahren, und knapp vor dem Ziele, im allerletzten

Spiel, wird er von einem Außenseiter zu Fall gebracht«, schreibt die christlichsoziale *Reichspost*. Rapid Wien verliert durch eine überraschende Niederlage gegen Simmering die österreichische Fußballmeisterschaft. Die *Reichspost* spricht von einer großen Sensation. Das *Illustrierte Sportblatt* wittert eine Schiebung. Denn Rapids minder begabter Rivale, der W.A.F., gewinnt ausgerechnet gegen Rapids Erzrivalen »Vienna« auswärts mit vier Toren und wird mit der knapp besseren Tordifferenz Meister. Der Fußballreporter des *Sportblattes* lässt die Leser über seine Gefühle nicht im Unklaren: »Die Döblinger gefallen sich in der Rolle des Schicksalslenkers, sie wollen den Sieg des W.A.F. (Wiener Associations FC) in der Meisterschaft und so muß er Sieger werden. Es ist noch eine offene Frage, ob die Vienna mit diesem offenkundigen Entgegenkommen dem W.A.F. einen wirklichen Gefallen erwiesen hat, denn falls Spielstärke und technisches Können im Fußballsport noch entscheidend sind, hätten die Hütteldorfer wohl auch noch gesiegt, wenn ihnen die Gegner nicht auf halbem Weg entgegengekommen wären.«

In der Liga durften ausschließlich Mannschaften aus Wien und den Vororten spielen. Rapid hätte in der letzten Runde nur ein Unentschieden gebraucht, verlor aber knapp mit 1:2 gegen Simmering. Auf der »Heide« wehte schon anno 1914 ein etwas rauer Wind. Die technisch begabteren Kicker aus Wiens Westen konnten sich gegen die Härteeinlagen der Simmeringer nicht durchsetzen. Weil der W.A.F. gegen den First Vienna Football Club – offenbar mit stiller Duldung der Döblinger Mannschaft – auswärts mit vier Toren gewann, wurde der W.A.F. dank des knapp besseren Torverhältnisses zum ersten und einzigen Mal österreichischer Meister. Die Ballsport-Experten des *Sportblattes* streuten dem neuen Meister keine Rosen. Immerhin: »Die W.A.F.-Leute haben kein Meisterstück, aber doch gute, ehrliche Arbeit geleistet.« Die Vienna verspielte mit dem verschenkten Sieg nicht nur Sympathien der k. u. k. Fußball-Anhänger. Der Traditionsclub musste als Letzter der Zehner-Liga absteigen und bewies mangelnden Sportsgeist. Denn die Vereinsfunktionäre akzeptierten den Abstieg keineswegs und gründeten eine eigene Liga, die freilich nach zwei (Kriegs-)Jahren in die Kuriosa-Historie des Sports eingehen sollte.

Im deutschen Kaiserreich hatte die Spielvereinigung Greuther Fürth den regierenden Meister VfB Leipzig in einem spannenden Finale erst in der Verlängerung mit 3:2 entthront. Das Spiel fand schon Ende Mai vor mehreren Tausend Zusehern am Magdeburger »Victoria«-Platz statt. Im Gegensatz zur österreichischen Meisterschaft, die de facto eine Wiener Landesliga war, kürten die deutschen Kicker ihre Meister im Pokalstil. Es durften die acht regionalen Meister der »Ballspielvereine« im Viertelfinale nach dem K.-o.-Prinzip gegeneinander antreten.[96]

30. Juni 1914 »Selbstlade-Pistolen und Original-Browning Pistole«

Die Annonce war schon vor dem Wochenende geschaltet und konnte nicht mehr zurückgezogen werden. Die sozialdemokratische *Arbeiter-Zeitung* informierte ihre Leser in Wiens Proletarier-Bezirken über ein Sonderangebot für Pistolen, die anno 1914 frei erhältlich waren: »Kaliber 6,35 mm liefern wir ohne jede Anzahlung fünf Tage zur Probe. Einfachste Konstruktion, Westentaschenformat, Treffsicherheit garantiert. Preis inklusive eleganter Luxuskassette 60 Kronen oder zu Monatsraten von 3 Kronen.« Mit einer Pistole nach dem »System Browning« – freilich aus serbischen Heeresbeständen – war zwei Tage vor Erscheinen des Inserats Thronfolger Franz Ferdinand getötet worden. In Sarajewo hatte der Mittelschüler Gavrilo Princip aus wenigen Metern Entfernung den Habsburger in den Hals getroffen und dabei die Hauptschlagader zerfetzt. Mit einer Browning-Pistole tötete Henriette Caillaux den Chefredakteur des *Figaro*. Max Ronge brachte dem überführten Meisterspion Alfred Redl eine »Browning« ins Hotel Klomser, damit sich der Oberst »selbst richten« konnte.

Die *Arbeiter-Zeitung* lädt für den nächsten Tag zur »Versammlung der Wiener Angestellten in das Hotel Post am Wiener Fleischmarkt«. »Präzise um halb acht« soll als Tagesordnungspunkt Nummer 1 die Sieben-Uhr-Sperre im Wiener Handel erörtert werden. Der sozialpolitische Fortschritt wird als »Erfolg der Organisation« gefeiert. Die Kaufhäuser und Geschäfte müssen schon um sieben Uhr abends die Rollbalken runterlassen. Die Sozialdemokratie feiert die Entscheidung des christlichsozialen Bürgermeisters als sozialpolitischen Erfolg. Einen Monat später wurde der »Sieben-Uhr-Ladenschluss« wieder aufgehoben. Im Krieg sollte weiter konsumiert werden.

30. Juni 1914 »Das disponible Vermögen des Thronfolgers ist relativ nicht groß«

Das Testament des Thronfolgers ist aus Prag gekommen. Am Dienstagvormittag begibt sich der Prager Rechtsanwalt Dr. Tonder in die Filiale der Länderbank und öffnet dort den Safe. Erzherzog Franz Ferdinand hatte bereits 1907 sein privates Testament »in einem besonders herzlichen und warmen Ton« geschrieben und es in der Bank hinterlegt. Der Advokat nimmt den Vormittagszug und fährt mit dem »letzten Willen« des Thronfolgers nach Wien und übergibt dort das Dokument an Obersthofmeister Fürst Montenuovo. »Dieser begab sich mit dem Schriftstück nachmittags zum Kaiser.« Im Arbeitszimmer Franz Josephs wird das Siegel des Testaments vor den Augen des neuen Thronfolgers Erzherzog Karl Franz Joseph gebrochen.

Die christlichsoziale Wiener *Reichspost* ist über den Inhalt der letzten Verfügungen Franz Ferdinands bis ins Detail informiert. Die Kinder des ermordeten Paares werden zu Universalerben eingesetzt. Allerdings: »Das disponible Vermögen des Thronfolgers ist relativ nicht groß. Es besteht hauptsächlich aus den vom Thronfolger aus den Erträgnissen des Esteschen Vermögens erstandenen Großherrschaften Konopischt und Chlumetz, welche beide einen approximativen Wert von 20 Millionen Kronen repräsentieren. Beide Güter hatte der Thronfolger unter sehr günstigen Bedingungen ge-

kauft.« Allerdings war der Habsburger-Besitz keineswegs schulden-
frei. Beide Schlösser waren mit Hypotheken belastet, die erst abgelöst werden mussten. Zum Glück hatte der Thronfolger zugunsten
seiner Kinder eine »außerordentlich hohe« Lebensversicherung bei
einer holländischen Gesellschaft abgeschlossen. Die *Reichspost* be-
ziffert die Versicherungssumme im Einklang mit dem *Prager Tagblatt* auf 45 Millionen holländische Gulden. Die hinterbliebenen
Prinzen können so verkraften, dass die Schlösser Miramar bei
Triest, Blühnbach bei Salzburg und das Wiener Belvedere Franz Ferdinand nur zur Benützung überlassen waren. Sie sind Eigentum des
Habsburg'schen Familienbesitzes, werden vom Kaiser verwaltet
und fallen wieder an die »Fondsherrschaft« zurück. Die fürs Belvedere privat angekauften Kunstschätze und Antiquitäten vermachte
der Thronfolger den kaiserlichen Sammlungen, wo sie »eingereiht«
werden. Ein durchaus zweifelhaftes Geschenk auf den Todesfall.
Denn der persönliche Kunstgeschmack Franz Ferdinands war in
Wien gefürchtet. Bei einem Besuch einer Ausstellung mit Bildern
Oskar Kokoschkas wollte er dem »Kerl sämtliche Knochen im Leib
brechen«. Das Hauspersonal und die Kirche hat der Fürst nicht vergessen. Erstere bekamen Bargeld und die katholische Kirche erhielt
Stiftungen, um für das Seelenheil des ermordeten Paares zu beten.[97]

30. Juni 1914 »Trauer-Fahnenstoffe in allen Qualitäten«

Die Geschäftswelt reagiert blitzartig auf den Tod des Thronfolgers.
Schon am Tag nach seiner Ermordung haben schwarzes Tuch, Trauerfahnen und Trauerflor Konjunktur.

Das Warenhaus D. Lessner auf der Wiener Mariahilferstraße be-
wirbt in der *Neuen Freien Presse* seine »Trauer-Fahnenstoffe in allen
Qualitäten und in riesiger Auswahl«. Die Firma Albert Bartsch –
ums Eck in der Neubaugasse 82 – empfiehlt sich den besonders katholischen Lesern der christlichen *Reichspost*. Auch Pfarren können
bei Albert Bartsch günstig »Fahnenstoffe« zur Kundgebung allgemeiner Betroffenheit erwerben. Die Konkurrenz schläft freilich

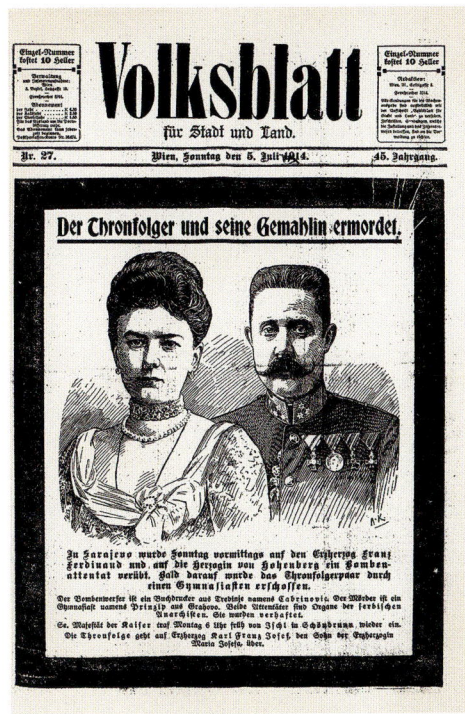

Extraausgaben der Zeitungen berichten über die Ermordung des Thronfolgers und seiner Frau in Sarajewo.

nicht. Auch Ullmann & Sohn in der Operngasse 4 inseriert seine »Trauerfahnen und Trauerfahnenstoffe« schon am 30. Juni in den großen Wiener Blättern. Wer sparen möchte, kann beliebige Stoffbahnen auch preisgünstig und rasch einfärben. Das Geschäft mit dem Gedenken an den Thronfolger lässt auch die Stoffhändler in Prag nicht ruhen. Die Firma Kettner & Skaloud liefert Trauerfahnen prompt und kostengünstig und lässt diese Tatsache wie ihre Konkurrenzfirma Tulka, Roztocil & Sulz im *Prager Tagblatt* inserieren. Die Konjunktur für schwarzes Tuch wird in den kommenden Jahren anhalten.

1. Juli 1914 **»Will daß alles möglichst schnell erledigt werde«**
Arthur Schnitzler arbeitet dieser Tage an seiner Novelle »Heimkehr«. Der Schriftsteller und Arzt ist übers verlängerte Wochenende in Wien geblieben. Am Feiertag empfängt Schnitzler Gäste. Richard

Rosenbaum, literarischer Sekretär des Burgtheaters, ist beim Autor geladen. Die bekannte Schauspielerin »Frl. Wohlgemuth« gibt sich die Ehre. Sie hat spielfrei.

Das Burgtheater hat nach der Ermordung des Thronfolgers Vorstellungen abgesagt, auch das Künstlerhaus bleibt aus Pietät geschlossen. Das Raimund-Theater hingegen hat nicht auf das Gastspiel des Teplitz-Schönauer Bauerntheaters verzichtet. Die Gäste aus Böhmen brachten die Bauernposse mit Gesang *Der Amerika-Seppl* auf die Bühne. Den Monarchen störte das nicht. Im Gegenteil: Der Kaiser war über die Schließung seines Hofburgtheaters verärgert. Arthur Schnitzler notiert es in sein Tagebuch: »Der Kaiser war ungehalten, daß man das Burgtheater gänzlich sperrte. Er ist kein Kronprinz ... ein Erzherzog. Will daß alles möglichst schnell erledigt werde.« Der Schriftsteller hat den Tratsch von der deutschen Hofschauspielerin Else Wohlgemuth gehört. Die attraktive 33-Jährige ist Gast im Hause Schnitzler: »Etwas verwebbte Person, gutmütig, keine Heroine, keine Künstlerin«, ätzt Schnitzler über einen der Burgtheater-Stars. Immerhin hübsch ist sie und auf der Suche nach einem standesgemäßen Gatten. »Frl W. erzählt mir von ihrer Unselbständigkeit, ihrem Anlehnungsbedürfnis.« Der in Aussicht genommene »Graf Tr.« erweist sich allerdings als verheiratet. Und die anlehnungsbedürftige Dame schleicht sich ins damals gerade modern gewordene Unbewusste des Schriftstellers ein. Sie taucht zehn Jahre später in einem Traum Schnitzlers wieder auf. Else wird ihn zärtlich umschlingen.[98]

2. Juli 1914 »Wenn unsere Freunde in Belgrad nicht aufpassen, könnte es eine Explosion geben«

Kaiser Franz Joseph schreibt in Schönbrunn einen Brief an den deutschen Kaiser nach Postdam. Das Schreiben Seiner Majestät beginnt mit einer Heuchelei.

»Ich habe aufrichtig bedauert, daß Du genötigt warst, Deine Absicht, zur Trauerfeier nach Wien zu kommen, aufzugeben. Ich hätte

Dir sehr gerne persönlich meinen herzlichen Dank für Deine wohltuende Anteilnahme an meinem schweren Kummer ausgesprochen. Du hast mir durch Dein warmes mitfühlendes Beileid wieder bewiesen, daß ich in Dir einen treuen, verläßlichen Freund besitze, und daß ich in jeder ernsten Stunde auf Dich rechnen kann.«

Hinter den formelhaften Floskeln verbirgt sich eine böse Ranküne des alten Kaisers und seines Hofstaates. Wilhelm II. wollte unbedingt zum Begräbnis seines persönlichen Freundes Franz Ferdinand und seiner Frau Sophie nach Wien kommen. Die beiden hatten sich erst wenige Tage zuvor privat getroffen. Der deutsche Kaiser war über die Ermordung des Österreichers entsetzt und persönlich betroffen. Er kondoliert den Kindern des Paares in persönlichen Worten. Doch Österreichs Diplomatie und die Umgebung des greisen Kaisers, die den Mord am Thronfolger als Kriegsgrund gegen Serbien instrumentalisieren wollen, tun alles, um das Begräbnis als protokollarische Nebensächlichkeit abzuwerten. Unter fadenscheinigen Vorwänden wird ein Staatsbegräbnis unter Beteiligung internationaler Herrscherhäuser hintertrieben.

Kaiser Wilhelm kann von der Reise nach Wien nur abgehalten werden, indem er einen protokollarischen Hexenschuss erleiden muss, der eine Reise – leider – aus Gesundheitsgründen unmöglich macht. Die posthume Abwertung des Thronfolgers und seiner Frau ist eine späte Rache des kaiserlichen Obersthofmeisters Fürst Montenuovo, der aus bescheidenen Adelsverhältnissen durch die Nähe zum Kaiser bis zum mächtigen Fürsten aufgestiegen war. In der Wiener Aristokratie stößt das Verhalten der Schönbrunner Hofkamarilla auf Ablehnung.

Außenamtskabinettchef Alexander Graf Hoyos schreibt am 4. Juli einen kurzen Brief an seine Mutter – im Original auf Englisch, da sie als Tochter eines englischen Vaters und einer schottischen Mutter mit ihren sieben Kindern stets in der »Muttersprache« verkehrt –, die im Sommer 1914 im »Haus Anker« in Marienbad kurt: »Wir haben sehr wenig vom Begräbnis des Erzherzogs von Feris

Fenstern aus gesehen, da die Särge in der Nacht in die Hofburg gebracht wurden und Bäume die Sicht behinderten. Feri (Graf Franz Xavier »Feri« Kinsky, Anm.) ist heute mit Moritz Esterházy (Graf Moritz Esterházy, ungarischer Ministerpräsident während des Ersten Weltkrieges, Anm.) nach Artstetten gefahren. Die ganze Wiener Gesellschaft ist noch immer über das Verhalten der Hofgesellschaft und den Mißbrauch seiner Stellung durch Montenuovo empört. Ich finde es sehr bedauerlich, daß das Kommen der ausländischen Prinzen nicht erlaubt wurde. Abgesehen davon verlief das Begräbnis würdevoll. Die öffentliche Meinung wird gegenüber Serbien immer erbitterter, und wenn unsere Freunde in Belgrad nicht aufpassen, könnte es eine Explosion geben. Ich war in den letzten Tagen sehr beschäftigt und Edmées (Ehefrau von Alexander Hoyos, Anm.) Leben ist derzeit sehr einsam. Die Hitze dieser Tage ist zusätzlich sehr drückend. Morgen werden wir nach Strelzhof fahren.«

Edmées Hoyos wird die Nähe ihres geliebten Mannes noch länger missen. Denn »Alek« kann nicht ins Familienschloss ins südliche Niederösterreich reisen.

Der Verzicht auf ein prunkvolles Staatsbegräbnis sollte sich als schwerer politischer Fehler erweisen, menschlich lässt das Hofzeremoniell keine Peinlichkeit aus. So muss der Sarg von Sophie von Hohenberg in der Hofburgkapelle deutlich tiefer aufgestellt werden, damit auch noch im Tode sichtbar wird, dass die vormalige Gräfin von Chotek keine »ebenbürtige« Frau für den Erzherzog war. Edmund Glaise von Horstenau gibt in seinen Erinnerungen eine damals gültige Leseart vor: »Eine Vertretung des Zaren und des britischen Königs bei den Trauerfeierlichkeiten um den Erzherzog wäre geeignet gewesen, das europäische Staatenkonzert stärker auf die Verurteilung Serbiens festzulegen.«

Franz Ferdinand hatte die Borniertheit der Hofkamarilla in seine letzten Verfügungen einbezogen. Er ließ auf Schloss Artstetten noch zu Lebzeiten eine Gruft für sich und seine Gemahlin bauen. Typisch für seine mürrische Art, fand er sein Grabmahl bei der Besichtigung

ein wenig zu eng: »Da wird man mit meinem Sarg ein Mauereck an-
schlagen.«

4. Juli 1914 »Das Bestreben meiner Regierung muß auf die Isolierung und Verkleinerung Serbiens gerichtet sein«

Am Abend des 4. Juli besteigt der Kabinettschef des österreichischen
Außenministers, Alexander »Alek« Hoyos, am Wiener Nordbahnhof
den Nachtzug nach Berlin. Er ist nicht zu seiner jungen Frau Edmées aufs Familienlandgut Strelzhof gefahren. Er hat eine falsche
Fährte gelegt. Der junge Diplomat trägt zwei Schriftstücke im Rei-
segepäck: das persönliche Schreiben Kaiser Franz Josephs an den
deutschen Kaiser Wilhelm II. und eine vom Außenministerium
schon vor dem Sarajewo-Attentat verfasste Analyse über die politische Lage auf dem Balkan, die nur aktualisiert worden ist. Hoyos
kennt das Schreiben des Kaisers, das auch im Außenministerium
konzipiert wurde. Sein Kernsatz: »Das gegen meinen Neffen ver-
übte Attentat ist die direkte Folge der von den russischen und serbischen Panslawisten betriebenen Agitation, deren einziges Ziel die
Schwächung des Dreibundes und die Zertrümmerung meines Reiches ist. Nach allen bisherigen Erhebungen hat es sich in Sarajewo
nicht um die Bluttat eines Einzelnen, sondern um ein wohlorgani-
siertes Komplott gehandelt, dessen Fäden nach Belgrad reichen und,
wenn es auch vermutlich unmöglich sein wird, die Komplizität der
serbischen Regierung nachzuweisen, so kann man wohl nicht im
Zweifel darüber sein, daß ihre auf die Vereinigung aller Südslawen
unter serbischer Flagge gerichtete Politik solche Verbrechen fordert,
und daß die Andauer dieses Zustandes eine dauernde Gefahr für
mein Haus und für meine Länder bildet.«

Im Brief von Franz Joseph an den deutschen Bundesgenossen
werden die machtpolitischen Ziele der Habsburgermonarchie ohne
Umschweife beschrieben: »Das Bestreben meiner Regierung muß in
Hinkunft auf die Isolierung und Verkleinerung Serbiens gerichtet
sein.« Österreichs Außenpolitik träumt von einem neuen Balkan-

bund unter Einbeziehung von Rumänien, Bulgarien, die noch zwei Jahre zuvor gegeneinander Krieg geführt haben, und einer Versöhnung Griechenlands mit der Türkei. Das alles unter der Schirm- und Vorherrschaft des sogenannten »Dreibunds« (Deutschland, Österreich-Ungarn und Italien). Kaiser Franz Joseph will weiters: »Dem Vordringen der panslawistischen Hochflut ein Ziel zu setzen und unseren Ländern den Frieden zu sichern. Dieses wird aber nur dann möglich sein, wenn Serbien, welches gegenwärtig den Angelpunkt der panslawistischen Politik bildet, als politischer Machtfaktor am Balkan ausgeschaltet wird. Auch Du wirst nach dem jüngsten furchtbaren Geschehnisse in Bosnien die Überzeugung haben, daß an eine Versöhnung des Gegensatzes, welcher Serbien von uns trennt, nicht mehr zu denken ist, und daß die erhaltende Friedenspolitik aller europäischen Monarchen bedroht sein wird, solange dieser Herd von verbrecherischer Agitation in Belgrad ungestraft fortlebt.« Viel klarer können Monarchen nicht zum gemeinsamen Krieg auffordern.

Graf »Alek« Hoyos begibt sich nach seiner Ankunft in die österreichische Botschaft und informiert dort den Botschafter am Berliner Hof, Ladislaus von Szögyenyi-Marich, über seine Mission. Er übergibt ihm Kopien der Dokumente. Der 72-jährige Botschafter, der eigentlich längst pensioniert hätte werden sollen, aber seine Abreise aus Berlin immer wieder verzögert hat, weil er erst ab 1. August voll pensionsberechtigt ist, fährt mit diesen Staatspapieren nach Potsdam, wo er von Kaiser Wilhelm zum Lunch geladen ist.

So ernst die Lage auch sein mag, die protokollarischen Usancen müssen eingehalten werden. Zum Kaiser darf nur der Botschafter, Gesandter Hoyos muss mit Arthur Zimmermann, dem Staatssekretär im kaiserlichen Außenministerium, vorlieb nehmen, weil Deutschlands Außenminister Gottlieb von Jagow noch immer auf Hochzeitsreise weilt. Botschafter Szögyenyi-Marich speist im Potsdamer »Neuen Palais« mit dem Kaiser und bespricht die überreichten Schriftstücke, die Wilhelm II. während des Essens liest. Beim Likör danach versichert der deutsche Kaiser dem alten Diplomaten,

The Land of the Midnight Sun
Hohenzollern i Norge

Schöne Tage am Meer. Kaiser Wilhelm kreuzt in den entscheidenden Julitagen auf
seiner Yacht »Hohenzollern« in der Nordsee.

Kaiser Franz Joseph könne auf die volle Unterstützung des Deutschen Reichs zählen, allerdings will der Kaiser noch die Meinung des Reichskanzlers einholen. Eine reine Formsache, wie Wilhelm versichert. Österreich-Ungarn möge bei den geplanten Aktionen gegen Serbien bloß nicht zu viel Zeit verstreichen lassen, selbst wenn es zu einem Krieg mit Russland kommen sollte. Es wäre bedauerlich, den günstigen Moment verstreichen zu lassen, erinnert sich der Diplomat an die Worte des deutschen Kaisers.

Die Wiener Tageszeitungen berichten keine Silbe über die Ereignisse in Berlin. Am Abend des 6. Juli besteigt Alexander Hoyos wieder den Nachtzug, diesmal nach Wien. Für den kommenden Abend ist ein gemeinsamer Ministerrat angesetzt. Dort soll die Vorentscheidung über einen Krieg gegen Serbien fallen. Graf Hoyos wird Außenminister Berchtold über die Berliner Gespräche informieren. Das, was er aus der deutschen Hauptstadt mitbringt, geht in die Geschichte als »Blanko-Scheck« ein. Berlin habe Wien freie Hand zum Angriff auf Serbien gegeben, ja die Monarchie geradezu ermuntert, endlich loszuschlagen. Doch »Alek« Hoyos hat eigentlich keine klare Zusicherung erhalten, die Antwort auf Österreichs zwei Dokumente erfolgte mündlich. Schriftlich liegt nur der Bericht des österreichischen Botschafters vor, der freilich vom jungen Alexander von Hoyos selbst verfasst wurde. Szögyenyi-Marich unterschreibt lediglich. Die entscheidenden Fragen erhalten keine klare schriftliche Antwort. Viel bleibt der Interpretation des Kabinettschefs vorbehalten, alles kann gedeutet und missverstanden werden.

Der deutsche Kaiser verlässt an diesem Sommertag Potsdam und geht an Bord seiner Yacht *Hohenzollern*. Wilhelm II. sieht keine Notwendigkeit, auf seine traditionelle »Nordland«-Kreuzfahrt zu verzichten.

Kaiser Franz Joseph bricht wieder nach Bad Ischl auf. In Wien und Berlin haben die Diplomaten und Militärs freie Hand.[99]

7. Juli 1914 »In der Klagenfurter Bevölkerung herrscht eine tiefgreifende Verstimmung über die jüngsten Vorgänge im Bahnhofe«

Die Südslawen greifen in diesen Sommertagen scheinbar überall nach der Macht. Nach den tödlichen Schüssen von Sarajewo tagt in Wien der geheime gemeinsame Ministerrat, der die Voraussetzung für einen Weltkrieg schaffen soll. In Klagenfurt orten die Gemeinderäte bei ihrer Sitzung den slawischen Feind schon vor der Haustür und eröffnen entschlossen den Kampf. Es wurden doch tatsächlich Reisende beobachtet, die beim Fahrkartenschalter der »privilegierten Südbahn« Billets in slowenischer Sprache verlangt haben sollen und diese auch erhielten. Über diese offenbar von vielen »Deutsch-Kärntnern« als skandalös eingestufte Entwicklung berichtet gar die angesehene *Neue Freie Presse* in der Hauptstadt des Vielvölkerstaates per Telegramm. »In der Klagenfurter Bevölkerung herrscht eine tiefgreifende Verstimmung über die jüngsten Vorgänge im Klagenfurter Bahnhofe. Anfangs unbestimmt, dann aber immer bestimmter, trat das Gerücht auf, daß die seit Jahren betriebene, aber bisher immer noch fruchtlos gebliebene Anstrengung, eine zweisprachige

Amtierung, vorläufig bei der Fahrkartenausgabe, zu erlangen, in jüngster Zeit von Erfolge begleitet gewesen sei und daß die mit der Fahrkartenausgabe betrauten Beamten und Beamtinnen aufgrund mündlicher Weisung des Eisenbahnministeriums gezwungen wurden, Fahrkarten auszufolgen, wenn das Fahrziel nicht in deutscher Sprache, sondern in der auch von dem Großteile der windischen Bevölkerung nicht verstandenen neuslowenischen Sprache angegeben wird.« Die Gemeinderatssitzung wird zu einer »Abwehrkundgebung«.

Die Abgeordneten fassen einstimmig den Beschluss: »Der Gemeinderat der Stadt Klagenfurt verwahrt sich auf das entschiedenste gegen die geheimen Verfügungen des Eisenbahnministeriums, durch welche der Beginn der Slawisierung bei der Amtierung im Klagenfurter Hauptbahnhofe in die Wege geleitet werden soll.«

Der Antrag wurde wortgewaltig von Bürgermeister Gustav Ritter von Metnitz und Gemeinderat Josef Wolfgang Dobernig vertreten. Die Klagenfurter Volksvertreter regten auch eine Warnung der Villacher Gemeinderatskollegen vor den zweisprachigen Umtrieben des Wiener Ministeriums an. Auch dieser Antrag wurde einstimmig im Klagenfurter Rathaus beschlossen.

Kaum hundert Jahre später konnten sich die Kärntner Parteien auf zweisprachige Ortstafeln verständigen, aber nicht für Klagenfurt.

Das Deutschtum wird in diesen aufregenden Tagen nicht nur rund um den Lindwurm angegriffen. Auch die mährische Hauptstadt Brünn sieht sich mit einem »Überfall« der tschechischen Turner vom »Sokol«-Verein konfrontiert. Die Brünner national-tschechischen Turner wollten am 29. Juni einen Festzug vom Vereinshaus in Brünn zum Schauturnen in die nördliche Vorstadt Königsfeld veranstalten.

Nach der Ermordung des Thronfolgers waren alle Festlichkeiten abgesagt worden. Das Ansuchen des »Sokolfestausschusses«, diesen Umzug zwei Wochen später abhalten zu dürfen, wurde freilich von der Brünner Polizeidirektion verboten, zur Zufriedenheit der deutschsprachigen Brünner Blätter. Der *Tagesbote* kommentierte: »Immerhin sei aber mit Genugtuung festgestellt, dass sich die Polizeidirektion nicht dazu hergegeben hat, den Czechen einen neuen Eroberungszug nach Brünn zu ermöglichen.« Die Vororte der mährischen Stadt galten als tschechisches Territorium. Immerhin konnte der *Tagesbote* seine Leser darüber informieren, was beim Sokolfest zu erwarten gewesen wäre, wäre ein Deutschsprachiger hingegangen. »Das Trachtenfest besteht in der Vorführung alterthümlicher Volksbräuche, Volkstänze und Gesänge. An der Veranstaltung werden sich fünf Musikkapellen mit Gruppen von 50 bis 150 Teilnehmern aus verschiedenen Teilen des Landes in Originaltrachten der betreffenden Landesteile aktiv beteiligen.«

Die Angst vor Zusammenstößen »aufgereizter Czechen« mit Deutschen erwies sich dann aber doch als unbegründet.[100]

7. Juli 1914 »Vom militärischen Standpunkt aus wäre es günstiger den Krieg sogleich zu führen«

Der gemeinsame österreichisch-ungarische Ministerrat berät über den Ersten Weltkrieg, und die christlichsoziale *Reichspost* berichtet am nächsten Tag darüber in einer Spalte auf Seite vier. Die Tagesordnung der Ministerratssitzung ist minimalistisch und lässt keine fetten Schlagzeilen erwarten: »Bosnische Angelegenheiten« sollen unter dem Vorsitz des österreichisch-ungarischen Außenministers Berchtold besprochen werden.

Die Namen der anwesenden Herren hätten allerdings Alarmglocken schrillen lassen müssen. Neben dem k. u. k. Ministerpräsidenten Graf Stürgkh und dem königlich ungarischen Regierungschef Graf Tisza waren der Kriegsminister, der Chef des Generalstabs und der gemeinsame Finanzminister der Monarchie anwesend. Aber das konnten und durften die Zeitungsredakteure nicht wissen, sie durften es schon gar nicht schreiben. So belassen es die *Reichspost* und die *Neue Freie Presse* bei der Veröffentlichung des amtlichen Kommuniqués: »Der heutige gemeinsame Ministerrat ist einberufen worden, um sich mit der Beratung von Maßnahmen zu beschäftigen, welche in der inneren Verwaltung Bosniens und Herzegowinas zu treffen sein werden. Gleichzeitig hat der Ministerrat diese Gelegenheit zu Besprechungen allgemeiner Natur über das nächstjährige gemeinsame Budget benützt, zu welchem auch der Chef des Generalstabs und der Vertreter des Marinekommandanten behufs Aufklärung über einige technische Fragen zugezogen wurden.«

Unaufgeregter können k. u. k. Beamte die Wahrheit kaum verschleiern. Neun Tage nach der Ermordung des Thronfolgers durch serbische Nationalisten treffen sich die Ministerpräsidenten der österreichischen und ungarischen Reichshälfte. Sie beraten am Ballhausplatz von halb zwölf Uhr vormittags bis in den frühen Abend. Generalstabschef Conrad von Hötzendorf und der Marinechef sind zugezogen, und da soll es um »einige technische Fragen« gehen?

Das dürre Kommuniqué enthält zwei klare Botschaften, die nur in ihrer Umkehrung Sinn machen: »Maßnahmen in der inneren Verwaltung Bosniens sollen getroffen werden«. Die Nachricht an das Königreich Serbien und das verbündete Zarenreich lautet: Kein Grund zur Beunruhigung, wir wollen euch möglichst lange über den geplanten Krieg im Unklaren lassen und Zeit für die Vorbereitungen gewinnen. Botschaft Nummer zwei: Die Militärspitze ist in die politischen Entscheidungen eingebunden, wobei auch hier eher der Umkehrschluss gilt. Der Generalstabschef will sich »grünes Licht« für seine Kriegspläne holen. Die Ministerratsprotokolle, die im Wiener Staatsarchiv liegen, lassen wenig Zweifel offen. Conrad von Hötzendorf macht Druck auf die Politik. Es dauert Stunden, den ungarischen Ministerpräsidenten Graf Tisza von den Kriegsplänen zu überzeugen. Der Graf argumentiert laut Protokoll: »Ich würde aber einem überraschenden Angriff auf Serbien ohne vorhergehende diplomatische Aktion, wie dies beabsichtigt zu sein scheine und bedauerlicherweise auch in Berlin durch den Grafen Hoyos besprochen wurde, niemals zustimmen.« Tisza fürchtet, die k. u. k.

Armee habe bei einem Krieg gegen Serbien und Russland zu wenige Truppen, um Ostungarn gegen einen rumänischen Angriff zu verteidigen. Conrad beschwichtigt und Conrad lügt. Graf Tisza glaubt dem Generalstabschef. Sein grundsätzlicher Widerstand gegen einen Krieg mit Serbien wird aufgeweicht, aber Tisza bremst. »Wir müssen unbedingt Forderungen gegen Serbien formulieren und erst ein Ultimatum stellen, wenn Serbien sie nicht erfülle. Diese Forderungen müssten zwar harte, aber nicht unerfüllbare sein.« Der ungarische Ministerpräsident legt auch sein Veto gegen eine Zerschlagung des Königreichs Serbien oder gar eine Annexion serbischen Staatsgebiets an die Monarchie als Kriegsziel ein. Und der Ungar legt sich auch mit dem Deutschen Reich an: »Es ist nicht Sache Deutschlands zu beurteilen, ob wir jetzt gegen Serbien losschlagen sollen oder nicht.« Graf Tisza bleibt im gemeinsamen Ministerrat eine einsame Stimme der Vernunft (aus welchen Motiven immer). Ministerpräsident Stürgkh argumentiert für den Krieg, ebenso der k. u. k. Kriegsminister: »Ein diplomatischer Erfolg hat keinen Wert. Ein solcher Erfolg wird nur als Schwäche ausgelegt. Vom militärischen Standpunkt muß ich betonen, daß es günstiger wäre, den Krieg sogleich, als zu einem späteren Zeitpunkt zu führen, da sich das Kräfteverhältnis in der Zukunft unverhältnismäßig zu unseren Ungunsten verschieben wird.«

Die Weichen sind gestellt. Das Ultimatum an Serbien kann geschrieben werden. Aber Tisza misstraut seinen Kollegen. Er lässt protokollieren, dass er »die Note zur Einsicht« erhalten müsse, ehe sie abgesendet wird. Und Tisza droht mit »Konsequenzen«. Dann endet das offizielle Protokoll. Die drei entscheidenden Fragen an den Chef des Generalstabes (»Ist es möglich, nur gegen Serbien zu mobilisieren und erst nachträglich gegen Russland?« – »Kann man zur Einschüchterung Rumäniens größere Truppenmengen in Siebenbürgen zurückhalten?« – »Wo würden wir den Kampf gegen Russland aufnehmen?«) werden geheim beantwortet.

Conrad von Hötzendorf verrät in seinen Lebenserinnerungen *Aus meiner Dienstzeit* seine Antworten an die Regierungsspitze. Er schreibt die Memoiren freilich erst nach Kriegsende und dem Untergang der Monarchie. In Kenntnis des Endes wird der Anfang geschönt.

Die *Reichspost* zeigt Verständnis für die Geheimniskrämerei. Zuerst müsse der Kaiser über die Beschlüsse informiert werden, und »dessen Zustimmung bleibt abzuwarten«.

Franz Joseph weilt aber nicht mehr in Schönbrunn. Wie jedes Jahr hat der Monarch mit seiner »Suite« den Hofzug bestiegen und ist ins Salzkammergut nach Bad Ischl abgedampft. Doch am Sonntag zuvor hat Seine Majestät noch den neuen Botschafter in Berlin, Gottfried Prinz zu Hohenlohe-Schillingsfürst, zu einer langen Audienz empfangen. Mit dieser vierzeiligen Nachricht in der *Neuen Freien Presse* fügt sich ein weiterer Mosaikstein ins Bild. Die beiden Regierungschefs Stürgkh und Tisza fahren nach Ischl und berichten dem Kaiser über die Beratungen. Nicht gemeinsam, getrennt. Das Ultimatum an Serbien wird am 23. Juli übergeben.[101]

7. Juli 1914 »Die kurze Fahrtdauer läßt den Zug für die Übersiedlung nach den Sommerfrischen und Seebädern als ganz besonders empfehlenswert erscheinen«

Viele Wiener Familien hatten es nach Schulschluss eilig in den sonnigen Süden zu kommen. Die Staatsbahnen boten dazu eigens eingerichtete direkte Schnellzugverbindungen. »Das reisende Publikum wird aufmerksam gemacht, daß bis einschließlich 15. Juli täglich von Wien-Südbahnhof nach Triest und Villach ein neuer, besonders rascher Schnellzug mit Wagen erster und zweiter Klasse und Speisewagen verkehrt.« Diese neue Direktverbindung aus der Hauptstadt in die Hafenstadt Triest verließ den Wiener Südbahnhof um 11 Uhr 25 vormittags und war fahrplanmäßig in kaum zehneinhalbstündiger Fahrt in Triest. Das Werbeprospekt der Bahn spricht gezielt Familien mit Kindern an: »Die bequeme Abfahrtszeit von Wien und die kurze Fahrtdauer lassen den Zug für die Übersiedlung nach den Sommerfrischen und Seebädern, wo es sich um Reisen ganzer Familien handelt, als ganz besonders empfehlenswert erscheinen.«

Familien, die genau hundert Jahre später mit dem Zug von Wien nach Triest reisen möchten, erleben den ganzen Fortschritt europäischer Eisenbahninfrastruktur. Nach zweimaligem Umsteigen in Villach und in Udine erreicht das »reisende Publikum« anno 2013 »Trieste Centrale« in flotten acht Stunden und 34 Minuten. Direktzüge gibt es keine mehr. Hundert Jahre – und keine hundert Minuten schneller.

8. Juli 1914 »Ich sage mir wohl, daß der Allerhöchste besondere Absichten mit mir hat«

Die Zeit ihres Lebens wegen ihrer für ein Kaiserhaus nicht »ebenbürtigen« Herkunft von der Wiener Hofkamarilla »geschnittene« Ehefrau des ermordeten Thronfolgers Franz Ferdinand hat sich seit Jahren darauf vorbereitet, Kaiserin von Österreich zu werden. Diese für die Umgebung von Kaiser Franz Joseph schockierende Enthüllung müssen die Hofschranzen am 8. Juli in der Abendausgabe der *Neuen Freien Presse* lesen. Das Wiener Blatt zitiert die monarchistische Pariser Tageszeitung *Le Gaulois*, die einen Brief der ermordeten Herzogin von Hohenberg abdruckte, den diese an eine in der französischen Metropole lebende Freundin geschrieben hat.

Die »unebenbürtige« Ehefrau des Thronfolgers Franz Ferdinand war 1909 von Kaiser Franz Joseph zur »Herzogin« ernannt worden, womit der Monarch die Distanz zwischen der böhmischen Gräfin und dem Habsburger Erzherzog zumindest ein wenig überbrückt hatte. Sophie von Hohenberg, geborene Sophie Maria Josephine Albina Gräfin Chotek von Chotkowa und Wognin und verehelichte Habsburg-Este, ergeht sich im Brief an ihre Freundin in besonders unterwürfigen Lobeshymnen auf den alten Kaiser, den Onkel ihres Ehegatten: »Ich verhehle mir keineswegs, daß ich es nicht verdient habe und es einzig dem Verdienste meines Gemahls verdanke, dessen Verdienste von seinem Onkel anerkannt werden. Wenn ich die Ereignisse meines Lebens nachdenke, so erblicke ich ein derartiges Eingreifen der Vorsehung, daß ich mir über die großen Pflichten klar werde, die sie mir auferlegt, und ich sage mir wohl, daß der Allerhöchste besondere Absichten mit mir hat.«

Die beschworene Vorsehung ließ sich freilich nicht vorhersehen, und so starb Sophie Herzogin von Hohenberg zumindest von gleicher Mörderhand wie ihr Gemahl. Nur als Tote durfte sie in die kaiserliche Hofburg an der Seite ihres erzherzöglichen Ehemanns, freilich nicht einmal im Tod ebenbürtig. Ihr Sarg musste eine Stufe tiefer stehen.[102]

8. Juli 1914 »Der Thronfolger schließt eine Lebensversicherung ab«

Das Leben eines Thronfolgers ist zehn Mal mehr wert als das Leben eines einfachen Erzherzogs. Nach der Ermordung von Erzherzog Franz Ferdinand ist der Großneffe des Kaisers, Karl Franz Joseph, aufgerückt. Der junge Erzherzog hat anlässlich seiner Hochzeit mit der Bourbonenprinzessin Zita eine Ab- und Erlebensversicherung in der Größenordnung von einer Million Kronen abgeschlossen, die freilich später auf die Hälfte reduziert wurde. Mit seinem Aufstieg zum Kaiser-Nachfolger wurde die Lebensversicherung des nunmehrigen Thronfolgers auf stolze 5 Millionen Kronen erhöht. Als Versicherungszeitraum sind 25 Jahre vereinbart. Gegen Unfälle ist der spätere Kaiser Karl I. allerdings noch nicht versichert. Möglicherweise hat die Wiener »Anker«-Versicherung das Risiko abgelehnt. Die Erinnerung an die Ermordung Franz Ferdinands in Sarajewo ist noch zu frisch. Kronprinzen leben 1914 gefährlich.

8. Juli 1914 »Tunnel unter dem Ärmelkanal soll gebaut werden«

Der Tunnel unter dem Ärmelkanal steht kurz vor Baubeginn. Das glaubt jedenfalls der englische Abgeordnete Charles Lebouq. Der Brite gewährt dem Pariser *Journal* ein Interview, in dem er verrät, dass eine Reihe französischer Parlamentarier nach London eingeladen sei, um dort im Rahmen eines Banketts von den Vorzügen des gigantischen Tunnelprojekts überzeugt zu werden. Der englische Politiker kann sich bei seinem futuristischen Plan auf ein französisch-britisches Protokoll vom 30. Mai 1876 stützen. Dieser Absichtserklärung zum Bau der gigantischen Bahnverbindung lagen detaillierte Pläne der englischen Ingenieure John Hawkshaw und William Low für einen rund 34 Kilometer langen Eisenbahntunnel unter dem Ärmelkanal zugrunde. Eine französisch-englische Baugesellschaft wurde gegründet und Tausende Probebohrungen am Meeresgrund wurden vorgenommen. Die Absichtserklärung blieb ohne konkreten Baubeginn, obwohl die technischen Herausforderungen keineswegs als unbezwingbar galten. Um die Jahrhundertwende ist das Selbstvertrauen der Techniker ungebrochen. 1914 stehen die Chancen für den Kanaltunnel besser. Die Engländer sehen keine großen Probleme mehr. Die geplanten Baukosten von 400 Millionen französischer Francs könnten am Tage nach der Vertragsunterzeichnung zur Verfügung stehen. Die Delegierten der französischen Parlamentskammer wurden jedenfalls von den »besten Wünschen Frankreichs« auf den kurzen Schiffsweg nach London begleitet. Sie waren als Visionäre unterwegs. Der Tunnel unter dem Kanal wurde ja schlussendlich verwirklicht, freilich 80 Jahre später und mit Kosten von rund 15 Milliarden Euro.[103]

9. Juli 1914 »Kurgast mit der Nummer 3515«

Seine k. u. k. Apostolische Majestät Franz Joseph I. ist endlich in Bad Ischl eingetroffen. Die »Kur-Liste« meldet die Ankunft des Monarchen ganzseitig. Als »Wohnung« im Kurort wird schlicht die Adresse »Kaiser-Villa« angegeben. Franz Joseph wird im Sommer 1914 verspätet als Kurgast mit der laufenden Nummer 3515 registriert. Die Reise des Staatsoberhaupts ins Salzkammergut gestaltet sich alljährlich als Großmanöver. Mit dem Kaiser reist der gesamte Hofstaat per Sonderzug ins Oberösterreichische. Die am 9. Juli erschienene »Kur-Liste« ist ein Abriss des Adels-Gotha. Grafen,

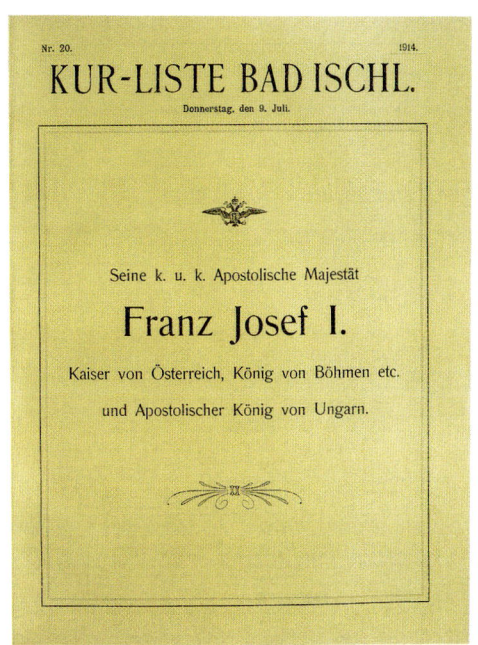

Freiherren, Exzellenzen. Es fehlt an keinem Titel. Von seiner Exzellenz Herrn Dr. Ritter von Kerzl, k. u. k. Hofrat und Leibarzt, Generaloberststabsarzt im o.a. Stande der k. u. k. Landwehr und Geheimer Rat bis zum Hof- und Burgpfarrer, dem hochwürdigen Herrn Prälaten Dr. Ernst Seydl, seiner päpstlichen Heiligkeit geheimer Kämmerer, bis zum Chef der Militärkanzlei Sr. Majestät des Kaisers und Königs, General der Infanterie und Generaladjutant Artur Freiherr von Bolfras hat sich das Machtzentrum der Monarchie in die Kurstadt verlagert. Mit dem Kaiser reisen nicht nur drei namentlich hervorgehobene Leibkammerdiener. Insgesamt verfügen sich 120 Personen des Hofstaats (ohne weibliche Begleitung) in die Sommerfrische. Die Herren werden die Ruhe der Kaiservilla in diesem Sommer nicht genießen. Im scheinbaren Windschatten der Geschichte und unter Vorspiegelung der alljährlichen Sommerroutine fallen in Bad Ischl buchstäblich weltbewegende Entscheidungen, und sei es nur durch Zustimmung zu den am Wiener Ballhausplatz geschmiedeten Kriegsplänen.

9. Juli 1914 »Altösterreich wach auf! Säum' länger nicht!! Pack an der Gurgel dieses Schandgezücht!«

Am Zeitungskiosk vor dem Musikpavillion in Bad Ischl ist am 9. Juli auch die aktuelle Ausgabe der humoristischen Wochenschrift *Die Muskete* aus Wien eingelangt. Statt einer eher anzüglichen Karikatur zeigt das Blatt auf dem Titel eine Kohlezeichnung von A. K. Wilke und die Inschrift »In memoriam«. Bei allem bösen »Humorismus«, den Tod des Thronfolgers wagt auch die *Muskete* nicht zu ignorieren. Der Wochenkommentar erfolgt in einem Gedicht. »Ein Schandmal brennt auf dem Gesicht der Welt: | Es ward ein Mann von Bubenhand gefällt. | Ein Fürst von gutem Maß für unheilträcht'ge Zeit, | Ein Herrscher selbstbewußt und tatbereit. | Nun lastet Trauer über Land und Meer. | Und in den Herzen stöhnt es tränenschwer, | Und Allermenschlichstes packt weh uns an … | Was hat die Frau dem irren Wicht getan?! | Wußte er denn, was er im Wahnsinn tat? | Nein! Die es wissen, sind in Belgerad. | Und Männer sind's. An ihnen ist's, zu büßen | Des Buben fluchbelad'nes, grauses Schießen. | Altösterreich, wach' auf! Säum' länger nicht!! | Pack' an der Gurgel dieses Schandgezücht. | Und zwinge ihm mit unbarmherz'ger Härte, | Die Achtung auf vor deinem guten Schwerte.«

Damit beschreibt der Dichter »Jeremias« die vorherrschende Stimmung dieser Tage und bereitet im Chor mit fast allen Publikationen der Monarchie den Boden für die kommenden Ereignisse.

Die Muskete ist ein feines Stimmungsbarometer für die Vorurteile der herrschenden Gesellschaft, die sie im Stil gepflegter Männerwitze, regelmäßig auf Kosten der Frauen, verstärkt.[104]

9. Juli 1914 »Sie alle bilden eine freiwillige Armee der Mode«

Österreich-Ungarn rüstet – einstweilen noch heimlich – für den Krieg. In Frankreich bereitet sich eine Revolution gegen die Mode vor. »Unterm Strich«, dort wo auf der Titelseite der Zeitung Tag für Tag das Feuilleton steht, beweist die *Neue Freie Presse* am 9. Juli ihren großen Horizont, der doch nicht gar so weit reicht. Der Pariser Korrespondent des Weltblatts aus Wien hat sich bei den Modeschauen der Pariser Haute Couture ein wenig umgesehen und will Kritik an den neuesten Creationen gehört haben: »Man ist dieses Jahr in Paris mit der Mode nicht recht einverstanden, man findet sie ein wenig gewaltsam. Paris amerikanisiert sich.« Der Moderedakteur ortet in den Hervorbringungen der französischen Schneiderkunst »allenthalben einen Zug ins Grelle und Laute, sogar in der Frauenmode, von der man jetzt viel mehr spricht als ehedem, vielleicht gerade darum, weil ihre Herrschaft die einzige in Frankreich ist, die bisher allen Staatsstreichen trotzte«.

Doch nicht mehr lang. Das Diktat der in der »Chambre Syndicale de la Couture Française« vereinten Modezaren soll durch eine Revolution gebrochen werden. Die Wiener *Presse* registriert verwundert den Aufstieg der Nobelcouturiers: »Auch früher standen die Schneider von ›Madame Paris‹ in Gunst, nun schieben sie sich zu sehr in den Vordergrund. Man veröffentlicht ihr Bild neben dem von Schauspielern und Sängern, man umwirbt sie wie die Rennstallbesitzer. Alle wichtigen Ereignisse des Boulevards scheinen sich nur noch nach ihnen zu richten und eigentlich dichten sie auch die Komödien, die auf dem Boulevard gespielt werden.«

Der Redakteur hatte nicht ganz unrecht. Er beschrieb im Juli 1914 eine Entwicklung, die auch hundert Jahre später noch nicht abgeschlossen ist. Die Modeschauen der großen Couture-Häuser in Paris, Mailand, New York und London geben die Trends vor. Schneider waren schon vor Ausbruch des »Grande Guerre« Stars des internationalen Glamour-Geschäfts geworden. 1914 präsentierte die uneheliche Tochter einen Landstreichers aus der Auvergne in ihrem Pariser Salon bereits die vierte Kollektion. Gabrielle »Coco« Chanel hatte mit Hilfe einer Bürgschaft und eines Kredits ihres damaligen britischen Geliebten Arthur Capel ein erstes Modehaus eröffnet und entwarf dort schlichte Kleider aus einem geschmeidigen Baumwollmaterial, die Furore machten. In Wien hatte Emilie Louise Flöge im Modesalon der »Schwestern Flöge« in der Casa piccola auf der Wiener Mariahilferstraße schon eineinhalb Jahrzehnte früher ihre »Reformkleider« für die reiche – meist jüdische – Kundschaft zugeschnitten. Die Muse und wohl auch Geliebte von Gustav Klimt schuf einen neuen Modestil, der Frauen vom engen Mieder befreite und mit weichen Stoffen und fließenden Formen arbeitete. Bei ihren Mustern ließ sich die Wiener Modeschöpferin von Stickereien und Mustern aus der bäuerlichen Volkskunst und dem Stil der »Wiener Werkstätte« inspirieren. Der Salon »Schwestern Flöge« florierte. Weltbekannt wurde Emilie aber durch die Porträts, die Gustav Klimt von ihr schuf.

Ihre Pariser Kollegin Chanel schaffte den Durchbruch von der Schneiderin zum Weltstar der Mode. Nur ein Jahr nach der Gründung des Salons beschäftigte »Coco« Chanel 300 Näherinnen und konnte ihrem Geliebten die Schulden zurückzahlen. Die »Amerikanisierung« der Pariser Mode drückte sich in hymnischen Artikeln der amerikanischen Modezeitschrift *Vogue* aus, die Chanels Mode zum »Inbegriff der Eleganz« adelten und so das Geschäft förmlich explodieren ließen.

Wären doch alle so friedlich geblieben, wie die Heerscharen der Mannequins auf dem Laufsteg![105]

10. Juli 1914 »Alles zu vermeiden, was die Gegner vorzeitig alarmieren könnte«
Österreichs Generalstabschef Franz Conrad von Hötzendorf wird unruhig. Der Militär traut der politischen Führung nicht. Conrad fürchtet, dass die Diplomaten wieder einmal den rechten Moment fürs Zuschlagen verpassen könnten. Nach der Sitzung des gemeinsamen österreichisch-ungarischen Ministerrats, bei der die Weichen in Richtung auf einen Krieg gegen Serbien gestellt worden waren, drängt der General auf klare Aktionen. Er schreibt einen Brief an Außenminister Berchtold und will ihn festnageln: »Mit Bezug auf meine Darlegungen gelegentlich der jüngst unter Vorsitz Euer Exzellenz stattgehabten Besprechungen erlaube ich mir das Nachfolgende auch noch schriftlich niederzulegen.

Die präzise Formulierung der Entscheidung in Betracht, ob auf den Ausbruch eines Krieges gegen Serbien direkt hingearbeitet oder ob nur mit der Möglichkeit eines Krieges gerechnet wird.

In welcher Weise das eine oder das andere diplomatisch behandelt wird, entzieht sich selbstverständlich meiner Ingerenz; nur muß ich, so wie ich dies ja auch in voller Übereinstimmung mit Euer Exzellenz schon mündlich dargelegt habe, erneuert hervorheben, daß bei dem diplomatischen Wege alles vermieden werden müsse, was durch Hinausziehen und etwa nur sukzessives Einsetzen der diplomatischen Aktion den Gegnern Zeit zu militärischen Maßnahmen geben würde, so daß wir dadurch militärisch in die Nachhand kämen – was überhaupt von Nachteil ist, es ganz besonders aber Serbien und Montenegro gegenüber wäre.

In diesem Sinne wäre auch alles zu vermeiden, was die Gegner vorzeitig alarmieren und zu Gegenmaßnahmen veranlassen könnte; es müßte vielmehr in jeder Hinsicht ein durchaus friedliches Gepräge zur Schau getragen werden.

Steht aber der Entschluß zur Demarche fest, dann müßte dieselbe im Hinblicke auf die militärischen Interessen in einem einzigen Akt mit kurzbefristetem Ultimatum geschehen, welchem, wenn er abschlägig beschieden wird, sofort der Mobilisierungsbefehl zu folgen hätte.«

Genau so ist es dann vierzehn Tage später passiert. Die »Demarche« der österreichischen Regierung an das Königreich Serbien wird ein Ultimatum mit 48-stündiger Befristung sein. Kein Diplomat, kein Vermittlungsversuch soll Conrads Kriegspläne noch durchkreuzen.[106]

10. Juli 1914 »Ach – dieses kosende, schmeichlerische, betörende Wörtchen: Sommerfrische«

Anfang Juli ist Österreich auch offiziell in den Ferien. »Ach – dieses kosende, schmeichlerische, betörende Wörtchen: Sommerfrische ...!« So dichtet das Sommeralbum der *Muskete* und zeigt verführeri-

Die Muskete:
Ein humoristisches
Herrenmagazin stimmt
seine Leser mit der
»Sommernummer« 1914 auf
erlebnisreiche Tage ein.

sche Damen als Vorläufer der »Pin ups« in Farbe am Titelblatt des »humoristischen« Herrenmagazins und bedient dabei Sehnsüchte nach sommerlichem Abenteuer und Seitensprung. Einer drallen Schönheit im Evakostüm wird der Satz in den Mund gelegt: »Ach, Sie sind's Baron? Ich bin schon erschrocken, weil ich glaubte, mein Mann käme herein.«

Die Sommertage 1914 versprachen prickelnde Augenblicke, keine Spur von Prüderie.[107]

10. Juli 1914 »Er war unser Feind, ein gefährlicher Feind, aber ein ehrlicher Mann«

Nikolai Henrichowitsch Hartwig ist viel zu dick. Der russische Botschafter in Belgrad leidet an »angina pectoris«. Den gebürtigen Balten quält stechender Kopfschmerz aufgrund eines permanent zu hohen Blutdrucks. Jeden Sommer verfügt sich der russische Gesandte aus der serbischen Hauptstadt Belgrad daher ins deutsche

Bad Nauheim, wo er einige überflüssige Pfunde abspeckt. Danach fühlt er sich wieder besser. Doch diesen Sommer ist alles anders. Im Juli 1914 kann sich der Diplomat kaum noch ohne Schweißausbruch bewegen.

Er hat in St. Petersburg seinen alljährlichen Kururlaub bereits eingereicht, doch die Ermordung des österreichischen Thronfolgers Franz Ferdinand in Sarajewo und die daraus resultierenden Spannungen zwischen Österreich-Ungarn und dem Königreich Serbien bereiten Nikolai von Hartwig zusätzlichen Stress. Sein Kuraufenthalt scheint der Weltpolitik zum Opfer zu fallen. Aber der russische Botschafter und Ideologe des »Panslawismus« hat seinen Urlaubsbeginn mit 13. Juli fixiert: »Bis zum Herbst sind keine bedeutenden Ereignisse zu erwarten«, sagt er seinem aus dem Urlaub von Venedig angereisten Stellvertreter Basil Strandmann. Drei Tage vor seiner Abreise zur Kur erfährt Hartwig, dass sein österreichischer Kollege Baron von Giesl wieder in die serbische Hauptstadt zurückgekehrt ist. Er beschließt sich mit ihm zu treffen. Hartwig will den Österreicher ein wenig aushorchen und einen diplomatischen Fauxpas planieren.

Der russische Diplomat lässt in der österreichischen Vertretung anrufen: Ob er Baron von Giesl seine Aufwartung machen dürfe? Womöglich noch am 10. Juli? Der österreichische Gesandte empfängt seinen russischen Kollegen in der k.u.k. Gesandtschaft noch am selben Abend. Es gibt einiges zu besprechen. Die Botschaft des Zaren hatte entgegen aller diplomatischen Konventionen am Tag des Begräbnisses von Thronfolger Franz Ferdinand die Fahne nicht auf Halbmast gesetzt. Dieses russische Verhalten wurde vom englischen Botschafter und seinem italienischen Kollegen als bewusste Provokation wahrgenommen und per Telegramm in die jeweilige Hauptstadt gemeldet. Nikolai Hartwig will seinem österreichischen Kollegen das »Versehen« erklären. Baron von Giesl akzeptiert seine Entschuldigungen. Nikolai Henrichowitsch spielt in Belgrad eine bedeutende Rolle. Er ist de facto der verlängerte Arm des Zaren in

Belgrad und bestimmt die serbische Außenpolitik am Balkan. Die beiden Herren plaudern angeregt und durchaus freundschaftlich über die gesundheitlichen Probleme Hartwigs und seinen geplanten Kuraufenthalt. Der Russe raucht einige mitgebrachte Zigaretten, ehe sich die Diplomaten ins Arbeitszimmer des Wiener Barons zurückziehen. Botschafter Hartwig versucht seinen österreichischen Kollegen davon zu überzeugen, dass die Regierung in Belgrad nicht in die Morde von Sarajewo verwickelt sei. In der Zwischenzeit ist es dunkel geworden. Die Uhr am Schreibtisch zeigt 9 Uhr 20. Mitten im Satz verstummt der russische Diplomat und sackt auf dem Sofa zusammen. Zwischen seinen Fingern hält er die brennende Zigarette. Baron von Giesl versucht den Bewusstlosen zu reanimieren. Eau de Cologne wird ihm reichlich unter die Nase gehalten. Hartwigs Kutscher wird in die russische Vertretung geschickt. Er kommt mit einem Arzt und Hartwigs Tochter Ludmilla zurück. Aber der herzkranke Diplomat erwacht nicht mehr. Nikolai Henrichowitsch Hartwig stirbt auf einem Teppich in der österreichischen Botschaft. Seine Tochter sorgt für einen diplomatischen Eklat. Sie beschuldigt Baron von Giesl, ihren Vater vergiftet zu haben, durchsucht eigenhändig die chinesischen Vasen im Arbeitszimmer des österreichischen Botschafters und lässt vermeintliche Beweisstücke in ihrer Börse verschwinden.

Das Begräbnis des russischen Botschafters in Belgrad wurde zu einem ungewöhnlichen Staatsakt und unterstrich posthum die Rolle Hartwigs in der serbischen Politik. Der französische Gesandte Léon-Eugène-Aubin-Coullard Descos kommentierte die Affäre so: »Hartwig ist genau in dem Moment verstorben, als sein unbrechbarer Wille darin triumphiert hat, die serbische Frage ganz Europa in der gewalttätigen Form, die er geliebt hat, aufzuzwingen.« Die kritische Haltung des diplomatischen Doyens in Belgrad war der serbischen Regierung ein Dorn im Auge. Serbien hatte von Paris schon am 1. Juli die Abberufung Descos verlangt. Das französische Außenministerium akzeptierte den serbischen Wunsch und Gesandter

Descos musste Belgrad ausgerechnet während der entscheidenden Tage vor Übermittlung des österreichischen Ultimatums verlassen.[108]

11. Juli 1914 »Er wollte eine kranke Zeit wecken, daß sie ihren Tod nicht verschlafe«

Karl Kraus widmet in der *Fackel* Nr. 400 vom 10. Juli 1914 dem in Sarajewo ermordeten Thronfolger Erzherzog Franz Ferdinand einen schonungslosen Nachruf, der zur Abrechnung mit der Gesellschaft und dem politischen System wird. Kraus trauert nicht um den Thronfolger, er lässt aber aus tiefer Ablehnung für die Person Franz Ferdinands eine ebenso tiefe Bewunderung für die Tatkraft dieses Mannes und Verachtung gegenüber seinen Gegnern erstehen.

In den Tagen, da *Die Fackel* den Abonnenten postalisch zugestellt wird, hatte die »Juli-Krise« längst begonnen. Das Feuer an die Lunte war gelegt. Noch immer hätte es ausgetreten werden können. Doch die Automatismen aus Ultimatum, Drohung, wechselseitiger Bündnisbekräftigung, Ermunterung zum Krieg, Hinhalten und Bremsen waren schon in Gang gesetzt. Karl Kraus widmet dem toten Thronfolger einen vielschichtigen Nachruf, der große Zyniker zeigt aber Respekt: »Franz Ferdinand scheint in der Epoche des allgemeinen Menschenjammers, der in der österreichischen Versuchsstation des Weltuntergangs die Fratze des gemütlichen Siechtums annimmt, das Maß eines Mannes besessen zu haben. Was sein Leben verschwieg, davon spricht sein Tod und die Halbtrauer der Schwäche ruft es durch alle Gassen. Wie sollte sie um einen trauern, der ihr selbst erlag, ihrer Notwehr, die auch technische Behelfe hat! Solche Affäre sieht nur an der Oberfläche serbisch aus. In Wahrheit wird das Leben mit unzeitgemäßen Menschen fertig, und Fanatismus ist nur der Mut der Feigheit. Die wahren Mächte der heutigen Welt, in allen Staaten am Ruder sind bei weitem nicht so rückschrittlich gesinnt, um sich des serbischen Nationalhasses als eines Motivs und nicht als eines Vorwands zu bedienen.« Karl Kraus beschreibt den

Das Strombad vor der Sophienbrücke in Wien-Erdberg: Es ist eines von drei Badeschiffen am Donaukanal.

Toten: »Er war kein Grüßer. Nichts hatte er von jener ›gewinnenden‹ Art, die ein Volk von Zuschauern über die Verluste beruhigt. Auf jene unerforschte Gegend, die der Wiener sein Herz nennt, hatte er es nicht abgesehen. Als ein ungestümer Bote aus Altösterreich wollte er eine kranke Zeit wecken, daß sie nicht ihren Tod verschlafe. Nun verschläft sie den seinen.«[109]

12. Juli 1914 »Propaganda-Wettschwimmen ›Quer durch Wien‹«

Am Wochenende springen 68 Damen und Herren bei der Nußdorfer Schleuse in den Donaukanal und schwimmen bis zum Strombad vor der Sophienbrücke, die Erdberg mit dem Prater verbindet (heute Rotundenbrücke). Es geht um den Sieg beim traditionellen »Propaganda-Wettschwimmen«. Das Massenspektakel, vom »Verband der österreichischen Schwimmvereine« veranstaltet, soll Werbung für den Schwimmsport machen. Die Beteiligung an der Konkurrenz ist trotz des nur 12 Grad kalten Wassers im Donaukanal sehr gut: Von den 85 Gemeldeten erscheinen immerhin 68 Wetterfeste zum Start – und zwar 47 Herren und 21 Damen. Den daheim gebliebenen Langstreckenschwimmern wird es wohl zu frisch gewesen sein. Ohne Schutzanzug im kalten Donauwasser klettern nur acht

Schwimmer vor dem Ziel ans rettende Ufer. Als einzige Dame scheidet die Siegerin des Vorjahres, »Fräulein von Szabo«, wegen eines bei der Franzensbrücke erlittenen Wadenkrampfes aus.

Die *Reichspost* berichtet am Tag nach dem Spektakel. »Tausende und Tausende säumten die Ufer des Kanals und verfolgten mit Interesse die Konkurrenz und empfingen am Ziele, wo sich ebenfalls im reservierten Raum ungemein viel Publikum einfand, mit starkem Beifall die Teilnehmer. Im Gesamtklassement der Herrenklasse holte sich der alte routinierte Donauschwimmer Orlik den ersten Platz. In der Damenklasse siegte Fräulein Zahourek.«

Das Juli-Wochenende brachte nicht nur das Wettschwimmen in Wien, sondern auch einen »leichtathletischen Wettkampf Österreich gegen Ungarn«, den die Magyaren mit $7\frac{1}{3}$ zu $3\frac{1}{2}$ Punkten gewannen. Sportlich war Ungarn den Österreichern damals überlegen. Schon bei den ersten wirklich »modernen« Olympischen Spielen in Stockholm 1912 schnitten die ungarischen Athleten deutlich besser ab als ihre »cisleithanischen« Kolleginnen und Kollegen. Immerhin reichte es in der Nationenwertung für Silber- und Bronzemedaillen. Die Habsburgermonarchie marschierte bei internationalen Sportveranstaltungen unter zwei Fahnen ins Stadion: die schwarz-gelbe für Österreich und die rot-weiß-grüne für das Königreich Ungarn.

Beim Leichtathletik-Wettkampf machte sich das Engagement eines englischen Trainers sehr positiv bemerkbar. Die Österreicher zeigten sich technisch stark verbessert und der Wiener Egger konnte mit einem Weitsprung über sieben Meter und 19 Zentimeter einen neuen österreichischen Rekord aufstellen. Hundert Jahre danach liegt die Bestmarke bei acht Metern und 30 Zentimetern. Es ist dies ein seltener Fall, in dem sich Fortschritt exakt messen lässt: 111 Zentimeter. Auch im Sprint auf der Aschenbahn lief der Österreicher Fleischer seinen ungarischen Konkurrenten davon. Er wurde nach 100 Metern mit einer Zeit von 11,2 Sekunden handgestoppt. Die beste jemals von einem Österreicher erzielte Sprintzeit steht mit

10,15 Sekunden im Buch der Rekorde. Der Fortschritt eines Jahrhunderts beträgt also eine Sekunde, freilich liefen die Athleten im Juli 1914 auf einer Aschenbahn, waren garantiert nicht gedopt, mit Sicherheit Amateure und trugen ledernes Schuhwerk.[110]

13. Juli 1914 »Ein Hauptmann hat jüngst eine Stenographie für die chinesische Sprache ausgearbeitet«

Eine Kurzschrift für chinesische Schriftzeichen? Beim Exerzieren in Peterwardein hat Hauptmann Theodor Glock eine Idee, über die die *Reichspost* eine Woche später berichtet: »Der Hauptmann und Kommandant der 5. Kompanie des 38. Infanterieregiments in Peterwardein hat jüngst eine Stenographie für die chinesische Sprache ausgearbeitet. Hauptmann Glock, der 21 Sprachen spricht, ist eine in Stenographiekreisen sehr bekannte Persönlichkeit, die sich namentlich auf dem vorjährigen internationalen Stenographiekongreß in Budapest durch einen Vortrag über die Stenographie in den Ural-altaiischen Sprachen hervorgetan hat. Die chinesische Regierung hat Hauptmann Glock das Angebot gemacht, mit ihm in Verhandlungen zu treten. Glock ist gerne bereit, sein System dem chinesischen Staat zu überlassen, er selbst will jedoch nicht nach China gehen, da er sich zur Stabsoffiziersprüfung vorbereitet.« Diese Entscheidung war falsch. Vielleicht wäre der sprachbegabte Hauptmann tatsächlich in die Kurzschreibgeschichte eingegangen. So aber wurden er und seine Kompanie wenige Wochen später ins Kriegsgebiet verlegt. Bei der 1. Isonzoschlacht erwarb sich das rein ungarische Regiment militärischen Ruhm. Die Opfer dafür waren jedoch gewaltig.[111]

13. Juli 1914 »Ursprung Bomben aus serbischem Armeemagazin Kragujevac objektiv einwandfrei erwiesen«

Gut zwei Wochen nach den Schüssen von Sarajewo übermittelt der Wiener Sektionsrat Friedrich von Wiesner an das k. u. k. Ministerium des Äußern ein chiffriertes Telegramm. Die Zusammenfassung der Ermittlungsergebnisse durch den ehemaligen Richter und

Staatsanwalt ergibt ein zwiespältiges Bild. Die Mordwaffen stammen eindeutig aus einem serbischen Militärdepot, eine Mittäter- oder auch nur Mitwisserschaft der serbischen Regierung am Komplott gegen den österreichischen Thronfolger kann hingegen nicht bewiesen werden. Sektionsrat Dr. Wiesner, der erst am 11. Juli in Sarajewo angekommen war und die Ermittlungen nicht persönlich geleitet hat, telegrafiert an seine Wiener Vorgesetzten: »Mitwisserschaft serbischer Regierung an der Leitung des Attentats oder dessen Vorbereitung und Beistellung der Waffen durch nichts erwiesen oder auch nur zu vermuten. Es bestehen vielmehr Anhaltspunkte, dies als ausgeschlossen anzusehen. Durch Aussagen Beschuldigter kaum anfechtbar festgestellt, daß Attentat in Belgrad beschlossen und unter Mitwirkung serbischen Staatsbeamten Milan Ciganović und Major Vojin Tankošić vorbereitet, von welchen beiden Bomben, Brownings, Munition und Zyankali beigestellt. Ursprung Bomben aus serbischem Armeemagazin Kragujevac objektiv einwandfrei erwiesen, doch keine Anhaltspunkte dafür, daß erst jetzt ad hoc Magazinen entnommen, da Bomben aus Vorräten Komitadschis vom Kriege stammen können.«

Sektionsrat Wiesner berichtete das, was er vom lokalen Untersuchungsrichter Leo Pfeffer gehört hatte. Zwei Wochen hatten die Wiener Behörden einen überforderten örtlichen Richter in einer Causa ermitteln lassen, die einen Weltkrieg auslösen konnte. Samuel Lyman Atwood Marshall urteilt in seinem Buch *First World War* harsch: »Keine Affäre mit dieser Tragweite wurde jemals so schlecht untersucht.« Die Ermittlungen Leo Pfeffers beschränkten sich auf Verhöre von Verdächtigen, die erst zu Ergebnissen führten, als der mehr oder minder zufällig verhaftete Mittäter Danilo Ilić gestand. Er verriet die Mittäter in der Hoffnung, sein Leben zu retten.

Der aus Wien entsandte Sektionsrat fasste telegrafisch zusammen: »Auf Grund Aussagen Beschuldigter kaum zweifelhaft, daß Princip, Čabrinović, Grabez mit Bomben und Waffen auf Veranlassung Ciganović' von – serbischen Organen geheimnisvoll über

Grenze nach Bosnien geschmuggelt ... Abreise heute abends, ankomme Wien Dienstag abends und begebe mich sofort ins Ministerium. Mündliche Ergänzung des Berichtes nötig.«

Mit diesem Telegramm hätte der Beamte des Außenministeriums seiner Wiener Regierung jede Basis für ein Ultimatum an Serbien entzogen, wäre es darauf überhaupt angekommen. Tatsächlich patzten die k. u. k. Untersuchungsbehörden. Ihnen entging, dass der Mordanschlag auf Franz Ferdinand sehr wohl eine in Belgrad geplante Aktion der Terrorgruppe »Schwarze Hand« war. An der Spitze dieser Geheimorganisation stand Oberst Dragutin Dimitrijević, der unter dem Tarnnamen »Apis« agierte. Dimitrijević war 1903 an der Ermordung des serbischen Königs Aleksandar Obrenović beteiligt gewesen und eines der Gründungsmitglieder der »Ujedinjenje ili Smrt« (»Einigkeit oder Tod«). Ziel der Geheimgruppe war es, den Zusammenschluss aller Serben in einem Staat vorzubereiten. Der Geheimdienstchef der serbischen Armee hatte die Mitgliedsnummer 6 in der »Schwarzen Hand« und war der Drahtzieher des Attentats bei der »Lateiner Brücke« in der bosnischen Hauptstadt.

Das alles wusste Richter Leo Pfeffer nicht, das alles berichtete Sektionsrat Wiesner nicht nach Wien.

Die »Schwarze Hand« agierte in Belgrad auch gegen die serbische Regierung, die es aus Rücksicht auf die aufgepeitschte nationalistische Stimmung nicht wagte, gegen die Geheimorganisation entschieden vorzugehen. Immerhin hatte Serbiens Regierungschef Nikola Pašić von den Attentatsplänen bereits Anfang Juni Wind bekommen. Er beauftragte den Botschafter in Wien, Jovan Jovanović, die österreichischen Behörden zu warnen. Der serbische Gesandte absolvierte in Wien nur ein Pflichtprogramm. Er besuchte Finanzminister Leon Ritter von Bilinski (Bosnien unterstand formal dem Finanzministerium, da sich Österreich mit Ungarn nicht einigen konnte, wem der 1908 offiziell annektierte Landesteil zufallen sollte): Franz Ferdinand wäre schlecht beraten, die bosnischen Ma növer zu besuchen, junge serbische Soldaten der k.u.k. Armee könnten ihr Leben riskieren und während des Manövers eine geladene Waffe auf Erzherzog Franz Ferdinand richten. Der österreichische Finanzminister reagierte auf die recht allgemein gehaltene Warnung mit einer besorgten Floskel. »Lassen Sie uns hoffen, daß nichts passiert.« Mehr veranlasste er nicht.

Die Sicherheit des Thronfolgers fiel nicht in seine Kompetenz. Dafür war der Landeschef von Bosnien, Oskar Potiorek, zuständig, kein Freund des »gemeinsamen« Finanzministers Leon von Bilinski. Der »Feldzeugmeister« galt als Intimus von Generalstabschef Franz Conrad von Hötzendorf und war als ziviler und militärischer Chef-Gouverneur von Bosnien praktisch uneingeschränkter Herrscher über diesen Landesteil der Monarchie. Potiorek war für die unglaublich dilettantischen Sicherheitsmaßnahmen beim Besuch Franz Ferdinands verantwortlich. Der General hatte sich noch am Vorabend des Attentats geweigert, den Besuch des Thronfolgers in Sarajewo wegen der prekären Sicherheitslage abzusagen. Es ging um sein Prestige.

Verschwörer Dragutin Dimitrijević überlebte Franz Ferdinand kaum drei Jahre. Der Geheimdienstchef wurde 1917 von der serbischen Regierung auf Betreiben von Ministerpräsident Nikola Pašić wegen Hochverrats angeklagt und in Saloniki hingerichtet. Er wusste zu viel.[113]

14. Juli 1914 »Dein treuer Freund in aufrichtiger Anhänglichkeit und Freundschaft«

Kaiser Wilhelm II. schreibt aus Bornholm einen Brief an seinen »teueren Freund« Kaiser Franz Joseph nach Bad Ischl. »Mit aufrichtiger Dankbarkeit habe ich es empfunden, daß Du in den Tagen, wo Ereignisse von erschütternder Tragik über Dich hereingebrochen waren und schwere Entscheidungen von Dir forderten, Deine Gedanken auf unsere Freundschaft gelenkt und diese zum Ausgangspunkt Deines gütigen Schreibens an mich gemacht hast. Ich betrachte die von Großvater und Vater auf mich überkommene enge Freundschaft zu Dir als ein kostbares Vermächtnis und erblicke in deren Erwiderung durch Dich das sicherste Pfand für den Schutz unserer Länder. Bei meiner verehrungsvollen Anhänglichkeit an Deine Person wirst Du ermessen können, wie schwer die Aufgabe meiner Reise nach Wien und der mir auferlegte Verzicht auf die öffentliche Bekundung meiner innigen Anteilnahme an Deinem tiefen Schmerz mich bekümmern mußten.« Höfische Höflichkeit zielt gelegentlich an der Wahrheit vorbei. Kaiser Wilhelm wollte an den Begräbnisfeierlichkeiten für Franz Ferdinand und seine Gattin persönlich teilnehmen. Der im letzten Moment aufgetretene »Hexenschuss« camouflierte eine eigentlich völlig undiplomatische Ausladung des Berliner Bundesgenossen. Die Hofkamarilla um Kaiser Franz Joseph – und wohl auch er selbst – wollten die Bestattung des ungeliebten Thronfolgers ohne besonderes internationales Aufsehen erledigen. Sie erfolgte dann auf Schloss Artstetten buchstäblich bei Nacht.

Der wesentliche Inhalt des Schreibens Seiner Majestät bestätigt den von »Alek« Hoyos nach Wien übermittelten »Blankoscheck« für eine militärische Aktion der k. u. k. Monarchie: »Durch Deinen bewährten und von mir aufrichtig geschätzten Botschafter wird Dir meine Versicherung übermittelt worden sein, daß Du auch in den Stunden des Ernstes mich und mein Reich in vollem Einklang mit unserer altbewährten Freundschaft und unseren Bündnispflichten treu an Euerer Seite finden wirst. Dir dies an dieser Stelle zu wiederholen, ist mir eine freudige Pflicht. Zum Schluß darf ich dem herzlichen Wunsche Ausdruck geben, daß es Dir vergönnt sein möge, nach den schweren Tagen durch den Aufenthalt in Ischl Erholung zu finden.«

Wilhelm unterschreibt: »Dein treuer Freund in aufrichtiger Anhänglichkeit und Freundschaft.«[112]

14. Juli 1914 »Ich möchte Ihnen eine Summe von 100 000 Kronen überweisen!«

Ludwig Wittgenstein geht am 14. Juli zum Postamt Hohenberg im niederösterreichischen Mostviertel. Der Briefumschlag, den er dem Postbeamten hinter dem vergitterten Schalter übergibt, ist an Ludwig von Ficker adressiert. Wittgenstein verbringt die Sommertage im Forstamt seiner Eltern. Der Wiener Architekt Josef Hofmann hat das Gebäude um 1900 für den Stahlindustriellen und Mäzen Karl Wittgenstein in Hochreit, Gemeinde Rohr am Gebirge, (um-)gebaut. Äußerlich passt sich das »Forstamt« an die ländliche Umgebung an. Im Inneren lässt es Josef Hofmann an keinem Luxus fehlen.

Der Brief, den der damals 25-jährige Volksschullehrer und Philosoph Ludwig Wittgenstein per k. u. k. Post nach Innsbruck expedieren lässt, ist ein Vermögen wert: »Sehr geehrter Herr! Verzeihen Sie, dass ich Sie mit einer großen Bitte belästige. Ich möchte Ihnen eine Summe von 100 000 Kronen überweisen und Sie bitten, dieselbe an unbemittelte österreichische Künstler nach Gutdünken zu verteilen. Ich wende mich in dieser Sache an Sie, da ich annehme, dass Sie viele unserer besten Talente kennen, und wissen, welche von ihnen der Unterstützung am bedürftigsten sind.« Der Schriftsteller Ludwig von Ficker ist Herausgeber der Kulturzeitschrift *Der Brenner*. Ludwig Wittgenstein und sein Briefadressat kennen einander nicht persönlich. Als der Schriftsteller am 15. Juli (so schnell war damals die Post) den Brief aus dem Niederösterreichischen in Händen hält, glaubt er zunächst an einen Scherz. Er vergewissert sich in seinem Antwortschreiben: »Ihre Zeilen athmen einen so edlen und geraden Geist, daß mir jeder Zweifel an dem Ernst Ihrer Gesinnung wie eine Ungehörigkeit erscheinen will. Aber Ihre Anfrage kommt so überraschend, sie stellt etwas so Ungewöhnliches und in ihrer Art menschlich so Erhebendes dar – etwas, das so außerhalb aller Erfahrungen liegt, die meine persönliche Stellungnahme zu Welt und Menschen fixierten –, daß ich, der ich mich im wesentlichen doch stets gerecht zu sein bemühe, zittere vor dem Gedanken, es könnte jemand sein Spiel mit mir treiben.«

Ficker will an dieses »Geschenk des Himmels« zuerst nicht glauben. Der Lyriker Georg Trakl lebt praktisch im Haus seines Verlegers und ist völlig mittellos. Die Zeitschrift *Der Brenner* macht nur Verluste. Ludwig Ficker will Wittgenstein persönlich treffen, ehe er das Geschenk annimmt. Das Gespräch findet in Wien statt. Weil Wittgenstein anonym bleiben will, wickelt der Verleger die Spenden ab. Es bedarf gelegentlich einer gewissen Überredung, ehe alle Stipendiaten das Geschenk auch annehmen. Rainer Maria Rilke zögert nicht lange. Er lässt über Ficker dem großen Unbekannten eine Abschrift der »Duineser Elegien« zukommen. Die enorme Summe ist bald verteilt. Georg Trakl, Carl Dallago und Rainer Maria Rilke erhalten jeweils 20 000 Kronen, die Redaktion des *Brenner* 10 000, Oskar Kokoschka, Else Lasker-Schüler und Karl Hauer jeweils 5000, Adolf Loos, Theodor Haecker, Theodor Däubler und Franz Kranewitter jeweils 2000. Eine Reihe anderer Künstler bekommt immerhin auch noch 1000 Kronen überwiesen. Sorgenlos leben konnten aber nur wenige. Georg Trakl wurde bald zum Heer einberufen und marschierte als Sanitätsgefreiter an die galizische Front. Auch Kokoschka zog in den Krieg.[114]

14. Juli 1914 »Unsere Lage ist schrecklich«

Dem engsten Mitarbeiter des deutschen Reichskanzlers Theobald von Bethmann Hollweg ist langweilig. Kurt Riezler musste seinen Vorgesetzten in dessen Heimatort Hohenfinow in der Mark Brandenburg begleiten. Der deutsche Kanzler hat sich in den heißen Julitagen auf seinen Gutshof in dem kleinen Markt zurückgezogen. Sein Sekretär Riezler beschreibt die Stimmung in seinem erst 50 Jahre später veröffentlichten Tagebuch. »Gestern und heute ein wenig an alten Gespinsten gearbeitet. In die Landschaft versponnen. Aber völlig unmöglich, seit ich hier bin und in die großen Fragen hineinsehe, deren Ernst alles überschattet. Unsere Lage ist schrecklich.« In der Abgeschiedenheit eines eher langweiligen Sommeraufenthalts kaum 50 Kilometer von Berlin bespricht der Reichskanzler die politische Lage mit seinem engsten Mitarbeiter. Der 32-jährige Jurist hatte in zahlreichen Schriften die Unmöglichkeit eines europäischen Krieges analysiert. Jetzt ist er entsetzt. Er weiß: Der Krieg wird beginnen. »Der Kanzler meint, ich wäre zu jung, um nicht dem Reiz des Ungewissen zu unterliegen, des Neuen, der großen Bewegung. Für ihn ist die Aktion ein Sprung ins Dunkle und dieser schwerste Pflicht.« Aus Wien hat der Kanzlersekretär über die neuesten Entwicklungen gehört: »Berchtold überlegt sich den Zeitpunkt, ob vor oder nach der Reise Poincarés nach Petersburg. Besser vorher, dann ist die größere Chance, daß Frankreich, plötzlich vor der Wirklichkeit des Kriegstraums erschrocken, in Petersburg zum Frieden mahnt. Oesterreich hat sich denn auch heute dazu entschlossen. Aber die ungarische Ernte muß vorher herein.«[115]

15. Juli 1914 »Wenn der Weltkrieg daraus entsteht, so kann uns das gleich bleiben«

Josef Redlich besucht seinen Freund Graf Alexander »Alek« Hoyos am Wiener Ballhausplatz und erfährt Entscheidendes. »Alek sagt mir im größten Vertrauen, daß der Krieg so gut wie beschlossen sei. Aber man müsse Geduld haben, es seien gewichtige Gründe, hinauszuziehen. Er werde mir in 14 Tagen die geheime, höchst interessante Geschichte der letzten Wochen erzählen. Berchtold ist mit Tisza, Stürgkh und Burian einig. Bilinski tut auch so! Der Kaiser ist selbst vollkommen bereit zum Krieg. Hoyos meint: ›Wenn der Weltkrieg daraus entsteht, so kann uns das gleich bleiben.‹ Er liest mir ein sehr schönes und ausführliches Schreiben vor, das er soeben vollendet hat und das dem englischen Lordkanzler Haladane an dem Tag der Kriegserklärung überreicht werden soll. Er ist nämlich mit Haladane eng befreundet. Deutschland ist völlig mit uns einverstanden. Hoyos sagt: ›Wenn unsere Armee nichts taugt, dann ist die

Monarchie ohnehin nicht zu halten, denn sie ist heute der einzige Zusammenhalt des Reichs.‹« Graf Alexander Hoyos erzählt dem Freund der Familie in seinem Büro am Ballhausplatz mehr, als er seiner in Marienbad weilenden Mutter anvertraut, die ohnehin schon zu viel geplaudert hat. Nach dem Besuch von Redlich schreibt Hoyos an seine Mutter: »Darling, Mama. Ich habe Dir ein Telegramm geschickt, damit Du mit niemandem über unsere Gespräche am Telephon plauderst. Die Angelegenheiten in Albanien, Griechenland etc. wirken nicht sehr geordnet. Die Zeitungen hier sind voll mit Vorwürfen gegen Serbien und ich wäre beruhigter, wüsste ich Dich bald in Sooss (dem Familen-Landgut, Anm.), aber es gibt keinen speziellen Grund, nervös zu sein. Redlich kam heute früh zu mir ins Büro, Du hättest ihm nicht erzählen sollen, daß ich den Kaiser getroffen habe. Bitte erzähl das keinem anderen. Rudi Van (Graf Rudolf van der Straten, ein guter Freund der Familie, damals Adjutant von Erzherzog Franz Ferdinand, Anm.) kommt morgen zum Lunch. Ich denke, er wird mir traurige Sachen über die Hohenberg Kinder erzählen.«

Die Strategie der Geheimhaltung funktioniert, so lange Kabinettschef Hoyos der Frau Mama nicht zu viel erzählt. Josef Redlich notiert jedenfalls: »Hier in Wien glaubt niemand an die Möglichkeit eines Krieges: Sehr auffallend sind die drei Krachtage an der Börse in der vorigen Woche und in dieser. Die völlige Passivität der Banken wird von mir darauf zurückgeführt, daß sie sich mobil erhalten müssen.«

20. Juli 1914 »Gib mir wenigstens das bisschen Glück, dass ich Dich dort geborgen von Not und Gefahr weiß«

Oskar Kokoschka hat seine Geliebte Alma Mahler im neuen Haus am Semmering zurückgelassen. Er fährt mit dem Expresszug nach Wien. Die Fahrt dauert deutlich länger als die üblichen zwei Stunden. Noch ist ein Krieg nicht erklärt, doch der Kriegszustand ist schon da: »Am Südbahnhof, auf dem ich gestern nachgefragt habe, wie die Züge gehen, war es abends bis über die Straße und in der Halle bis oben voll von elenden Frauen und Kindern, die weinend zurückgeblieben sind, nachdem die Reservisten weggefahren waren. Vom Militär sieht man nichts, weil die Truppentransporte auf der Verbindungsbahn gleich weitergehen.« Es sind genaue Beobachtungen des Malers und Grafikers. 1914 wird zum Wendepunkt in Kokoschkas Leben. Es kommt zur dramatischen Trennung von Alma, die sein Kind abtreiben lässt. Aber Kokoschka bleibt Alma Mahler verfallen. Er ist ihr »Oski«, sie seine »Almschi«.

Der Wiener Schauspieler Paulus Manker, der die Figur Kokoschkas als rasenden Berserker in Joshua Sobols Stück *Alma* verkörperte, ja lebte, beschreibt den Seelenzustand des »Oberwildlings« der Wiener Kunstszene: »Kokoschkas verschlingende Leidenschaft verwandelte sich bald in Unterwerfung, seine Eifersucht in Besessenheit.« Und dennoch: Kaum in Wien angekommen, bemuttert er seine Verflossene: »Kaufe noch nicht groß ein, weil gerade jetzt eine rapide Preissteigerung ist, die eingedämmt wird, bis behördliche Tabellen kommen. Mache die Augen zu und freue dich an den Bergen und sei froh, dass Du es Dir gut machen kannst in Deinem lieben Häuserl, wenn Du es willst. Gib mir wenigstens das bisschen Glück, dass ich Dich dort geborgen von Not und Gefahr weiß.«

Der Künstler »flüchtet« als Kriegsfreiwilliger zum Dragonerregiment »Erzherzog Joseph«. Er stürzt sich in die Todesgefahr. Er will damit seiner Alma Heldenmut beweisen. Er kämpft an der russischen Front. Ein Jahr nach Kriegsbeginn wird der Rittmeister durch einen Kopfschuss und einen Bajonettstich in die Lunge lebensgefährlich verletzt. Kokoschka überlebt. Seine Leidenschaft zu Alma Mahler wird zur tragischen Liebesgroteske. Sie verlässt ihn. Er lässt sich »seine« Alma als lebensgroße Puppe anfertigen. Sie soll immer bei ihm sein. Er wird sich von seinen Verwundungen nie mehr vollständig erholen.[116]

22. Juli 1914 »Tagesbericht Nr. 3487«

Der französische Botschafter in Wien bemüht sich ins k. u. k. Ministerium des Äußeren am Ballplatz. Seine Exzellenz Alfred Chilhaud
Dumaine soll im Auftrag seiner Regierung in Paris die Pläne der
Wiener Regierung erkunden. Es ist der Tag vor Überreichung des
österreichischen Ultimatums an Serbien. Das wiederum weiß Paris
nicht. Die französische Regierung ist seit dem Attentat auf Franz
Ferdinand »ziemlich beunruhigt«. Der französische Ministerpräsident René Viviani versucht die serbische Regierung vor weiteren
Provokationen zu warnen. Im Gespräch mit dem serbischen Gesandten Vestnitsch äußert Viviani »den Wunsch, daß in Serbien die
Kaltblütigkeit und die Würde aufrecht bleiben mögen, um Wien
nicht Gründe zu neuen Anschuldigungen zu geben«.

In den Protokollen des Außenministeriums wird Dumaines Besuch mit bürokratischer Akkuratesse registriert.

»Der französische Botschafter hat heute hier vorgesprochen und
sich angelegentlichst nach dem gegenwärtigen Stande unseres Ver-
hältnisses zu Serbien erkundigt. Er hat hiebei auch alle Eventuali-
täten, die sich aus einem energischen Schritt unsererseits beim Belgrader Kabinett ergeben könnten, besprochen und die Gefahren
eines Krieges Österreich-Ungarns mit Serbien, besonders mit Rücksicht darauf, daß er den Charakter eines Rassenkrieges des serbischen Volkes gegen die Monarchie annehmen könnte, in den
drastischsten Farben ausgemalt. ... Im Falle eines Waffenganges
zwischen uns und Serbien würde Rußland – nach Ansicht des Herrn
französischen Botschafters – nicht aktiv eingreifen, sondern vielmehr anstreben, daß der Krieg lokalisiert bleibe.«

Auch französische Botschafter können sich bei der Einschätzung
der Haltung eines Verbündeten irren oder ihre Gesprächspartner
bewusst täuschen. Immerhin dürften die Argumente von Außenminister Graf Berchtold auf seinen französischen Gesprächspartner
nicht ganz ohne Wirkung geblieben sein. Dumaine berichtet sofort
nach seinem Gespräch am 22. Juli an den Quai d'Orsay. Österreich-

Ungarns Forderungen wegen der Bestrafung des Attentates und gewisser Garantien für die Überwachung und die Polizeiaufsicht seien »für die Würde Serbiens nicht unannehmbar«.[117]

23. Juli 1914 »So manche bestehende Institution wird weggefegt werden«
Österreichs Botschafter in London, Albert Graf Mensdorff-Pouilly-Dietrichstein, sucht persönlichen Kontakt zum britischen Außenminister Sir Edward Grey. Mensdorff ist über einige Ecken mit der englischen Königsfamilie verwandt und genießt in London den Ruf eines charmanten und klugen Gesprächspartners. In der englischen Gesellschaft ist der Botschafter bestens eingeführt. Zum Parlament und den Londoner Zeitungen hält der Graf hingegen noble Distanz. Das ist nicht seine Welt. Nachdem Mensdorff im Frühjahr 1914 bereits einen sechswöchigen Urlaub angetreten hat, will er nach der Ermordung des Thronfolgers noch einmal mehrere Wochen entspannen. Der Aristokrat ist nur ein wenig irritiert, als sein Urlaubsgesuch vom Ballhausplatz zurückgewiesen wird. Mensdorff scheint von den weltpolitischen Ereignissen, in denen er bald eine Nebenrolle spielen sollte, wenig beindruckt gewesen zu sein. In seinem privaten Tagebuch erwähnt der Diplomat die »Juli-Krise« ein einziges Mal, beiläufig.

Am 23. Juli aber muss er handeln. Was er tat und welche Reaktion sein Gesprächspartner zeigte, übermittelt Mensdorff in einem chiffrierten Telegramm nach Wien.

»Ich habe eben Sir Edward Grey (britischer Außenminister, Anm.) gesprochen und ihm gesagt, ich würde morgen eine Zirkularnote überbringen. Unterdessen wolle ich ihm streng vertraulich einiges über Inhalt mitteilen. Er versprach, mit keinem meiner Kollegen, überhaupt niemand vor Empfang der Note darüber zu sprechen und machte sich auch nicht Notizen von unserer Konversation.

Seinerseits sagte er mir, er habe mit mir bisher nicht von dieser Frage gesprochen, weil man sie wohl bei uns als eine Sache zwischen uns und Serbien betrachten dürfte, und er auch nicht wisse,

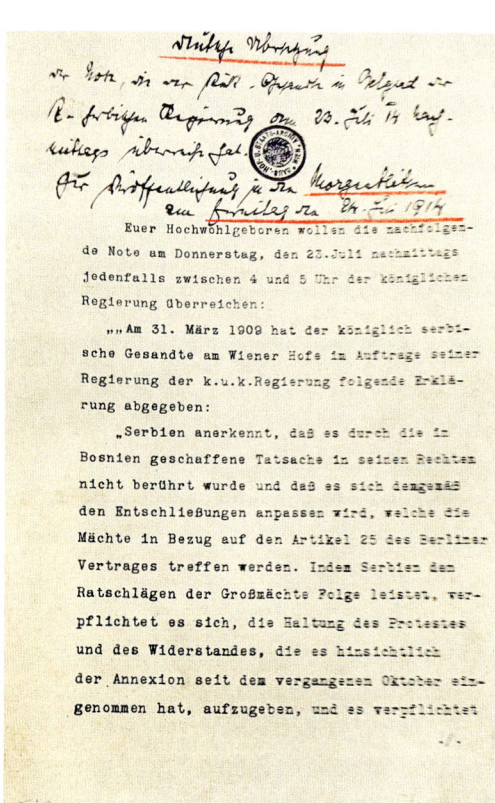

Der diplomatische Amtsweg
zum Weltkrieg: Österreichs
Ultimatum an Serbien

inwieweit wir Beweise von der Mitschuld Serbiens hätten. Man habe ihm aber viel und mit lebhafter Besorgnis davon gesprochen, und diese Besorgnis sei nicht auf eine Mächtegruppe beschränkt. Seine Antwort sei gewesen, es werde davon abhängen, wieweit unsere Anklagen gegen Serbien ernstlich begründet seien, und welche Genugtuung wir verlangen. Sind unsere Griefs gut fundiert und das, was wir von Serbien fordern, für diesen Staat ausführbar, so könne man hoffen, daß Rußland auf die Belgrader Regierung mäßigend einwirken werde. Gefahr sei Aufflammen der slawischen Erregung in der öffentlichen Meinung Rußlands. ... Wenn vier große Staaten, Österreich-Ungarn, Deutschland, Rußland und Frankreich, in einen Krieg verwickelt werden, so folge ein Zustand, der einem wirtschaftlichen Bankrott Europas gleichkomme. Kein Kredit mehr zu erlangen, die industriellen Zentren in Aufruhr, so daß in den meisten Ländern, gleichgültig, ob Sieger oder besiegt, ›so manche bestehende Institution weggefegt‹ werden würde.

Ich sagte ihm, meiner Ansicht nach müßten wir in diesem Falle trotz unserer bekannten Friedensliebe Serbien gegenüber ›sehr fest‹ bleiben. ... Er war kühl und objektiv wie immer, freundschaftlich und nicht ohne Sympathie für uns. Er ist unzweifelhaft sehr besorgt über die möglichen Folgen.

Ich fürchte, er wird den Charakter eines Ultimatums unserer Demarche und die kurze Frist kritisieren.«

Mit dieser Vermutung behielt Graf Mensdorff recht.[118]

23. Juli 1914 **»Ein zyklonartiger Sturm richtet ungeheure Verheerungen an«**

Die heißen Julitage enden mit schweren Unwettern. In Budapest richtet ein »zyklonartiger Sturm ungeheure Verheerungen an«. Der 23. Juli ist ein extrem schwüler und heißer Tag. Am späteren Nachmittag kündigt sich ein dramatischer Wetterumsturz an. Der Luftdruck sinkt gleich um mehrere Millimeter am Barometer. Der *Pester Lloyd* berichtet: »Der Himmel verdüsterte sich in wenigen Augenblicken und der Sturm setzte unvermittelt mit stärkster Heftigkeit ein. Nach fünf Minuten ging auch unter heftigem Blitz und Donner ein starker Regen nieder, dem vorübergehend ein Wolkenbruch folgte.«

Das Gewitter zog in einer knappen halben Stunde über Budapest, richtete aber schwere Zerstörungen an. Zehn Menschen starben unter entwurzelten Bäumen, von herausgerissenen Gaskandelabern erschlagen, unter einer eingestürzten Bretterbude wurden zwei tote Kinder geborgen. Am Donaukai wehte eine Sturmböe einen Kutscher vom Bock. Er starb auf der Stelle. Selbst das Kuppeldach des Parlaments an der Donau wurde beschädigt, die Reiterstatue des Grafen Julius Andrassy »schwankte bedenklich«.

Mit Blitz und Donner kündigt sich ein Ende der »schönen Tage« an. Unwetter in Triest und Fiume richten »kolossale Schäden« an.

Fischkutter werden gegen Felsen geschleudert und Hafenbarken sinken in den aufgepeitschten Wellen. In Triest wird der Hafen vom Meer überflutet, der Straßenbahnverkehr muss unterbrochen werden. Auch in weiten Teilen Europas endet die Hitzewelle in einem Wetterchaos.

Am späten Nachmittag dieses Tages macht sich der österreichische Gesandte Wladimir Rudolf Karl Freiherr Giesl von Gieslingen auf den Weg ins serbische Außenministerium. Er hat eine mehrseitige Note der k. u. k. Regierung im kleinen Lederkoffer. Sie entspricht einem Ultimatum an das Königreich Serbien. Die zehn Forderungen aus Wien sind so formuliert, dass eine Annahme durch die serbische Regierung nicht erwartet werden kann.

Freiherr Giesl von Gieslingen beginnt vorsorglich seine Koffer zu packen. Vorbereitungen für die Schließung der Botschaft werden begonnen. Der deutsche Kollege soll die österreichisch-ungarischen Interessen in Belgrad vertreten. Doch vorerst heißt es warten: noch 48 Stunden.[119]

25. Juli 1914 »Deshalb erklären wir im Namen der arbeitenden Klasse, daß wir für diesen Krieg die Verantwortung nicht übernehmen«

Die *Arbeiter-Zeitung*, das Zentralorgan der Sozialdemokratie in Österreich, wird am Samstagmorgen kurz nach dem Erscheinen um sechs Uhr morgens behördlich konfisziert. Auf der Titelseite klafft bei der zweiten Auflage ein weißes Loch. Die Führung der »Deutschen Sozialdemokratie« wendet sich mit einem dramatischen Aufruf in »furchtbar ernster Zeit« an die Parteigänger: »Arbeiter, Parteigenossen!« Noch vor Ablauf des Ultimatums an Serbien lehnt die Sozialdemokratie jede Mitverantwortung für einen drohenden Krieg ab. »Wir sind überzeugt, daß für alles, was Oesterreich-Ungarn im Interesse des Schutzes seiner Staatlichkeit begehrt, die Erfüllung im Frieden zu erreichen war und immer noch wäre, und daß keine staatliche Notwendigkeit, keine Rücksicht auf ihr Ansehen die Großmacht zwingt, die Bahnen der friedlichen Verständigung zu verlassen. Deshalb erklären wir im Namen der arbeitenden Klasse, erklären es als die Vertreter der deutschen Arbeiter in Oesterreich, daß wir für diesen Krieg die Verantwortung nicht übernehmen, daß wir für ihn und alles, was aus ihm an furchtbar ernsten Folgen entsprießen mag, denjenigen die Verantwortung zuschieben, die den verhängnisvollen Schritt, der uns vor den Krieg stellt, ersonnen, unterstützt und gefördert haben!« Bei aller Ablehnung des Krieges, die in Österreich-Ungarn zu keinem »Burgfrieden« nach Berliner Muster führt, verurteilt die Sozialdemokratie den Anschlag auf den Thronfolger. »Wie wir, aus unseren prinzipiellen Auffassungen heraus, die alle schnöden Gewalttaten zurückweisen, die Mordtat von Sarajewo verurteilen, so verurteilen wir auch alle die, die an ihr Mitschuld tragen.«

Die Hoffnung der »Deutschen Sozialdemokraten« in Österreich, dass sich alle »bewussten Arbeiter der Welt« der bedingungslosen Ablehnung eines Krieges anschließen würden, blieb unerfüllt.[120]

25. Juli 1914 »Exzellenz, ich bedauere sehr, was geschehen ist«

Das Ende eines Kuraufenthalts. Am Samstagmorgen lässt sich der serbische Generalstabschef Radomir Putnik von Gleichenberg nach Graz fahren. Nach einem mehrwöchigen Kuraufenthalt mit seiner Tochter in der steirischen Heiltherme beeilt sich der General, die Monarchie zu verlassen. Er ist gut erholt. Der Dichter Peter Rosegger hat die harmonische Sanftheit des Kurortes beschrieben: »Gleichenberg ist eine weiche, blumenumwundene Sänfte, wo man sich in aller Behaglichkeit wohl einmal ein paar Wochen dem ungestörten Nichtstun und Nichtssein hingeben kann.« Es ist der Tag, an dem um sechs Uhr nachmittags das österreichisch-ungarische Ultimatum an Serbien abläuft. In Graz besteigt der Serbe den Schnellzug nach Budapest, der kurz vor zwei Uhr nachmittags aus der Bahnhofshalle dampft.

Die österreichischen Behörden lassen den serbischen Generalstabschef vorerst unbehelligt. In Budapest wechselt Putnik mit seiner Tochter den Zug. Sein Ziel: Belgrad. Mittlerweile sind die Sicherheitskräfte vorgewarnt. Zwei Dutzend »Detektives« unter Führung des lokalen Polizeichefs Nagy warten bereits im Bahnhof Kelenföld auf das Eintreffen des Zugs nach Belgrad. Dann geht alles sehr schnell. »Als der Schnellzug um 9 Uhr und 52 Minuten einfuhr, bestiegen zwei Detektives den Schnellzug, zeigten dem Kondukteur eine Photographie des Generalstabschefs Putnik und fragten ihn, ob sich ein Herr, der diesem Bilde ähnlich sehe im Zug befinde.« Der Schaffner erkennt den hohen Herrn und führt die Polizisten zu einem Coupé Erster Klasse, in dem der serbische Offizier und seine Tochter Platz genommen haben.

Die *Neue Freie Presse* schildert das folgende Handgemenge so: »Einer der Detektives trat auf Putnik zu und richtete in serbischer Sprache einige Worte an ihn. Putnik sprang von seinem Sitz, versetzte dem Detektiv einen Stoß in die Brust und zog einen Revolver. Man hatte den Eindruck, daß er sich selbst erschießen wollte. Während dieser Szene brach seine Tochter in lautes Jammern aus. Der andere Detektiv faßte jedoch Putnik bei der Hand und entwand ihm den Revolver.« Der General stürzt in dem engen Zugsabteil zu Boden, ein Detektiv kniete sich auf seine Brust. Inzwischen waren weitere Polizisten vor dem Coupé erschienen. Sie trugen den General aus dem Waggon. Seine Tochter begleitete die Szene schreiend und weinend. Auf dem Perron stellten die Geheimpolizisten den zappelnden General wieder auf eigene Beine. So konnte der Budapester Platzkommandant, Feldmarschall-Leutnant Sorsich, den unfreiwilligen Gast militärisch korrekt begrüßen: »Exzellenz, ich bedauere sehr, was geschehen ist, doch habe ich auf höheren Befehl gehandelt.«

Der serbische Armeechef wurde dann mit einem k. u. k. Heeresautomobil ins Budapester Platzkommando gebracht und dort in Gewahrsam genommen. Seine noch immer weinende Tochter hingegen wurde in einem vornehmen Budapester Hotel einquartiert.

Am folgenden Tag sandte Außenminister Graf Berchtold seinen Legationssekretär Alexander Hoyos zum österreichischen Generalstabschef Conrad, um seine Meinung darüber einzuholen, was man mit Putnik tun solle. Formell war Österreich-Ungarn zu diesem Zeitpunkt noch nicht im Krieg mit Serbien. Der Rückzug des Botschafters aus Belgrad allein galt lediglich als Abbruch der diplomatischen Beziehungen. Conrad dürfte eher ratlos gewesen sein. Doch die Entscheidung über Radomir Putnik traf ohnehin der oberste Kriegsherr. Der Serbe durfte schon am nächsten Tag seine Reise nach Belgrad fortsetzen. Auf allerhöchsten Befehl stellten die Staatsbahnen dafür sogar einen Sonderzug zur Verfügung. Kaiser Franz Joseph hatte in Bad Ischl die Verhaftung des Serben gar nicht goutiert. In einem Schreiben vom 28. Juli an Kriegsminister von Krobatin tadelte er die Aktion: »Gleichgültig, von wem der Befehl zur Anhaltung ausgegangen sei, werden Sie demselben Meine vollste Mißbilligung sofort zu bekunden haben. Ich erwarte von allen in hohen Stellungen befindlichen Generalen ein selbständiges, rasches, aber stets taktvolles und niemals unbedachtes Handeln.«

Die am selben Tag unterschriebene Kriegserklärung an Serbien war demnach taktvoll und bedacht. Zu diesem Zeitpunkt befand sich Generalstabschef Putnik bereits wieder in Belgrad, gut erholt nach einer mehrwöchigen Kur in der Steiermark.[121]

27. Juli 1914 »Überall regnet und blitzt es, auch in den Herzen der Menschen«
Alfons Petzold verbringt seinen Urlaub in Tirol. Im Frühjahr 1914 ist sein letzter Gedichtband *Der heilige Ring* erschienen. Petzold, Sohn einfacher Wiener Arbeiter, schreibt sozialkritische Lyrik. Der Dichter versucht dem Arbeiterstand, den »Roten«, einen gebührenden Platz in der Kulturlandschaft zu erschreiben. Seine Gedichte bleiben aber im Rahmen der bürgerlichen Form, weder Stil noch Inhalt geben sich revolutionär. Im Gedicht »Der Fels« werden – mit einiger Fantasie – Bezüge zur Masse der wenig Privilegierten deutlich: »Aus dem Schatten der Wälder hebt der Fels sein hochstirniges

Haupt, indes seine Füße, verröllt und verstaubt, fühlen die Not der Straßen und Felder.«

Eine Gewitterfront hat die heißen Tage unterbrochen. Petzold reist von Bayern nach Bozen. In sein Tagebuch notiert er am 27. Juli: »In Innsbruck gehen die wildesten Kriegsgerüchte um. Es hieß, der Verkehr auf den Bahnen würde eingestellt. So fuhr ich noch nachts nach Bozen zurück. Überall regnet und blitzt es, auch in den Herzen der Menschen, über denen das Damoklesschwert des Krieges hängt.«

27. Juli 1914 »Aber damit fällt jeder Kriegsgrund fort«

Am Nachmittag des 27. Juli kehrt Kaiser Wilhelm II. von seiner Nordlandreise ins kaiserliche Schloss nach Potsdam zurück. Der Monarch ist in den entscheidenden drei Wochen weit entfernt von allen Machtzentren auf seiner imposanten Staatsdampfyacht *Hohenzollern II.* in den Gewässern vor Norwegen geschippert. Reichskanzler Bethmann Hollweg hat es nicht besonders eilig, seinen Kaiser über die neuesten Entwicklungen zu informieren. Immerhin hat Österreich-Ungarn an das Königreich Serbien ein kaum erfüllbares Ultimatum gerichtet. Der serbische Geschäftsträger in Berlin beeilt sich, die vom österreichischen Botschafter in Belgrad zurückgewiesene Antwort Serbiens der deutschen Reichsregierung zu übermitteln. Schon am 27. Juli hat er die Antwortnote seiner Regierung im deutschen Außenamt hinterlegt. Dem Kaiser wird das Schreiben erst am nächsten Tag vorgelegt. Willhelm II. ist über die weit entgegenkommende Haltung der Serben erstaunt. An den Rand des Dokuments schreibt er handschriftlich den berühmten Satz: »Aber damit fällt jeder Kriegsgrund fort.«

Doch der Kaiser wird von seinem eigenen Reichskanzler und dem deutschen Generalstab übergangen. Wilhelm formuliert seinen Plan vom »Halt in Belgrad«. Die Österreicher sollten als Pfand für die serbischen Zusagen die Hauptstadt Belgrad besetzen, aber dann die Kriegsmaschine anhalten. »Die paar Reserven, welche

Serbien zu einzelnen Punkten macht, können meines Erachtens nach durch Verhandlungen wohl geklärt werden.«

Und wieder wird eine Kommunikationspanne inszeniert. Bethmann Hollweg übermittelt den Vorschlag seines Kaisers an Österreich-Ungarn über den Amtsweg, was zu einer mehrstündigen Verzögerung führt. Außerdem lässt der Regierungschef die wichtigste Anmerkung seines kaiserlichen Chefs unter den Tisch fallen. Die österreichische Regierung erfährt aus dem Mund des deutschen Botschafters in Wien nicht, dass Kaiser Willhelm eigentlich keinen Kriegsgrund mehr sieht. Der kaiserliche Vorschlag wird von Bethmann Hollweg in einer Weisung an Botschafter Heinrich Leonhard von Tschirschky und Bögendorff ausdrücklich verfälscht: »Sie werden es dabei sorgfältig zu vermeiden haben, daß der Eindruck entsteht, als wünschten wir Österreich zurückzuhalten. Es handelt sich lediglich darum, einen Modus zu finden, der die Verwirklichung des von Österreich-Ungarn erstrebten Ziels ... ermöglicht, ohne gleichzeitig einen Weltkrieg zu entfesseln, und wenn dieser schließlich nicht zu vermeiden ist, die Bedingungen, unter denen er zu führen ist, für uns nach Tunlichkeit zu verbessern.«

Zu dem Zeitpunkt, als Botschafter Tschirschky am Ballhausplatz vorstellig wird, hat die k. u. k. Monarchie dem Königreich Serbien bereits den Krieg erklärt.

27. Juli 1914 »Ausnahmezustand in ganz Österreich-Ungarn«

Jetzt geht es Schlag auf Schlag. Noch ehe Kaiser Franz Joseph die Kriegserklärung an das Königreich Serbien unterschrieben hat, werden seine 52 Millionen Untertanen in den Kriegszustand versetzt. Die Sonntagsblätter melden am 28. Juli 1914 ohne Kommentar die Verhängung des Ausnahmezustands: »Durch ein kaiserliches Patent wurde noch gestern spät nachts sowohl für die österreichische als auch für die ungarische Reichshälfte der allgemeine Ausnahmezustand verhängt, der alle persönlichen und politischen Rechte aufhebt und jede Übertretung gegen die öffentliche Sicherheit oder das

Privateigentum mit Todesstrafe bedroht. Gleichzeitig treten die Kriegsleistungsgesetze in Kraft, denen zufolge jede männliche Person bis zum 50. Lebensjahr zum Kriegsdienst herangezogen werden kann. Der ungarische Reichstag und sämtliche Landtage der Monarchie werden geschlossen. Die Geschworenengerichte sind aufgehoben.«

Jede Maßnahme wirkt wie ein Hammerschlag. Mit einer Unterschrift verlieren alle Bürger der Doppelmonarchie ihre grundlegenden Verfassungsrechte. So schnell, so einfach kann das geschehen.[122]

27. Juli 1914 »Ich richte an die verehrlichen Hausfrauen die Bitte, nicht durch unnötige Vorankäufe die Marktlage zu erschweren«

Der Krieg ist noch nicht einmal erklärt, schon haben die Wiener Märkte reagiert. Bei den Einkäufen am Vormittag müssen Wiens Hausfrauen tief ins Geldbörsel greifen. Viele Waren für den täglichen Gebrauch sind über Nacht doppelt, ja dreifach so teuer geworden. Hamsterkäufe verringern das Angebot und treiben die Preise in die Höhe. Wiens Bürgermeister Richard Weiskirchner erlässt noch am 28. Juli einen »Aufruf des Bürgermeisters gegen die Preissteigerungen«. Das städtische Marktamt hat »eine geradezu unerhörte, durch nichts gerechtfertigte Preissteigerung wichtiger Konsumartikel« erhoben. Der Bürgermeister appelliert an den Gemeinsinn der Händler, der freilich im Geschäftssinn einen übermächtigen Feind hat. »Ich erwarte, dass meine Mahnung von Erfolg begleitet sein wird, da ich sonst genötigt sein werde, von den mir durch Gesetze und Verordnungen eingeräumten Mitteln rücksichtslos Gebrauch zu machen.« Auch an die Hausfrauen richtet der Stadtpolitiker mahnende Worte: »Ich richte an die verehrlichen Hausfrauen die Bitte, nicht durch unnötige Vorankäufe die Marktlage zu erschweren.«

28. Juli 1914 **»Ah! Wie die Konservativen und Katholiken schreien werden!«**
In Frankreich geht die Meldung über den Beginn eines dritten Balkankrieges, diesmal zwischen Österreich-Ungarn und Serbien, fast unter. Die Menschen erregt ein Gerichtsurteil. Madame Henriette Caillaux wird von der Anklage des Mordes an *Figaro*-Chefredakteur Gaston Calmette nach neun Prozesstagen freigesprochen.

Der Verteidiger der Ministergattin, Fernand Labori, hat sich in seinem Plädoyer auf die Gutachten der Ärzte berufen, die behaupten, Calmette hätte das Schussattenat überlebt, wenn er rechtzeitig operiert worden wäre. Frau Caillaux habe unter dem Zwange einer bewussten Eingebung gehandelt, aber töten habe sie nicht wollen. Der berühmte Advokat schließt: »Sparen wir unseren Zorn für unsere äußeren Feinde und verlassen wir diesen Saal, fest entschlossen, geeint allen den Gefahren entgegenzugehen, die Sturm drohen.«

Die Geschworenen ziehen sich zur Beratung zurück. Nachdem sie wieder den Saal betreten haben, verkündet ihr Obmann, dass beide Schuldfragen verneint wurden. Damit ist Frau Caillaux freigesprochen. Das Auditorium bricht in stürmischen Beifall aus. Henriette Caillaux sinkt halb ohnmächtig auf die Anklagebank zurück. Labori fängt sie auf und umarmt sie. Madame Caillaux bricht in Schluchzen aus. Alles steht auf und ruft: »Es lebe Caillaux! Es lebe Labori!«

Die Pariser Zeitungen haben Tag für Tag jedes gesprochene Wort im Gerichtssaal mit Druckerschwärze verewigt. Ihr Ehemann, Finanzminister Joseph Caillaux, hatte mit Fernand Labori den besten Verteidiger des Landes engagiert und mit ihm eine genial einfache Prozessstrategie ausgearbeitet. Frauen sind emotionale Wesen, die von ihren Gefühlen überwältigt werden können. Der weibliche Verstand habe die gehässigen Angriffe des Journalisten nicht mehr ertragen. Henriette sei demnach beim gezielten Mordanschlag nicht Herrin ihrer Sinne gewesen. In Paris findet eine solche Argumentation 1914 wohlmeinende Geschworene. Ein Verbrechen aus Leidenschaft kann kein Mord sein.

Henriette verlässt den Gerichtssaal am Arm ihres Mannes. Frankreich reagiert entsetzt, begeistert, amüsiert und wütend – je nach politischem Standort. Der katholische Abbé Mugnier, Beichtvater der besseren und schlechteren Pariser Gesellschaft, schreibt in sein Tagebuch, das ein Sittenbild der Szene zeichnet: »Ah! Wie die Konservativen und Katholiken schreien werden! Sie lieben nichts mehr als das Jüngste Gericht vorwegzunehmen, Regeln zu machen und Strafen zu erfinden.«

Das zweite Ereignis des Tages notiert der Abbé in einem Satz: »Österreich hat Serbien den Krieg erklärt.« Dieses Faktum lässt den Freispruch der Madame Caillaux in den Wiener Blättern zur einspaltigen Meldung schrumpfen. Die *Neue Freie Presse* kommentiert: »In diesen Tagen der Massenaufregung, in denen man den heißen Atem der Weltgeschichte zu spüren glaubt, in denen Völkerschicksale sich vor aller Augen zu gestalten scheinen, wiegt ein Einzellos verhältnismäßig leicht, und das politische, das soziale und menschliche Interesse, das dieses Gerichtsdrama sonst naturgemäß im höchsten Ausmaß in Anspruch genommen hätte, ist abgeblaßt, schwächer und weniger brennend geworden.«[123]

28. Juli 1914 »Im Rate der Vorsehung ward es anders beschlossen«

»Es war mein sehnlichster Wunsch, die Jahre, die mir durch Gottes Gnade noch beschieden sind, Werken des Friedens zu weihen und Meine Völker vor den schweren Opfern und Lasten des Krieges zu bewahren. Im Rate der Vorsehung ward es anders beschlossen.«

So beginnt das »Kriegsmanifest« des 84-jährigen Kaisers Franz Joseph mit einer glatten Lüge. Der Krieg gegen Serbien wurde nicht im »Rate der Vorsehung« geplant und beschlossen. Es sind österreichische Offiziere, Beamte und Minister, die in der Juli-Krise seit der Ermordung des Thronfolgers in Sarajewo bewusst auf den Waffengang mit Serbien hingearbeitet haben.

»Die Umtriebe eines haßerfüllten Gegners zwingen mich, zur Wahrung der Ehre Meiner Monarchie, zum Schutze ihres Ansehens

Illustrierte
Kronen-Zeitung

Wien, Sonntag, den 26. Juli 1914.

Krieg mit Serbien!

Mobilisierung der serbischen Armee.

Unser Gesandter von Belgrad abgereist.

Die serbische Königsfamilie und die Regierung aus Belgrad geflüchtet.

Sätze wie Schwerthiebe:
Die Kriegserklärung Österreichs
verändert das Leben von Millionen
binnen weniger Tage.

und ihrer Machtstellung, zur Sicherung des Besitzstandes nach langen Jahren des Friedens zum Schwerte zu greifen.« Im zweiten Satz steckt immerhin eine Wahrheit. Die k.u.k. Monarchie beginnt diesen Krieg zur vermeintlichen Sicherung des Besitzstandes am Balkan und zum Erhalt einer Machtposition im europäischen Kräftegefüge. Die Habsburgermonarchie war in den vergangenen Jahrzehnten im Kreis der »Großen Fünf« zurückgefallen und vom Abstieg aus der europäischen Topliga bedroht.

»Ich habe alles geprüft und erwogen. Mit ruhigem Gewissen betrete Ich den Weg, den die Pflicht mir weist. Ich vertraue auf Meine Völker, die sich in allen Stürmen stets in Einigkeit und Treue um Meinen Thron geschart haben und für die Ehre, Größe und Macht des Vaterlandes zu schwersten Opfern immer bereit waren. Ich vertraue auf Oesterreich-Ungarns tapfere und von hingebungsvoller Begeisterung erfüllte Wehrmacht. Und ich vertraue auf den Allmächtigen, daß er Meinen Waffen den Sieg verleihen werde.«

29. Juli 1914 »Die Luft ist verdüstert von Gewitterwolken und die Entscheidung muß in absehbarer Zeit getroffen werden«

Österreich-Ungarn hat es eilig. Wenige Stunden nach Übermittlung der Kriegserklärung an Serbien donnern die ersten Kanonen. Während die internationale Diplomatie noch nach letzten Auswegen sucht, schießt die k. u. k. Artillerie bereits scharf. Der Erste Weltkrieg beginnt kurz vor ein Uhr früh am 29. Juli an der Donau. Österreichische Donaukriegsschiffe, sogenannte »Monitore«, nehmen die alte Belgrader Festung Kalimegdan unter Feuer und schießen eine Kaserne in Brand. Der erste Schuss wird vom Donaumonitor *Temes* abgefeuert.

Die von der amtlichen Zensurstelle genehmigte Schilderung der Ereignisse dieser Nacht macht die serbische Armee zum Angreifer. Die *Südslawische Korrespondenz* berichtet aus Semlin, dem heutigen Zemun, das damals auf der österreichischen Seite der Save lag, die bei Belgrad in die Donau mündet: »Der Beginn des ersten Kampfes war serbischerseits durch Beschießung österreichischer Transportschiffe eingeleitet worden. Um die genannte Stunde passierte das Schiff der Donaudampfschiffahrtsgesellschaft *Inn* mit drei leeren Schleppschiffen die alte Belgrader Festung Kalimegdan. Das Schiff, dessen Kommando Kapitän Stephan Feiner führte, wurde plötzlich vom serbischen Ufer mit Maschinengewehren beschossen. Das k. u. k. Donaukriegsschiff *Temes* kam rasch herbeigedampft und eröffnete gegen die serbischen Stellungen das Feuer. Bald darauf war die serbische Batterie zum Schweigen gebracht. Der Kanonendonner verhallte, und die am Semliner Ufer versammelten Zuschauer glaubten schon an eine Beendigung des Zwischenfalls. Plötzlich – es war inzwischen halb zwei Uhr morgens geworden – ertönte aus der Richtung der Savebrücke eine ungeheure Detonation. Als Antwort versuchten serbische Soldaten, die Eisenbahnbrücke zwischen Zemun und Beograd zu sprengen. Man konnte im aufsteigenden Morgennebel sehen, dass nur der Teil zwischen dem serbischen Ufer und dem ersten Pfeiler der Brücke in das Wasser hing, während der Pfeiler selbst intakt war. Die Brücke konnte somit für als für Fußtruppen passierbar angesehen werden. Unterdessen waren auch die österreichischen Schiffe *Samos* und *Bodrog* in Kampflinie neben der *Temes* aufgefahren und begannen ein Bombardement. Gleichzeitig eröffnete die Haubitzenbatterie auf der Semliner Seite das Feuer. Man konnte von dem Semliner Ufer an dem aufsteigenden Rauche genau feststellen, wo die Geschosse gezündet hatten.«

Das Gefecht um die Eisenbahnbrücke ging auch am nächsten Tag weiter. Serbische Soldaten versuchten den strategisch wichtigen Übergang zu sprengen, um ein Vorrücken der k. u. k. Armee, die aber ohnehin längst noch nicht mobilisiert war, zu verhindern. Ein Korrespondent der *Neuen Freien Presse* berichtet aus Semlin: »Zehn Minuten vor 8 Uhr abends begann bei der Brücke über die Save, eben als unsere Vorposten abgelöst wurden, ein heftiger Gewehrkampf. Ein österreichisch-ungarischer Aeroplan, der von Neusatz herübergekommen war, überflog die serbischen Stellungen und beleuchtete die feindlichen Positionen. Wie ein leuchtender Riesenvogel zog er hoch über dem Feind seine Kreise und gab unseren Geschützen Richtung und Ziel für ihr Feuer. Um diese Zeit griffen unsere Haubitzen ein. Ihr mit bewundernswerter Präzision abgegebenes Feuer brachte die feindliche Artillerie bald zum Schweigen.«[124]

29. Juli 1914 »Die Abhebungen bei den Sparkassen«

Am Tag der Kriegserklärung an Serbien heben rund 7000 Wiener bei der Ersten österreichischen Sparkasse in Summe vier Millionen Kronen ab. Die einzelnen Abhebungen bleiben aber meist unter 1000 Kronen. Die Bevölkerung ist verunsichert, die Kriegserklärung löst aber keine Panik aus. Bei der Zentralsparkasse der Gemeinde Wien, deren Schalter auch am Wochenende offenhalten, werden »relativ nicht geringe Abhebungen« registriert, die Postsparkasse hingegen zählt nur einen Kapitalabfluss von einigen 100 000 Kronen. In deutschen Städten wie München, Strassburg und Köln kommt es dagegen zu regelrechten »Runs auf die Sparkassen«. Diese können

Rückkehr Sr. Majestät in Begleitung des Erzherzog-Thronfolgers von Ischl nach Schönbrunn am 30. Juli 1914 nach der Kriegserklärung. Der Bürgermeister von Wien begrüßt Se. Majestät im Schloßhof.

P.K.

Das Ende der Sommertage: Mit Kriegsbeginn kehrt Kaiser Franz Joseph aus Bad Ischl ins Schloss Schönbrunn zurück.

aber jede geforderte Summe auszahlen. Noch ist der Glaube an die Stabilität des Finanzsystems aufrecht.

Schon vor der Kriegserklärung hat die Wiener Börse geschlossen. Seit drei Tagen ist der Handel ausgesetzt. In Berlin, Paris und London werden auch noch Ende Juli Aktien und Anleihen gehandelt. Nach kräftigen Kursabschlägen am Höhepunkt der Juli-Krise erholen sich die Aktienwerte in Berlin wieder. Die Börse glaubt nicht an einen Weltkrieg. Im *Economist* der *Neuen Freien Presse* werden »Finanzkreise« aus der deutschen Kaiserstadt zitiert: »Es überwiegt die Ansicht, daß es zu einem Kriege mit Rußland nicht kommen werde.« So kann die Aktie der Deutschen Bank ihre Vortagsverluste sogar wettmachen. Zu den Gewinnern zählen auch die »Montanpapiere«, Aktien von Stahlwerken und Kohlegruben. Die Wiener *Presse* kommentiert: »Die Stimmung an der Berliner Börse war am Schlusse freundlicher und zuversichtlicher als in der letzten Zeit.«

Damit lieferten die deutschen Börsianer wieder einen Beweis, dass sie bei der Prognose künftiger Entwicklungen weit daneben liegen können. Da waren die französischen Börsekollegen vorsichtiger. Das Pariser Bankierkomitee beschließt am 28. Juli, »alle laufenden Transaktionen sofort zu suspendieren.« Der *Economist* fasst die Lage an den Finanzmärkten zusammen: »Die internationale Spannung hat einen unerträglichen Grad erreicht und eine baldige Lösung ist für die finanzielle Welt eine Notwendigkeit.«

Eine Lösung des Konflikts wäre auch für die Sparer, die am Kriegsbeginn so diszipliniert ihre Kronen auf den Sparkassen-Konten liegen ließen, durchaus vorteilhaft gewesen.

31. Juli 1914 »Wir sahen, wie Herr Jaurès auf der Bank, auf der er saß, seitlich zusammengesunken war«

Jean Jaurès, der Präsident der Sozialistischen Partei, wird im Café du Croissant von dem Nationalisten Raoul Villain erschossen. Mehrere Projektile treffen ihn im Kopf. Der Politiker erliegt seinen schweren Verletzungen. Jaurès hatte die Arbeiter in Deutschland und Frankreich zum Generalstreik aufgerufen, weil er die Gefahr eines Krieges spürte, den er mit aller Macht verhindern wollte. Ein Journalist des *Manchester Guardian* speiste an jenem Abend im Café du Croissant an der Rue Montmartre. Er schrieb einen Augenzeugenbericht: »Gegen halb zehn Uhr abends, gerade als wir unser Essen beendet hatten, krachten zwei Pistolenschüsse im Restaurant. Wir sahen, wie Herr Jaurès auf der Bank, auf der er saß, seitlich zusammengesunken war. Frauen schrien. Jaurès war in den Kopf getroffen worden. Der Mörder muß die Schüsse aus nächster Nähe abgegeben haben. Ein Arzt wurde herbeigerufen, aber er konnte nichts mehr tun. Jaurès starb nach wenigen Minuten, ohne das Bewußtsein wiedererlangt zu haben. Der Mörder war rasch gefaßt und der Polizei übergeben worden, die ihn vor der empörten Menge schützen mußte, die sich rasch auf der Straße versammelt hatte.«

Noch ehe er begonnen hatte, hatte der Krieg ein erstes, prominentes Opfer gefordert. Der sozialistische Parteiführer war eine charismatische Persönlichkeit, die sich nicht scheute, gegen die allgemeine Volksstimmung aufzutreten. In der »Affäre Dreyfus« verteidigte Jaurès den jüdischen Hauptmann, dem Landesverrat vorgeworfen worden war.

Der französische Nationalist wurde nach mehrjähriger Untersuchungshaft im März 1919 von einem Geschworenengericht freigesprochen. Die Witwe des Politikers musste sogar die Verfahrenskosten bezahlen. Heute erinnert im Café du Croissant ein im Boden eingelegtes Mosaik mit der Inschrift »31.7.1914« an die Stelle, an der Jaurès starb. Kaum drei Wochen nach seiner Ermordung wurde nach Jean Jaurès eine Avenue in Paris benannt und sein Name ins öffentliche Gedächtnis der Stadt gebrannt. Die neue Avenue Jean Jaurès im Viertel La Villette hatte bis zum Kriegsbeginn Rue d'Allemagne geheißen. Nach dem Tod des Pazifisten wurde so auch der Name des deutschen Feindes aus der Pariser Straßengeografie ausgelöscht.[125]

31. Juli 1914 »Die verdammten Serben soll der Teufel holen!«

Richard Strauss ist ein schlechter Prophet. Am 31. Juli schreibt der Komponist aus Garmisch an Gerty von Hofmannsthal. »Ich bin auch heute noch fest überzeugt, daß es erstens keinen Weltkrieg gibt, daß die kleine Rauferei mit Serbien bald beendigt sein wird und daß ich den III. Akt meiner *Frau ohne Schatten* doch noch bekomme.« Strauss ist bestürzt. Er hat von seinem Librettisten Hugo von Hofmannsthal eine Postkarte erhalten. Mit wenigen Worten verabschiedet sich der Dichter von dem Komponisten. Hofmannsthal wurde, wie Hunderttausende auch, unmittelbar vor der Kriegserklärung an Serbien zum Landsturm eingezogen. Richard Strauss zeigt kein besonderes Verständnis für die Gleichheit vor dem Wehrgesetz: »Dichter könnte man wirklich zu Hause lassen, wo sonst so reichlich Kanonenfutter vorhanden ist: Kritiker, Regisseure mit eigenen Ideen und Molierespieler etc.«

In der Wiener Wirklichkeit laufen an diesen ersten Einrückungstagen die Beziehungsdrähte heiß. Hugo von Hofmannsthal hat keine Lust in den Krieg zu ziehen. Er stattet dem einflussreichen Abgeordneten Josef Redlich noch Samstagfrüh einen Besuch ab und bittet ihn zu intervenieren: »Hugo kam ganz aufgeregt zu mir und bat um Hilfe. Er ist als Landsturmoffizier nach Pisino in Istrien berufen! Ich schrieb an Konrad Hohenlohe, gab ihm den Brief mit: heute höre ich, daß er bis zum 28. August beurlaubt ist und nach Graz transferiert wurde! Er schreibt mir soeben voll Dank!« Die Militärkarriere des Dichters blieb kurz. Immerhin konnte er noch eine Feldpostkarte an Richard Beer-Hofmann aus dem istrischen Küstenland schicken: »Das hätte ich mir nicht gedacht, daß ich noch einmal im Leben eine Feldkappe aufsetzen und einen geschliffenen Säbel umschnallen würde. Macht mir aber viel Freude.«

Doch nicht alle hatten direkte Beziehungen ins Außenamt und konnten schon nach zwei Tagen wieder abrüsten. Redlich begleitet einen Freund zum Nordbahnhof. »Dort fanden ergreifende Szenen bei der Abreise von Tausenden Reservisten in drei Schnellzügen statt. Die weinenden Mütter, Frauen und Bräute: Welcher Jammer wird erst kommen!« Auch Stefan Zweig wird nach der anfänglichen Begeisterung über die Kriegserklärung schon von der Wirklichkeit eingeholt. In sein Tagebuch notiert er: »Die Straßen sind voll von Pferden, die man wegtreibt, es klappert die ganze Nacht. Auf den Bahnhöfen sollen sich entsetzliche Szenen abspielen: Ich wage mich gar nicht hin. Ich bin ganz zerbrochen, ich kann nichts essen, meine Nerven flimmern, ich vermag nicht zu schlafen, ich spüre mit zu viel Phantasie dies Grauen der ganzen Stadt, Haus um Haus. Ich sehe die armen Burschen ferne und das Elend, von dem hier noch niemand weiß.«

1. August 1914 **»Wenn doch auch du am heutigen Tag erkannt hättest, was dir Frieden bringt«**

In den katholischen Kirchen der Monarchie lesen die Pfarrer am ersten August-Sonntag eine Stelle aus dem Evangelium nach Lukas: »Jesus weinte über die Stadt Jerusalem.« Die Worte Christi sprechen von Frieden, von Feinden, von Bedrohung und Zerstörung. Lukas war Evangelist, mehr noch, Prophet. »Wenn doch auch du an diesem Tag erkannt hättest, was dir Frieden bringt. Jetzt aber bleibt es vor deinen Augen verborgen, du siehst es nicht. Es wird eine Zeit für dich kommen, in der deine Feinde rings um dich einen Wall aufwerfen, dich einschließen und von allen Seiten bedrängen. Sie werden dich und deine Kinder zerschmettern und keinen Stein auf dem andern lassen: denn du hast die Zeit der Gnade nicht erkannt.« (Lukas 19,41–44)

Die katholische Kirche verkündet 1914 Friedensworte des Herrn, aber kein Würdenträger ist in den Wochen der Juli-Krise auf die Kanzel gestiegen und hat die Monarchen von Gottes Gnaden an des Evangelium erinnert.

1. August 1914 »So muß denn das Schwert entscheiden!«

Am späten Nachmittag des 1. August 1914 tritt der deutsche Kaiser Wilhelm II. auf den Balkon des Berliner Stadtschlosses und wendet sich in einer kurzen Ansprache »an das deutsche Volk«. Es ist das zweite Mal innerhalb von 24 Stunden, dass sich der Kaiser zu Wort meldet. Seine zwei »Balkonreden« markieren den Beginn des Weltkrieges: »Alle offenkundige und heimliche Feindschaft von Ost und West, von jenseits der See haben wir bisher ertragen im Bewusstsein unserer Verantwortung und Kraft. Nun aber will man uns demütigen. Man verlangt, daß wir mit verschränkten Armen zusehen, wie unsere Feinde sich zu tückischem Überfall rüsten, man will nicht dulden, daß wir in entschlossener Treue zu unserem Bundesgenossen stehen, der um sein Ansehen als Großmacht kämpft und mit dessen Erniedrigung auch unsere Macht und Ehre verloren ist. So muß denn das Schwert entscheiden. Mitten im Frieden überfällt uns der Feind. Darum, auf zu den Waffen! Jedes Schwanken, jedes Zögern wäre Verrat am Vaterlande. Um Sein oder Nichtsein unseres Reiches handelt es sich, das unsere Väter sich neu gründeten. Um Sein oder Nichtsein deutscher Macht und deutschen Wesens. Wir werden uns wehren bis zum letzten Hauch von Mann und Ross. Und wir werden diesen Kampf bestehen auch gegen eine Welt von Feinden. Noch nie ward Deutschland überwunden, wenn es einig war. Vorwärts mit Gott, der mit uns sein wird, wie er mit den Vätern war!«

Schon am Vorabend um halb sieben Uhr war der deutsche Kaiser gemeinsam mit seiner Frau und Prinz Adalbert an ein Fenster des Rittersaals getreten und hatte vor einer großen Menschenmenge markige Worte gefunden: »Enorme Opfer an Gut und Blut würde ein Krieg von uns erfordern. Den Gegnern aber würden wir zeigen, was es heißt, Deutschland zu reizen. Und nun empfehle ich euch Gott, geht in die Kirche, kniet nieder vor Gott und bittet ihn um Hilfe für unser braves Heer!«

Die alles überlagernde Frage in diesen Tagen lautet: Wird Großbritannien in einen Krieg gegen das deutsche Kaiserreich eintreten? Wilhelm II. hatte ja beste verwandtschaftliche Beziehungen zum englischen Königshaus. Es wäre – und wurde – ein Krieg unter engen Verwandten. Wilhelm wurde am 27. Januar 1859 in Berlin als Sohn des späteren Kaisers Friedrich III. und der englischen Prinzessin Viktoria, der ältesten Tochter Queen Victorias, geboren. Die legendäre englische Königin war also die Großmutter des deutschen Kaisers. Schon in den beiden »Balkonreden« versucht Kaiser Wilhelm II. die Frage nach der Schuld an diesem Waffengang Deutschlands Gegnern zuzuschieben. »Mitten im Frieden überfällt uns der Feind«, fantasiert der Kaiser, und »Neider zwingen uns zu gerechter Verteidigung. Man drückt uns das Schwert in die Hand.« Die Kriegsschuldfrage, die im Friedensvertrag von Versailles allein zu Lasten des Deutschen Reiches beantwortet wurde, hat in den Folgejahren zur Machtergreifung des Nationalsozialismus entscheidend beigetragen.

Die Wiener konnten in den Sonntagsblättern lesen, dass die Worte des Kaisers mit »tosenden Zustimmungsrufen aufgenommen« worden waren. »Hoch- und Hurrarufe sowie patriotische Lieder antworteten dem Kaiser. Als kurz darauf das Kaiserpaar das Schloß im offenen Automobil verließ, wurden ihm wiederum brausende Ovationen dargebracht.«

Erst drei Tage später versuchte Wilhelm II. in seiner Thronrede im »Weißen Saal« des Berliner Stadtschlosses die Reichsratsabgeordneten, insbesondere jene der Sozialdemokraten, »auf Linie« zu bringen. Das Regime hatte große Sorge, dass die Arbeiterschaft nicht in die allgemeine Kriegsbegeisterung einstimmen könnte und die Sozialdemokraten gegen die Mobilmachung Opposition betreiben würden. Diese Sorge der deutschen Militärs war unbegründet.

Die SPD wollte nicht zu den »vaterlandslosen Gesellen« gehören. So hatte der Kaiser noch wenige Jahre zuvor sozialdemokratische Politiker bezeichnet. Nach Kriegsausbruch musste die Monarchie einen »nationalen Schulterschluss« erreichen. In diesem Sinn kam der patriotische »Burgfriede« den Kriegsbestrebungen der nationalkonservativen Kreise zugute. Die SPD, damals mit mehr als drei Millionen eingetragenen Mitgliedern die größte Partei Europas, reihte sich in die nationale Kriegsfront ein. In einer offiziellen Fraktionserklärung hieß es: »Es gilt diese Gefahr abzuwehren, die Kultur und die Unabhängigkeit unseres eigenen Landes sicherzustellen. Da machen wir wahr, was wir immer betont haben, wir lassen in der Stunde der Gefahr das Vaterland nicht im Stich.« Das stenografische Protokoll vermerkt: »lebhafter Beifall«. Und die *Neue Preußische Zeitung* konnte tags darauf zufrieden kommentieren: »Im Inneren unseres Vaterlandes ist voller Burgfriede geschlossen.« Der Abmarsch der Soldaten zum Schlachten konnte beginnen.

In Wien bemühte sich die Staatsführung erst gar nicht um eine demokratische Legitimation des Krieges. Der Reichsrat war seit dem Frühjahr nicht mehr einberufen worden. Ministerpräsident Stürgkh regierte mit dem Notparagrafen. Das sollte bis 1918 so bleiben. Kaiser Franz Joseph hatte zwar ein Manifest »An meine Völker!« gerichtet, sich aber nicht an seine Völker direkt gewandt. Der alte Mann blieb in Schönbrunn. Franz Joseph blieb stumm.

1. August 1914 »Verbrecherisch ist dieses Erdrosseln aller Nachrichten«
Stefan Zweig versucht am 1. August 1914 gerade einmal 300 Kronen
von seinem Bankkonto zu beheben. »Ich mußte bitten darum.« –
»bitten« schreibt Zweig kursiv. »Millionen müssen sie auszahlen in
ein paar Tagen, die Notenbank druckt Tag und Nacht. Auch mein
Vater hat Not, nur das Mindeste zu bekommen. Wie wird das
enden? Das österreichische Geld ist so entwertet, daß wir schon in
Ostende 100 K. nicht mehr gewechselt bekamen. Auf den Straßen
alle Freunde in Uniform, ob man sie nur auch wiedersieht ... Was so
entsetzlich ist, ist die gänzliche Abschnürung der Stadt von Nachrichten. Belgrad soll längst genommen sein, keine Zeitung darf ein
Wort bringen ... Dafür schwirren Gerüchte. Wahr ist aber die deutsche Kriegserklärung. Was tut England, fragen wir uns alle? Verbrecherisch ist dieses Erdrosseln aller Nachrichten, man wird irre
davon, ich gehe mit Alfred noch zu Dr. Z., der mich ein wenig beruhigt, aber doch ich fiebre ununterbrochen im Gehen und im Sitzen.
Weltgeschichte ist grauenhaft von der Nähe. Die Straßen sind ganz
leergefegt von Männern, nur Frauen sieht man und Greise. Es ist
entsetzlich wie still alles wird: in meinem Garten schreien die Kinder nicht mehr, nirgends hört man Musik, und der Enthusiasmus ist
geschwunden. Es wäre besser, man wäre selbst schon fort.«
  Der Schriftsteller Stefan Zweig wird vom Krieg in Belgien überrascht. Er macht Urlaub in Ostende am Nordseestrand. Zweig liebt
Belgien, er liebt die französische Sprache. Er schreibt darüber in den
letzten Julitagen für das Feuilleton der *Neuen Freien Presse*. Es ist
ein Bericht über seine Heimkehr. Eine Reise vom Frieden in den
Krieg. Freunde wurden binnen Tagen, binnen Stunden zu Feinden
(gemacht). »Ostende, der Strand und das Meer: gegen den weißen
Villenrand schmiegt sich unendliches Blau, Welle und Himmel. Dazwischen bunt ein gemächlicher Wirbel gelassener Menschen, auf
und nieder, auf und nieder, sich zu sehen, sich zu fühlen, in der kla-
ren durchleuchteten Luft, alles zu genießen, den Himmel und das
Meer, den Luxus und die Schönheit, den Reichtum und die Rast.

Aber seit Tagen kann man nicht mehr mit. Der ganze Tag ist plötzlich fiebrig geworden, man wartet nur, wartet bis mittags die Zeitungen kommen, die Nachrichten aus Paris, aus der Welt. Dieser Schrei, zuerst fern, dann nah aus den Gassen: *Le Matin, Le Journal, Echo de Paris*, wie man ihm entgegenstürmt! Einer reißt dem anderen die Blätter weg, und schon stürmt er weiter. Man faßt die Zeitungen, blättert sie auf, die widerstrebenden gegen den Wind, um die Nachrichten zu fassen. Nur die Nachrichten! Denn das andere kann man nicht lesen in diesen französischen Blättern: es tut zu weh, es regt auf, es erbittert. Österreich wolle die slawische Welt vergewaltigen und Deutschland, das brutale, sei hungrig nach Krieg!«

Stefan Zweig ist von der Sommerfrische am Meer in Feindesland geraten. Er – wie Tausende andere Deutsche auch – wollen heim. Die Züge werden gestürmt. »Im Bureau der Schlafwagengesellschaft ist ein Wirbel von Menschen, dazwischen klingelt das Telephon, fliegen die Telegramme.« Zweig drängt zum Bahnhof, mitten in »einer lärmenden, unruhigen Masse«. Es ist, als wolle sich die ganze Stadt in den einen Zug, in diese 20 bis 30 Waggons ausschütten. Das Reisen hat allen Glanz und allen Luxus verloren. Im Speisewagen stehen die Menschen, die Abteile sind überfüllt. Langsam, nur langsam fährt der Zug gegen Osten, überquert bei Herbesthal die belgisch-deutsche Grenze. Und der polyglotte Europäer Stefan Zweig erliegt dem nationalistischen Überschwang. Binnen Stunden hat auch er sich gewandelt: »Man fühlt Deutschland und damit eine tiefe Entspannung. Nun kann man schlafen gehen, ruhen, man ist in Deutschland.«

Die Fahrt geht weiter nach Osten: Nürnberg, Regensburg, Passau: »Nichts deutet auf Krieg und fast hebt sich das Herz, um Freude zu haben an der lieblichen Landschaft.« Doch schon in Wels platzen die Hoffnungen. Ein Bahnschaffner bringt die Nachricht von der allgemeinen Mobilmachung, und in Linz sieht der Dichter schon die ersten Reservisten am Bahnhof warten. Und dann endlich Wien: »Es ist nicht das sorglose genießerische Wien von sonst, und jene spielerische Heiterkeit und ewige Drahrerstimmung, die alle Fremden so lieben und die einem durch ihre unerschütterliche Leichtsinnigkeit oft zu Überdruß wird, sie ist hingeschwunden. Das Lächeln ist fort von dem Antlitz und in ihren ernsten Zügen sieht man Ergriffenheit und eine fast feierliche Weihe. Ich möchte es in meinem Leben nicht missen, die sonst so frohberühmte Stadt gesehen zu haben, wie sie in ernster Stunde sich eine edle und neue Würde fand, eine Stille, die schöner tönte als sonst ihre Musik, und eine sinnende Ruhe, die mir wertvoller dünkte, als sonst ihre heitere Bewegtheit. Nie ist Wien mir liebenswerter erschienen, und ich freue mich, gerade in dieser Stunde den Weg zu ihr gefunden zu haben.«

Stefan Zweig erlebt in den letzten Juli-Tagen eine »Sternstunde seines Lebens«. Möglicherweise deutet er die Stille, die Ruhe, die Würde der Menschen falsch. Es war der Abschied von geliebten Menschen, für viele ein Abschied ohne Wiederkehr. Wien ist ernst, weil die Menschen Angst haben.

Am 1. August, dem Tag, an dem Zweigs Feuilleton in der *Neuen Freien Presse* gedruckt wird, veröffentlichen alle Zeitungen der Monarchie die »Kaiserliche Anordnung über die allgemeine Mobilisierung«. Was Franz Joseph »allerhöchst anzuordnen geruht«, ist schnörkellos klar. »Es haben einzurücken: Alle übrigen Nichtaktiven, dann alle übrigen 37-jährigen und jüngeren Landsturmpflichtigen österreichischer Staatsbürgerschaft, dann alle übrigen 42-jährigen und jüngeren Landsturmpflichtigen ungarischer Staatsbürgerschaft ...« Alle, alle, alle.

1. August 1914 »Sogar das Schlimmste kann am Ende fruchtbares Erlebnis werden – freilich nur für jene, die nicht daran sterben«

Der 1. August 1914 ist ein Samstag im Hochsommer. Der Wiener Journalist und Feuilletonist Raoul Auernheimer weilt in Altaussee auf Sommerfrische im Haus Fischerndorf Nr. 34 eingemietet bei der »dasigen« (einheimischen) Familie Khälß. An diesem schönen Tag kann Auernheimer nicht wie üblich um den dunklen See zur k. k. Jagdhütte auf der Seewiese wandern. Er schreibt an einem Feuilleton für die *Neue Freie Presse*. Vom Fenster seiner Ferienwohnung blickt er auf den in der Ferne schimmernden Dachsteingletscher. Es ist keine Routinearbeit in der »Saurengurken-Zeit«. Es ist Samstag und es ist Krieg. »Unterm Strich« auf Seite 1 und Seite 2 des einzigen Weltblatts der Monarchie wird am Sonntag der Aufsatz von Raoul Auernheimer stehen und er wird der jüdisch-liberalen Leserschaft der *Neuen Freien Presse* die Richtung vorgeben. »Viele von uns hat ja die Kriegserklärung in der Sommerfrische überrascht, in irgendeinem stillen, weltabgeschiedenen Tal, wohin sie sich zurückgezogen hatten, zurückgezogen haben glauben. Denn die Ereignisse wussten sie zu finden und machten sie zu Zeugen derselben Szenen, wenn auch in anderer Form.«

Der 38-jährige Jurist verbringt seit Jahren die Sommermonate im steirischen Salzkammergut. Das kleine Dorf Altaussee ist zum Refugium einer Gruppe Wiener Literaten, Industrieller und Schöngeister geworden. Gustav Mahler, Theodor Herzl, Sigmund Freud, Richard Strauss, Hermann Broch, Robert Neumann, Hugo von Hofmannsthal und viele andere fühlen sich von der Ausseer Naturkulisse immer wieder angezogen. Sie verbringen die häufig verregneten Sommermonate hier, mieten sich Villen und erfinden das Landleben neu.

Es war die Sehnsucht der Städter nach Einfachheit und Schlichtheit, die so viele Wiener in das Innere des Salzkammerguts trieb. Es waren zuerst die Adeligen, die den Reiz der Berge entdeckten. Kaiserin Elisabeth – »Sisi« – wanderte einsam am Loser. Kaiser Franz Joseph zog es zur Sommerfrische und zur Jagd nach Bad Ischl. Die Wiener Intelligenz und der Geldadel folgten der Aristokratie. An jedem der Salzkammergutseen entwickelte sich ein anderes gesellschaftliches Biotop. Um den Attersee siedelte sich die bürgerlich-liberale Elite an. Gustav Klimt entdeckte neue Perspektiven am See. Gustav Mahler setzte seine Töne in der Abgeschiedenheit eines eigenen »Komponierhäusls« in Steinbach. Jeder »sommerfrischte« auf seine Art: Jakob Wassermann wohnte in Altaussee in einer repräsentativen Villa in Hanglage mit obligatem Blick auf den See. Hugo von Hofmannsthal begnügte sich in den Anfangsjahren seiner Sommerfrische mit einem einfachen Bauernhaus und Auernheimer logierte zunächst im Hotel, dann privat in Fischerndorf und schrieb das Motto dieser schönen Tage. »Die wochenlangen Regenperioden, die den Ausseer Sommer fast wie den schottischen auszeichnen, wiesen uns allenthalben auf uns selbst zurück und steigerten die literarische Betriebsamkeit. Es lag nahe, den schwarzen See mit einem riesigen Tintenfaß zu vergleichen, in das die im Kreise sitzenden Dichter ihre Federkiele tauchten.«

Mit der Dichteridylle war es Anfang August vorbei. Seit drei Tagen befand sich Österreich-Ungarn im Kriegszustand mit dem Königreich Serbien. Das Zarenreich hatte sein Millionenheer mobilisiert, und das Deutsche Reich stand kurz davor. Aus Wien waren die Nachrichten von den jubelnden Massen auf den Straßen bis nach Altaussee gedrungen. Aber auch hier – weit weg vom ersten Schuss – war die kriegerische Realität schon im beschaulichen Alltag angekommen. Schlagartig hatte sich das Leben verändert. Auernheimer spürte die Veränderungen und brachte sie für seine Wiener Leser zu Papier. Der Kampf beginnt mit Bürokratie, und die Maschinerie funktioniert bis in die entlegenen Täler und Weiler der Doppelmonarchie: »Die Einberufung ist eine wirkliche Einberufung; denn der Gendarm geht herum, von einem Hof zum anderen, und ruft die wehrfähigen Männer im Namen des Kaisers auf: Und wirklich ist auch der Abschied des Einberufenen von den Seinen, wirklich sind die Tränen der Frau, die angstvolle Neugier der kleinen Kinder. Die Ereignisse nehmen eine Gestalt an, und die Neuigkeiten bekommen einen Mund auf dem Lande. Daß der Krieg erklärt wäre, erfuhren wir zuerst von der Erdbeerfrau, die von Haus zu Haus herumgehend, das weitertrug, was ihr der Gendarm gesagt hatte. Das Milchmädchen bestätigte dann leider das Gerücht …

Nicht viel anders als unter den Bauern geht es unter den Sommergästen zu. Auch sie erhalten die Einberufung, auch sie reisen ab, von heute auf morgen sind sie verschwunden, und die Frau, die Kinder, die Eltern wissen in vielen Fällen ebenso wenig, wohin. In dieser Ausnahmslosigkeit liegt zugleich auch ein gewisser Trost, und wenn es etwas ist, was das Opfer der Wehrpflicht erträglicher machen kann, so ist es ihre Allgemeinheit.«

Eine elitäre Gesellschaft erlebt den Kampf als Gleichmacher, die Uniform überdeckt – jedenfalls scheinbar – Klassengegensätze. Der Wiener Feuilletonist spürt feinfühlig die schlagartige Umkehrung von Werten: »Junge Leute, denen wir bisher keine besondere Beachtung schenkten und die in der Gesellschaft höchstens zu Staffagezwecken und als Tänzer für die jungen Mädchen verwendet wurden, rücken plötzlich in den Mittelpunkt unseres Interesses. Sie sind Freiwillige, Kadetten, Reserveleutnants, und sie ziehen in den Krieg, während wir daheim bleiben. Sie überzeugen uns von ihrer Wichtigkeit, an die wir nie recht geglaubt hatten, wie sie wahrscheinlich von unserer bisher nicht geglaubten Unwichtigkeit.«

Raoul Auernheimer ahnt an diesem Samstagvormittag in Altaussee, dass dieser Krieg ein Zeitalter beenden wird. Im Gegensatz zu vielen anderen stimmt er nicht in den Chor der Begeisterten ein, aber ein wenig Hoffnung lässt er den Lesern der *Neuen Freien Presse* noch. Das ist er dem Patriotismus dieser Tage schuldig, aber er glaubt nicht daran: »Unser Geschlecht ist im tiefsten Frieden aufgewachsen. Alle Quellen der Bildung, der Kultur und eines Wohlstandes, der uns selbstverständlich geworden ist, waren ihr erschlossen, nur eines hat ihr bislang gefehlt: das Erlebnis eines Krieges. Damit soll dieses Erlebnis nicht gepriesen werden. Den Krieg zu verteidigen, wenn anders er zu verteidigen ist, kann nur der Soldat berufen sein, und auch ihm müsste man eine Mutter gegenüberstellen. Aber manches, was dieser Generation vorgeworfen werden kann, die Effeminiertheit ihrer Kunst, ihr politischer Indifferentismus, ihr Mangel an Begeisterung für Fahnen und Standarten – all das mag in

Der Schriftsteller Raoul Auernheimer verbringt wie viele Dichter den Sommer im malerischen Altaussee. Hier erlebt er, wie das Gespenst des Krieges auch auf die entlegenste Alm schleicht.

ihrer friedlichen Abstammung begründet sein. Der Krieg ist ein grausamer, aber guter Erzieher. Vieles wird sich ändern, hat sich schon geändert. Ist nicht aus dem ewigen Jüngling Oesterreich, von dem Grillparzer spricht, über Nacht ein wehrfähiger Mann geworden? So hat das Schlimmste sein Gutes und sogar das Schlimmste kann am Ende fruchtbares Erlebnis werden – freilich nur für jene, die nicht daran sterben.«

Auernheimer bleibt auf Sommerfrische und erlebt in Altaussee, wie das Kriegsgespenst selbst auf die entlegenste Alm schleicht. »Morgens blieb die Erdbeerfrau aus, die sonst immer ihren Hökerkorb beim Küchenfenster niederstellte und den mit frischen Blättern zugedeckten Teller selbstgesammelter Walderdbeeren herausnahm. Die Erdbeerfrau hatte einen Mann, der hoch oben in den Triften sommersüber als Senn lebte. Der Gendarm, das ländliche Vollzugsorgan, war nachts zu ihm aufgestiegen und hatte ihm den

Einberufungsbefehl überbracht.« So gut funktionierte die k. k. Bürokratie dieser Tage in Altaussee.

Auernheimer kehrt erst Mitte September nach Wien in seine Wohnung in der Neulinggasse zurück und beschreibt in seinem Tagebuch den ersten Eindruck: »Ein Trupp Verwundeter, die schattenhaft durch die Neulinggasse wankten.« Die schönen Sommertage sind endgültig vorüber.[126]

2. August 1914 »Deutschland hat Rußland den Krieg erklärt«

Franz Kafka geht in die Schwimmschule und schreibt in sein Tagebuch: »Deutschland hat Rußland den Krieg erklärt.« Mehr notiert der Dichter nicht. Adolf Hitler geht auf den Münchner Odeonplatz, um die deutsche Kriegserklärung gegen Russland zu feiern. Auf einer zeitgenössischen Fotografie ist der spätere Gefreite in der Menge zu erkennen. Die Begeisterung, die Adolf Hitler empfunden haben will und später in seinem Buch *Mein Kampf* beschreibt, ist dem mageren jungen Mann aus Wien vom Gesicht abzulesen. Er will sogar auf die Knie gesunken sein.

Der Kniefall vor der Feldherrnhalle mag erfunden sein, die Begeisterung für den Krieg war echt und keineswegs nur auf Persönlichkeiten wie Adolf Hitler beschränkt. Thomas Mann empfand in diesen Tagen ähnlich. Auch er ließ sich vom patriotischen Überschwang fortspülen und stellte die eine Frage, die die Irrtümer so vieler Intellektueller nachträglich erklären und wohl auch entschuldigen sollte: »Wie hätte der Künstler, der Soldat im Künstler nicht Gott loben sollen für den Zusammenbruch der Friedenswelt, die er so satt, so überaus satt hatte? Krieg? Es war Reinigung, Befreiung, was wir empfanden, und eine ungeheure Hoffnung.«

Der beginnende Krieg bietet für den wenig erfolgreichen Ansichtskartenmaler Hitler eine klare Zukunftsperspektive. Schon am 4. August richtet er ein »Immediatgesuch« an den bayerischen König Ludwig III., um als Freiwilliger in einem bayerischen Regiment in den Krieg ziehen zu dürfen. Hitler ist ja eigentlich noch immer Untertan des Wiener Kaisers, aber für die k. u. k. Armee taugt er nicht. Jetzt, nach Kriegsausbruch, nehmen die Bayern jeden Mann.[127]

3. August 1914 »Erzeugung von Kriegswurstwaren«

Der Krieg hat noch gar nicht begonnen, aber die ersten Einschränkungen werden schon spürbar. »Ab Montag wird es in den Wiener Fleischhauereien nur noch ein eingeschränktes Wurstsortiment geben. Die Vorstehung der Fleischselchergenossenschaft hat beschlossen, infolge Mangels an Arbeitskräften die Erzeugung der sogenannten Bandlwurstwaren einzustellen. Fortan werden nur folgende Wurstwaren erzeugt: Pariser, feine und runde Extrawurst, Knackwürste, Braunschweiger, geselchte Blutwürste und eventuell Preßwurst.« Krakauer, Polnische gibt es nicht mehr.

Schon am Vortag haben die Bäcker die Erzeugung des »kleinen Gebäcks infolge Fehlens von Arbeitskräften« eingestellt. Die Kaisersemmeln zerbröseln. Ab sofort wird nur noch »Kriegsbrot (in Weckenform) zur Ausgabe gebracht«.

Auch das Reisen wird unbequemer. Der Schlaf- und Speisewagenverkehr der Staatsbahnen wird bereits ab Sonntag eingeschränkt. Vom Wiener Nordbahnhof kann man das letzte Mal in der Nacht vom 4. auf den 5. August bequem im Schlafwagen nach Lemberg reisen. Auf dieser Strecke nach Galizien rollen seit Tagen fast nur noch Truppentransporte. Auch die Wartezeiten auf die Wiener Straßenbahn werden länger. Schon in den ersten Tagen der Mobilisierung ist rund die Hälfte der Wiener Straßenbahner zum Kriegsdienst eingezogen worden. Die Verbliebenen müssen Überstunden machen, ein Viertel der normalen Verkehrsleistung wird gestrichen.

Dafür sind am Sonntag die Wiener Sparkassen geöffnet. Der Bürgermeister hat die Zentralsparkasse angewiesen, »die Bureauräume für das Publikum offen zu halten«. Tausende wollen in diesen Tagen Geld von ihren Sparbüchern abheben. Die Notenbank druckt neue Kronenscheine en masse. Und wer kein Geld hat, kann seine bescheidenen Wertsachen aufs Versatzamt bringen. Auch die staatlichen Pfandleihanstalten halten am Sonntag geöffnet. Die Postverwaltung schränkt ihre Dienstleistungen dagegen drastisch ein. Pakete werden kaum noch befördert, die militärische Versorgung hat Vorrang. Die k. u. k. Bürokratie antwortet auf die Kriegserklärung mit Verordnungen. Innerhalb von nur 72 Stunden ist das gewohnte Zivilleben militarisiert. Überall fehlt es an männlichen Arbeitskräften. Die Rekrutierungen erfolgen gründlich. In den Augusttagen geht tatsächlich ein gewaltiger Ruck durchs Land. Studentenvereine, Spitäler, Schülerorganisationen, Kultusgemeinden, Konsumverbände und, und, und rufen ihre Mitglieder zu Hilfsdiensten auf. Die Spendenbereitschaft ist groß. Schon am 2. August hat die *Neue Freie Presse* 115 502 Kronen und 90 Heller für die Familien der Einberufenen gesammelt. Die Freimaurerloge »Sokrates« spendet 1000 Kronen, Baron Victor von Ephrussi überweist ebenfalls 1000 Kronen. Die »älteste Abonnentin« der Zeitung übergibt 100 Kronen, und »aus den Sparkassen von Anneliese, Karl, Josef und Liselotte« werden der Zeitung 15 Kronen für die »österreichische Gesellschaft vom Roten Kreuz« ausgehändigt.[128]

3. August 1914 »Treue, Mut, Unterordnung, Pflichterfüllung, Schlichtheit«

Die *Neue Rundschau* druckt Robert Musils Essay »Europäertum, Krieg, Deutschtum« ab. Der Kulturredakteur begeistert sich unmittelbar nach den Kriegserklärungen an Charaktereigenschaften, die er verachtet hat: »Treue, Mut, Unterordnung, Pflichterfüllung, Schlichtheit, – Tugenden dieses Umkreises sind es, die uns heute stark, weil auf den ersten Anruf bereit machen zu kämpfen. Wir wollen nicht leugnen, daß diese Tugenden einen Begriff von Heldenhaftigkeit umschreiben, der in unsrer Kunst und unsren Wünschen eine geringe Rolle gespielt hat. Teils ohne unsre Schuld, denn wir haben nicht gewußt, wie schön und brüderlich der Krieg ist, teils mit unsrer Absicht, denn es schwebte uns ein Ideal des europäischen Menschen vor, das über Staat und Volk hinausging und sich durch die gegenwärtigen Lebensformen wenig gebunden fühlte, die ihm nicht genügten.«

Der Autor des *Mann ohne Eigenschaften* ist keine Einzelstimme im Chor. Fast die gesamte deutsche Intelligenz – und dazu zählten sich auch die meisten österreichischen Schriftsteller – wetteiferte plötzlich in Kriegsverherrlichung und erging sich in pathetischem Nationalismus. Robert Musil – immerhin – bemühte sich um Differenzierung, stimmte nicht vorbehaltlos ins Kriegsgeschrei ein. Viele – fast alle seiner Kollegen – ließen sich vom »Fieber« anstecken. Hermann Bahr, Rudolf Borchardt, Stefan Zweig und auch Thomas Mann befeuerten die Kriegsbegeisterung, die in Berlin womöglich noch lauter durch die breiten Chauseen hallte als durch die Alleen von Wien. »Es war Reinigung, Befreiung, was wir empfanden, und eine ungeheure Hoffnung. Hiervon sangen die Dichter«, schrieb Thomas Mann. »Wie die Herzen der Dichter sogleich in Flammen standen, als jetzt Krieg wurde!« Und Hermann Hesse schrieb aus der sicheren Distanz einer schmucken Villa am Rand von Bern das Gedicht »Der Künstler an die Krieger«: »Die ihr draußen in den Schlachten standet, seid mir Brüder nun und mir geliebt«. Immerhin meldete sich der weitgereiste Schriftsteller beim deutschen Konsulat als Kriegsfreiwilliger. Er wurde aber als »untauglich« abgelehnt und sammelte in den Kriegsjahren Bücher für deutsche Gefangene. Georg Trakl war »tauglich« zum Sterben, Franz Marc ebenso und der Expressionist Alfred Lichtenstein, der nur sechs Wochen nach Kriegsbeginn im Schützengraben verbluten sollte, schrieb: »Sieh, ich möchte gern noch leben, | Kühe melken, Mädchen stopfen | Und den Schuft, den Sepp, verprügeln, | Mich noch manches Mal besaufen | Bis zu meinem selgen Ende. | Sieh, ich bete gut und gerne | Täglich sieben Rosenkränze, | Wenn du, Gott, in deiner Gnade | Meinen Freund, den Huber oder | Meier, tötest, mich verschonst.«

Aber Hunderte »Wortsoldaten« zogen das relativ sichere Dasein in Propagandakompanien dem eifrig beschriebenen Fronterlebnis vor. Hugo von Hofmannsthal war zugunsten kriegspublizistischer Tätigkeit vom Militärdienst freigestellt worden und entdeckte ein gänzlich neues Lebensgefühl: »Welche unbewußte Heilung und Wiedergeburt«. Als Kriegspropagandist verfasste er den »Appell an die oberen Stände«. Darin forderte er die Millionen daheim auf, weiter zu konsumieren, ihr gewohntes Leben nicht dem Krieg zu opfern. »Der besitzende Mittelstand« habe jetzt die Aufgabe »zu leben und leben zu lassen«. Hofmannsthals Appell klingt über weite Strecken zynisch, er soll aber zweifellos der von den Machthabern befürchteten Lähmung des »zivilen« Lebens entgegenwirken: »Nur sehr bedingt ist jetzt das Verkleinern des Hausstandes anzuempfehlen, nur sehr bedingt der Verzicht auf das Überflüssige. Man hat vielfach so gern, so gedankenlos über seine Verhältnisse gelebt; nun tue man es gedankenvoll. Ostentation, sonst so abstoßend, jetzt wird sie hoher Anstand. Was sonst leeres Getue war, die Pflichten der Geselligkeit, nun sind sie etwas. Was früher Anmaßung war und Vorwegnahme, jetzt wird es zur Pflicht. Jedes muntere Wort erfüllt jetzt eine hohe Pflicht, jeder Witz ist jetzt eine kleine Tat. Die Autos sind bei der Armee, die Pferde sind bei der Armee, aber die behaglichen Häuser sind geblieben, und es werden nicht die schlechtesten Musikabende und Geselligkeiten sein, zu denen man wie im Vormärz zu Fuß geht. Die Bravsten sind bei der Armee, aber es bleiben die Witzigen, die Gelehrten, die Erfahrenen. Es gilt zu leben und leben zu lassen.«

Die literarische Kriegserregung jener Tage war offenbar auch Ausdruck eines breit erlebten Unbehagens an der Modernisierung der Gesellschaft, auch an einer gepflegten Langeweile und Sinnleere. Der fast schon ins Transzendente erhobene Begriff des »Lebens«, der »Vitalität«, des »Blutes« im Gegensatz zur Leere und Morbidität beherrscht die damalige Kunst- und Kulturkritik, viel mehr noch in Deutschland als im konservativeren Wien. Auch in Italien sehnte sich eine neue Künstlergeneration nach der rauschhaften Geschwindigkeit. Die Futuristen verherrlichen Kraft, Wille,

Tempo, die Maschine und den Krieg als Zeichen des Lebens. In einer Schweizer Exilzeitschrift beschrieb der spätere Dadaist Walter Serner den Krieg als Reaktion auf das umgehende Gespenst der Langeweile.

Der Wiener Karl Kraus wurde im Lärm der Augusttage stumm. Er ließ seine *Fackel* fast ein Jahr nicht brennen. Damit vermied er den Konflikt mit der Zensur, die mit Kriegsbeginn einsetzte. Und er vermied im Augenblick des Krieges die Auseinandersetzung mit Hugo von Hofmannsthal, der seinen »Appell« mit einer Drohung schließt: »In Augenblicken wie dieser, den wir durchleben, gibt es kein gleichgültiges Handeln. Jeder ist vorgerufen, auf jedem ruhen, ohne daß er es weiß, tausend Blicke. Jetzt ist jeder mutig oder feige und also gut oder böse. Und gegen den Feigen, den Bösen ist jedes Mittel recht. Niemand steht heute gegen niemand in diesem weiten Reiche, nicht Nation wider Nation, nicht Klasse wider Klasse. Aber jeder Böse, jeder Feige muß fühlen, daß er diesen Gottesfrieden bricht.«[129]

Nachwort und Dank

Die »Schönen Tage« endeten am 3. August 1914 mit der Kriegserklärung Deutschlands an Frankreich und am Tag darauf mit dem gleichen Schritt Englands gegenüber Deutschland. Der »Dritte Balkankrieg« war damit zum »Ersten Weltkrieg« geworden. Die ersten Augusttage waren von einer – mehr oder minder – allgemeinen Begeisterung geprägt, die schon nach wenigen Wochen in einer ebenso allgemeinen Ernüchterung mündete. Der Krieg, der sich ins nationale Gedächtnis von Engländern und Franzosen als »Großer Krieg« einbrannte, zerstörte vier große Kaiserreiche (Deutschland, Österreich-Ungarn, Russland und die Türkei) und beendete die englische Weltmachtstellung. Die Neuordnung Europas sollte fast acht Jahrzehnte dauern, und sie ist auch hundert Jahre nach 1914 noch nicht vollständig abgeschlossen.

Etwa 15 Millionen Menschen (neun Millionen Soldaten, acht Millionen Zivilisten) starben auf den Schlachtfeldern in Europa: hungerten, froren, litten und verreckten. Der Wiener Journalist Raoul Auernheimer schrieb vor Beginn des Krieges den prophetischen Satz: »Den Krieg zu verteidigen kann nur der Soldat berufen sein, und auch ihm müsste man eine Mutter gegenüberstellen.«

15 Millionen verzweifelte Mütter, 15 Millionen trauernde Väter, Millionen Ehefrauen, Geliebte, Ehemänner und Kinder. Der »Große Krieg« verschonte kaum eine Familie. Danach war die scheinbar so sichere und wohlgeordnete Welt des beginnenden 20. Jahrhunderts verschwunden.

Dieses Buch hat etwa 580 000 Zeichen. Stellen wir uns vor: Jeder Buchstabe, jedes Komma, jeder Punkt, jede Leerstelle ein getöteter Mensch, ein Soldat, eine Mutter, ein Kind. Wir müssten 26 Bücher aufeinanderstapeln, um die Zahl der Opfer zu symbolisieren. Noch viel mehr Bücher wären erforderlich, um auch den 20 Millionen Verwundeten wenigstens ein Zeichen, einen Buchstaben nur, zu widmen.

21 Jahre nach dem Ende des »Großen Krieges« begann mit dem Zweiten Weltkrieg die Fortsetzung des Mordens.

* * *

Jedes Buch erscheint nur im Zusammenwirken vieler »guter« und vor allem kluger Geister. Ihnen allen möchte ich hier danken. Besondere Wertschätzung gilt den Mitarbeiterinnen des Amalthea Verlages, im Speziellen »meiner« Lektorin Carmen Sippl, die eine Idee bis zum Manuskript und zu diesem fertigen Buch begleitet hat. Danke auch meiner Frau Martina Salomon für ihr begleitendes »Lektorat«, Kritik, Anregungen und Geduld. Herbert Grabner recherchierte für dieses Buch in der Wiener Universitäts- und Nationalbibliothek. Seine Hinweise waren äußerst wertvoll. Ich bedanke mich auch bei der Familie Hoyos für die freundliche Überlassung bisher unveröffentlichter Briefe von Alexander Graf Hoyos an seine Mutter aus dem Jahr 1914. Unser aller Dank gilt den schönen Tagen unserer Zeit.

Anmerkungen

1 Stefan Zweig, *Die Welt von Gestern*, Frankfurt/M. 2006. ▮ Christopher Clark, *The Sleepwalkers*, London 2012. ▮ Dieter Hoffmann, *Der Sprung ins Dunkle*, Leipzig 2010. ▮ Niall Ferguson, *Der falsche Krieg*, München 1999. ▮ Niall Ferguson, *Krieg der Welt. Was ging schief im 20. Jahrhundert?*, Berlin 2006. ▮ Jack Beatty, *The Lost History of 1914*, London 2012. ▮ Charles Emmerson, *1913. In Search of the World before the Great War*, New York 2013. ▮ Brigitte Hamann, *Hitlers Wien. Lehrjahre eines Diktators*, München 1996. ▮ Barbara Tuchman, *The Guns of August*, New York 1962. ▮ Gerhard Hischfeld/Gerd Krumreich/Irina Renz (Hg.), *Enzyklopädie Erster Weltkrieg*, Paderborn 2003. ▮ Holger Afflerbach, *Die Welt vor der Julikrise*, Referat Internationales Symposion »Dritter Balkankrieg oder Erster Weltkrieg?«, Wien, Juni 2013. ▮ Alma Hannig, *Die Entscheidung in Wien – Die Personen der Handlung*, Referat Internationales Symposion »Dritter Balkankrieg oder Erster Weltkrieg?«, Wien, Juni 2013.

2 Arthur Schnitzler, *Tagebuch 1913–1916*, Wien 1983.

3 *Fremdenblatt*, 1. Jänner 1914.

4 Nora Eckert, *Parsifal 1914*, Hamburg 2003.

5 Erich Feigl, *Zita – Kaiserin und Königin*, Wien 1991. ▮ http://de.wikipedia.org/wiki/Sophie_Chotek_von_Chotkowa

6 Peter Walther (Hg.), *Endzeit Europa*, Göttingen 2008.

7 *Neue Freie Presse*, 9. Jänner 1914.

8 Fritz Fellner/Doris A. Corradini (Hg.), *Schicksalsjahre Österreichs. Die Erinnerungen und Tagebücher Josef Redlichs 1869–1936*, Wien-Köln-Weimar 2011.

9 *Tagespost*, 12. Jänner 1914.

10 http://db-staatsoper.die-antwort.eu/performances ▮ *Tagespost*, Graz, 15. Jänner 1914.

11 *Tagespost*, 13. Jänner 1914.

12 John W. Boyer, *Karl Lueger (1844–1910). Christlichsoziale Politik als Beruf*, Wien-Köln-Weimar 2010. ▮ *Tagespost*, 15. Jänner 1914.

13 www.spiegel.de/spiegel/print/d-46274324.html

14 *Die Fackel*, Nr. 291/392, Januar 1914. – http://de.wikipedia.org/wiki/Liebelei

15 *Neue Freie Presse*, 15. Jänner 1914.

16 *Neue Freie Presse*, 16. und 17. Jänner 1914. ▮ Egon Erwin Kisch, *Hetzjagd durch die Zeit*, Frankfurt/M. 1972.

17 Hanns Christian Löhr, *Die Gründung Albaniens. Wilhelm zu Wied und die Balkandiplomatie der Großmächte 1912–1914*, Frankfurt/M. 2010. ▮ *Neue Freie Presse*, 17. Jänner 1914. ▮ www.zuwied.de/albanien

18 Ian Kershaw, *Hitler 1889–1936*, Stuttgart 1998. ▮ David Clay Large, *Hitlers München*, München 1998.

19 Christian Mertens, *Richard Weiskirchner – der unbekannte Bürgermeister*, Wien 2006. ▮ *Neue Zeitung*, Wien 24. Jänner 1914.

20 Roman Sandgruber, *Styria Premium*, Graz 2013.

21 *Illustrierte Kronen-Zeitung*, 28. Jänner 1914. ▮
   Niederösterreichische Volks- und Vereinszeitung, 21. Februar 1914.
22 Dieter Hoffmann, *Der Sprung ins Dunkle*, Leipzig 2010. ▮
   Innsbrucker Nachrichten, 10. Februar 1914.
23 Gerhard A. Stadler, *Das industrielle Erbe Niederösterreichs. Geschichte, Technik,
   Architektur*, Wien-Köln-Weimar 2006. ▮ *Neuigkeits-Welt-Blatt*, 31. Jänner 1914.
24 Ernst Hanisch, *Der große Illusionist – Otto Bauer*, Wien 2011. ▮
   www.marxists.org/deutsch/archiv/bauer/1914/08/teuerung.htm
25 *Das Illustrierte Österreichische Sportblatt*, 14. Februar 1914. ▮
   www.engelmann.co.at/_HP11/kunsteisbahn
26 Oliver Pfohlmann in www.literaturkritik.de/public/rezension.php?rez_id=
   7350&ausgabe=20040
27 *Mitteilungen der Oesterreichischen Friedensgesellschaft*, 1. Jahrgang, Nr. 1,
   Februar 1914. ▮ Gerhard Jelinek, *Reden, die die Welt veränderten*, Salzburg 2009.
28 *Neues Blatt*, 13. Februar 1914.
29 Eva Barlösius, *Naturgemäße Lebensführung. Zur Geschichte der Lebensreform um die
   Jahrhundertwende*, Frankfurt/M. 1997. ▮ www.zeit.de/zeit-geschichte/2013/02/
   reformbewegung-alternative-moderne ▮ http://anthroposophie.byu.edu,
   4. Auflage 2010. ▮ www.dasrotewien.at/page.php?P=12149 ▮
   www.neubrasilien.at/geschichte
30 *Neue Freie Presse*, 13. Februar 1914.
31 www.imdb.com/title/tt0393807 ▮ www.tirol.gv.at/themen/bildung/
   einrichtungen/medienzentrum/speckbacher ▮ http://filmarchiv.at/
   show_content2.php?s2id=151 ▮ *Neue Freie Presse*, 16. Februar 1914.
32 Michaela Karl, *Wir fordern die Hälfte der Welt*, Frankfurt/M. 2009. ▮
   Gerhard Jelinek, *Reden, die die Welt veränderten*, Salzburg 2009.
33 *Danzer's Armee-Zeitung*, 19. Februar 1914.
34 Karl Kraus (Hg.), *Die Fackel*, Nr. 393/394, Wien März 1914.
35 www.weltbuehne-lesen.de/bab.html ▮ Stefan Zweig, *Briefe 1897–1914*,
   Frankfurt/M. 1995.
36 Lothar Höbelt, *Karel Kramar und die österreichische Politik vor dem 1. Weltkrieg*,
   Wien 2013.
37 http://grammophon-platten.de/page.php?247
38 Ilse Mang, *Solche Kontraste gibt's nur an der Front*, Wien 2009. ▮
   www.onb.ac.at/ariadne/vfb/bio_schalek.htm
39 *Czernowitzer Allgemeine Zeitung*, 4. März 1914.
40 *Neues Wiener Tagblatt*, 6. März 1914. ▮ *Militärische Rundschau*, 6. März 1914.
41 *Das Interessante Blatt*, 5. März 1914.
42 Alma Mahler/Arnold Schönberg: »*Ich möchte so lange leben, als ich Ihnen dankbar
   sein kann*«. *Der Briefwechsel*. Hrsg. von Haide Tenner, St. Pölten-Salzburg-Wien
   2012, S. 58.

43 Arthur Schnitzler, *Tagebuch 1913–1916*, Wien 1983.

44 Irene Suchy, *Lilly Lieser – eine Übersehene*, in: *Österreichische Musikzeitschrift*, Heft 10/2008, Wien 2008, S. 6–16.

45 *Neue Freie Presse*, 17. März 1914. ▮ *Kleines Blatt*, 18. März 1914. ▮ www.history.com/this-day-in-history/caillaux-trial-begins-in-paris ▮ Philipp Blom, *Der taumelnde Kontinent*, München 2008.

46 Fritz Fellner/Doris A. Corradini (Hg.), *Schicksalsjahre Österreichs. Die Erinnerungen und Tagebücher Josef Redlichs 1869–1936*, Wien-Köln-Weimar 2011. ▮ *Fremdenblatt*, 17. März 1914. ▮ *Neue Freie Presse*, 17. März 1914. ▮ *Prager Tagblatt*, 17. März 1914. ▮ www.uni-graz.at/uarc1www_oesterreich_vor_dem_ersten_weltkrieg.doc ▮ www.damals.de/de/16/Der-Staat—den-keiner-wollte.html?issue=167030&aid= 167014&cp=1&action=showDetails

47 Dieter Hoffmann, *Der Sprung ins Dunkle*, Leipzig 2010. ▮ Lothar Höbelt, *Austria-Hungary and the Balkan Wars 1912-1913*, Wien 2013. ▮ Robert A. Kann, *Archduke Franz Ferdinand and Count Berchtold during his term as Foreign minister, 1912–1914*, In: *Dynasty, Politics and Culture*, Columbia 1991.

48 Verena Moritz/Hannes Leidinger, *Oberst Redl. Der Spionagefall. Der Skandal. Die Fakten*, St. Pölten-Salzburg-Wien 2012.

49 *Danzer's Armee-Zeitung*, 19. März 1914.

50 *Neuigkeits-Weltblatt*, 21. März 1914. ▮ *Christlich-Soziale Arbeiter-Zeitung*, 21. März 1914. ▮ Heinrich Benedikt (Hg.), *Die Geschichte der Republik Österreich*, Wien 1955.

51 Arthur Schnitzler, *Tagebuch 1913–1916*, Wien 1983.

52 Horst Friedrich Mayer/Dieter Winkler, *In allen Häfen war Österreich. Die Österreichisch-Ungarische Handelsmarine*, Wien 1987.

53 Hubert Goenner, *Einstein in Berlin*, München 2005. ▮ Thomas Levenson, *Einstein in Berlin. Die Berliner Jahre 1914–1932*, München 2005. ▮ www.dhm.de/lemo/html/biografien/DurieuxTilla

54 *Das Interessante Blatt*, 16. April 1914.

55 Ignaz Zangerle/Walter Methlagl/Franz Seyr/Anton Unterkircher (Hg.), *Ludwig von Ficker, Briefwechsel 1909–1914*, Salzburg 1986. ▮ Ignaz Zangerle/ Walter Methlagl/Franz Seyr/Anton Unterkircher (Hg.), *Ludwig von Ficker, Briefwechsel 1914–1925*, Innsbruck 1988. ▮ *Der Spiegel*, 14. August 1957. ▮ www.textlog.de/17589.html

56 Antonin Hubka, *Die Tschechen in Niederösterreich*, Prag 1901. ▮ Marie Toth, *Schwere Zeiten. Aus dem Leben einer Ziegelarbeiterin*, Wien 1992. ▮ Karl M. Brousek, *Wien und seine Tschechen. Integration und Assimilation einer Minderheit*, München 1980. ▮ http://diepresse.com/home/wirtschaft/hobbyoekonom/693694/Wien-um-1900_Ueber-Ziegelbehm-und-Maltaweiber ▮ *Illustrierte Kronen-Zeitung*, 7. April 1914.

57 *Fremdenblatt*, 6. April 1914. ▮ Klaus Beitl, *Die österliche Fußwaschung am Kaiserhofe zu Wien. Öffentlicher Brauch zwischen Hofzeremoniell und Armenfürsorge*, in: *Volkskunde. Fakten und Analysen. Festgabe für Leopold Schmidt zum 60. Geburtstag*, Wien 1972. ▮ www.habsburger.net/de/kapitel/demut-die-fusswaschungszeremonie

58 www.max-reger.de ▌ http://gedichte.xbib.de/Morgenstern_gedicht_08.+ Meran-Vineta ▌ Josef Rohrer, *Sissi in Meran. Kleine Fluchten einer Kaiserin*, Wien 2008.

59 *Pester Loyd*, 13. April 1914. ▌ Elsie Altmann-Loos, *Mein Leben mit Adolf Loos*, Wien 2013. ▌ Deborah Holmes, *Langeweile ist Gift. Das Leben der Eugenie Schwarzwald*, St. Pölten-Wien-Salzburg 2012.

60 Boris Friedewald, *Paul Klee. Sein Leben – Seine Kunst*, München 2011. ▌ www.dhm.de/lemo/html/biografien/MackeAugust ▌ www.louismoilliet.ch ▌ www.egonschiele.at/egonschiele.php?-link=Egon%20Schiele#1913bis1915

61 *Das Interessante Blatt*, 16. April 1914. ▌ www.dasrotewien.at/tuberkulose-tbc.html

62 *Das deutsche Volksblatt*, Wien 20. April 1914. ▌ Brigitte Hamann, *Hitlers Wien: Lehrjahre eines Diktators*, München 1998. ▌ Ian Kershaw, *Hitler*, Bd. 1, München 1998.

63 *Die Neue Zeitung*, 20. April 1914. ▌ Festschrift *75 Jahre Mix-und-Genest-Aktiengesellschaft Stuttgart*, Stuttgart-Zuffenhausen 1954.

64 www.britannica.com/EBchecked/topic/625812/Veracruz-incident ▌ www.history.navy.mil/photos/pers-us/uspers-f/fj-fltr.htm ▌ *Illustrierte Kronen-Zeitung*, 23. April 1914.

65 *Illustrierte Kronen-Zeitung*, 25. April 1914.

66 Fritz Fellner/Doris A. Corradini (Hg.), *Schicksalsjahre Österreichs, Die Erinnerungen und Tagebücher Josef Redlichs 1869–1936*, Wien-Köln-Weimar 2011. ▌ David Stevenson, *Armaments and the Coming of War. Europe, 1904–1914*, Oxford 1996.

67 *Illustrierte Kronen-Zeitung*, 6. Mai 1914.

68 *Tägliche Rundschau*, Berlin 5. Mai 1914. ▌ *Reichspost*, Wien 6. Mai 1914. ▌ *Neuigkeiten-Weltblatt*, Wien 6. Mai 1914.

69 Wolfram Viehweg, *Georg Büchners »Woyzeck« auf dem deutschsprachigen Theater*, Krefeld 2001. ▌ Dietmar Goltschnigg, *Georg Büchner und die Moderne. Texte, Analysen, Kommentar. 1875–1945*, Berlin 2001. ▌ Florian Illies, *1913. Der Sommer des Jahrhunderts*, Frankfurt/M. 2012.

70 www.wladimir-aichelburg.at/kuenstlerhaus/ausstellungen/verzeichnis ▌ Katalog der XXXIX. Jahresausstellung. Wien-Künstlerhaus, Wien 1914.

71 *Illustrierte Kronen-Zeitung*, 9. Mai 1914. ▌ *Neuigkeits-Weltblatt*, 28. Mai 1914.

72 Franz Conrad von Hötzendorf, *Feldmarschall Conrad. Aus meiner Dienstzeit. 1906–1918*, Wien-Leipzig-München 1922. ▌ Dieter Hackl, *Der Offensivgeist des Conrad von Hötzendorf*, Wien 2009. ▌ Karlheinz Schonauer, *1914. Protokoll eines gewollten Krieges*, Berlin 2012.

73 Lorenz Mikoletzky (Hg.), *Als ich Erzherzog war – Leopold Wölfling*, Wien 1988. ▌ Sabine Fellner/Katrin Unterreiner, *Frühere Verhältnisse*, Wien 2010. ▌ Carl-Peter Steinmann, *Der Erzherzog und die »Weibergeschichten«. Vom Schloss zum Kreuzberger Hinterhof*, aus: *Von Karl May zu Helmut Newton. Spurensuche in Berlin*, Berlin 2006; www.welt.de/print-welt/article159644/Die-Weibergeschichten-des-Erzherzogs.html ▌ *Neue Illustrierte Kronen-Zeitung*, 20. Mai 1914. ▌ *Badner Zeitung*, 30. Oktober 1926. ▌ *Badner Zeitung*, 19. September 1928.

74 *Illustrierte Kronen-Zeitung*, 21. Mai 1914.
75 *Kleine Damen-Zeitung*, 24. Mai 1914. ∎ http://costume.osu.edu/exhibitions/ reformingfashion ∎ www.was-war-wann.de/1900/1910/mode_1914.html
76 *Arbeiter-Zeitung*, 28. Mai 1914.
77 Donald Sassoon, *Becoming Mona Lisa*, New York 2001. ∎ *Illustriertes Blatt*, 26. Mai 1914.
78 *Neuigkeits-Weltblatt*, 28. Mai 1914. ∎ *Illustrierte Kronen-Zeitung*, 28. Mai 1914.
79 Militärische Rundschau, Mai 1914. ∎ *Illustierte Kronen-Zeitung*, 28. Mai 1914. ∎ *Volksblatt für Land und Stadt*, 27. Mai 1914.
80 *Salzburger Chronik*, 28. Mai 1914. ∎ *Illustrierte Kronen-Zeitung*, 28. Mai 1914. ∎ *Neue Freie Presse*, 28. Mai 1914. ∎ Anneliese Gidl, *Die Städter entdecken die Alpen*, Wien-Köln-Weimar 2007. ∎ *Aus den Alpen. Alpine Verkehrsprojekte. (...) Die Glockner-Bahn*, in: *Der Alpenfreund*, Nr. 111/1895, 15. Dezember 1895. ∎ www.grossglockner.at/de/grossglockner
81 www.lostliners.de/schiffe/e/empress_of_ireland/geschichte/index.htm ∎ *Illustrierte Kronen-Zeitung*, 30 Mai 1914.
82 *Neue Freie Presse*, 28. Mai 1914. ∎ *Illustriertes Neuigkeiten-Weltblatt*, 28. Mai 1914.
83 Kurliste, Bad Ischl 2. Juni 1914.
84 *Illustrierte Kronen-Zeitung*, 7. Juni 1914. ∎ *Neue Zeitung*, 7. Juni 1914.
85 Kurt Tucholsky, *Kritiken und Rezensionen*, in: *Gesammelte Schriften (1907–1935)*, München 1978. ∎ Walter Jens/Rudolf Radler (Hg.), *Kindlers Neues Literaturlexikon*, München 1989–1999.
86 www.sicherheit-statt-krise.de/kochbuch/Lucullus.pdf ∎ *Neuigkeits Welt-Blatt*, 14. Juni 1914. ∎ *Reichspost*, 14. Juni 1914. ∎ *Illustrierte Kronen-Zeitung*, 14. Juni 1914.
87 *Heirats-Korrespondenz*, 13. Juni 1914.
88 *Deutsche Zeitung – Organ der österreichischen Partei »Deutsches Zentrum«*, 14. Juni 1914.
89 Martin Pfundner, *100 Jahre Alpenfahrt*, Wien-Köln-Weimar 2010.
90 *Neue Freie Presse*, 22. Juni 1914. – *Reichspost*, 22. Juni 1914. ∎ Peter Broucek (Hg.)/Edmund Glaise v. Horstenau, *Ein General im Zwielicht. Die Erinnerungen Edmund Glaises von Horstenau*, Wien-Köln-Graz 1980–1988.
91 Peter Broucek (Hg.)/Edmund Glaise v. Horstenau, *Ein General im Zwielicht. Die Erinnerungen Edmund Glaises von Horstenau*, Wien-Köln-Graz 1980–1988.
92 *Neue Freie Presse*, 30. Juni 1914.
93 Arthur Schnitzler, *Tagebuch 1913–1916*, Wien 1983. ∎ Fritz Fellner/Doris A. Corradini (Hg.), *Schicksalsjahre Österreichs – Die Erinnerungen und Tagebücher Josef Redlichs 1869–1936*, Wien-Köln-Weimar 2011. ∎ *Die Zeit*, 29. Juni 1914.
94 Alma Mahler-Werfel, *Mein Leben*, Frankfurt/M. 1960. ∎ Gerhard Jelinek, *Affären, die die Welt bewegten*, Salzburg 2011.
95 Imanuel Geiss, *Julikrise und Kriegsausbruch 1914*, Hannover 1963.
96 *Illustriertes Sportblatt*, 2. Juli 1914. ∎ *Reichspost*, 30. Juni 1914.
97 *Reichspost*, 1. Juli 1914.

98 Wolfram Mauser/Carl Pietzcker (Hg.), *Trauma, Königshausen und Neumann*, Würzburg 2000. ❚ Arthur Schnitzler, *Tagebuch 1913-1916*, Wien 1983.

99 Christopher Clark, *The Sleepwalkers. How Europe went to War in 1914*, New York 2013.

100 *Neue Freie Presse*, 9. Juli 1914.

101 *Reichspost*, 8. Juli 1914. ❚ *Neue Freie Presse*, 8. Juli 1914. ❚ Protokoll des Gemeinsamen Ministerrats, 7. Juli 1914.

102 *Le Gaulois*, Paris 7. Juli 1914.

103 *Neue Freie Presse*, 8. Juli 1914.

104 *Die Muskete*, 9. Juli 1914.

105 *Neue Freie Presse*, 9. Juli 1914.

106 *Danzer's Armee-Zeitung*, 23. Jänner 1919.

107 *Die Muskete*, Sommeralbum 1914.

108 www.bundesarchiv.de/aktenreichskanzlei/1919-1933/0000/adr/adrhl/kap1_1/para2_97.html ❚ Christopher Clark, *The Sleepwalkers*, New York 2012. ❚ Clive Ponting, *Thirteen Days. The Road to the First World War*, London 2012.

109 Karl Kraus, *Die Fackel*, Nr. 400–403, 10. Juli 1914.

110 *Reichspost* 13. Juli 1914.

111 *Reichspost* 13. Juli 1914.

112 wwi.lib.byu.edu/index.php/I,_18._Kaiser_Wilhelm_an_Kaiser_und_König_Franz_Joseph,_14._Juli_1914

113 Samuel Lyman Atwood Marshall, *World War I*, New York, 2001. ❚ Karlheinz Schonauer, *1914. Protokoll eines gewollten Krieges*, Berlin 2012.

114 Peter Walther (Hg.), *Endzeit Europa*, Göttingen 2008. ❚ www.uibk.ac.at/brenner-archiv/brenner_forum/links/faksimile1

115 Peter Walther (Hg.), *Endzeit Europa*, Göttingen 2008.

116 Peter Walther (Hg.), *Endzeit Europa*, Göttingen 2008.

117 http://wwi.lib.byu.edu/index.php/I,_53._Vorsprache_des_französischen_Botschafters_im_k._u._k._Ministerium_des_Äußern,_22._Juli_1914 ❚ www.erster-weltkrieg.com/dokumente/buelow/03_04.htm ❚ http://archive.org/stream/diekrisisdiegrun00bl1/diekrisisdiegrun00bl1_djvu.txt ❚ Bernhard Wilhelm von Bülow, *Die Krisis. Die Grundlinien der diplomatischen Verhandlungen bei Kriegsausbruch*, Berlin 1920.

118 Manfried Rauchensteiner, *Der Tod des Doppeladlers. Österreich-Ungarn und der Erste Weltkrieg*, Graz-Wien-Köln 1997. ❚ http://wwi.lib.byu.edu/index.php/I,_59._Graf_Mensdorff_an_Grafen_Berchtold,_23._Juli_1914

119 *Pester Lloyd*, 24. Juli 1914.

120 *Arbeiter-Zeitung*, 25. Juli 1914.

121 Franz Conrad von Hötzendorf, *Aus meiner Dienstzeit*, Bd. 4, Wien u.a. 1923. ❚ Manfred Rauchensteiner, *Der Tod des Doppeladlers*, Wien 1997. ❚ Kriegsarchiv, KM, Präs. 1914, 40-11/5-2, Befehlsschreiben des Kaisers vom 28.7.1914. ❚ Dieter Hackl, *Der Offensivgeist des Conrad von Hötzendorf*, Wien 2009.

122 *Illustrierte Kronen-Zeitung*, 28. Juli 1914.

123 *Neue Freie Presse*, 29. Juli 1914.

124 *Neue Freie Presse*, 31. Juli 1914. ▮ *Südslawische Korrespondenz*, 31. Juli 1914. ▮
     Österreichische Volkszeitung, 1. August 1914.

125 http://paris-talk.blogspot.co.at/2009/01/cafe-du-croissant-paris.html

126 Raoul Auernheimer, *Aus unserer verlorenen Zeit*, Wien 2004. ▮ Lennart Weiss,
     In Wien kann man zwar nicht leben, aber anders wo kann man nicht l e b e n. Kontinuität und Veränderung bei Raoul Auernheimer, Uppsala 2010. ▮ *Neue Freie Presse*,
     2. August 1914.

127 Peter Walther (Hg.), *Endzeit Europa*, Göttingen 2008. ▮ David Clay Large,
     Hitlers München, München 1998.

128 *Neue Freie Presse*, 2. August 1914.

129 Wolfgang J. Mommsen (Hg.), *Kultur und Krieg. Die Rolle der Intellektuellen, Künstler
     und Schriftsteller im Ersten Weltkrieg*, München 1996. ▮ Thomas Anz/Joseph Vogl
     (Hg.), *Die Dichter und der Krieg. Deutsche Lyrik 1914–1918*, München-Wien 1982. ▮
     Thomas Anz, *Literatur der Moderne und Erster Weltkrieg – Rausch des Gefühls und
     pazifistische Kritik* – *www.literaturkritik.de/public/rezension.php?rez_id=7306&ausgabe=200408* ▮ Adolf Frisé (Hg.)/Robert Musil, *Tagebuch, Aphorismen, Essays
     und Reden*, Hamburg 1955. ▮ Hugo von Hofmannsthal, *Reden und Aufsätze II.
     (1914–1924)*, Frankfurt/M. 1979. ▮ www.faz.net/aktuell/feuilleton/buecher/
     zeitgeschichte-die-dichter-und-der-krieg-1160185 ▮
     http://gutenberg.spiegel.de/buch/5161/35

Personenregister

Bildnachweis

Alle Abbildungen aus den Sammlungen des Autors und des Amalthea Verlages,
außer S. 38, 42, 66, 75 (Österr. Volkshochschularchiv), 111, 165 (Archiv Jontes):
IMAGNO; S. 141: Sammlung Adolf Opel (aus: Elsie Altmann-Loos, *Mein Leben
mit Adolf Loos.* Herausgegeben und mit einem Nachwort von Adolf Opel, Wien:
Amalthea 2013); S. 203 Familienarchiv Hohenlohe (aus: Alma Hannig, *Franz Ferdinand. Die Biografie*, Wien: Amalthea 2013); S. 212: ÖAMTC; S. 217: Philipp Hoyos.

Der Verlag hat alle Rechte abgeklärt. Konnten in einzelnen Fällen die Rechteinhaber
der reproduzierten Bilder nicht ausfindig gemacht werden, bitten wir Sie, dem
Verlag bestehende Ansprüche zu melden.

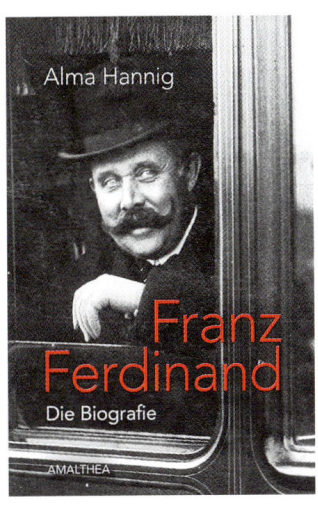

Alma Hannig

Franz Ferdinand
DIE BIOGRAFIE

ISBN 978-3-85002-845-5

Neue Quellen, unveröffentlichte Archivfunde:
Die Biografie zum 100. Todestag

Der gewaltsame Tod Franz Ferdinands am 28. Juni 1914 in Sarajevo steht am Anfang jeder Erzählung über den Ersten Weltkrieg. Verschwörungstheorien, Mythen und Legenden ranken sich bis heute nicht nur um das Attentat, sondern auch um das Leben und Wirken dieses Mannes, den erst der plötzliche Tod des Kronprinzen Rudolf zum Thronfolger gemacht hatte. Diese neue Biografie, entstanden auf der Grundlage intensiver Archivrecherchen, geht der Frage nach, wie es Franz Ferdinand gelingen konnte, trotz mangelnder Ausbildung und starker privater Differenzen mit Kaiser Franz Joseph seinen Machtbereich so weit auszudehnen, dass in den letzten Jahren vor dem Ersten Weltkrieg keine Entscheidung ohne sein Einverständnis getroffen werden konnte. Der Autorin gelingt es mit Hilfe bislang unbekannter Quellen aus der direkten Umgebung des Thronfolgers einen neuen, spannenden Blick auf dessen private Interessen ebenso wie sein politisches Denken und Handeln zu werfen.
Mit zahlreichen Fotos und Dokumenten aus privaten Nachlässen

www.amalthea.at

Die Amalthea-Akademie
Der beste Weg zum eigenen Buch

Schreiben ist eine Kunst.
Bei uns lernen Sie, wie man's macht. Und wie man Buchautor(in) wird.
Reinschauen und anmelden. Wir weisen Ihnen den Weg.

www.amalthea.at/akademie